12 500 m + 7 500 m

Les tables de multiplication

1

1 × 0 = 0
1 × 1 = 1
1 × 2 = 2
1 × 3 = 3
1 × 4 = 4
1 × 5 = 5
1 × 6 = 6
1 × 7 = 7
1 × 8 = 8
1 × 9 = 9
1 × 10 = 10

2

2 × 0 = 0
2 × 1 = 2
2 × 2 = 4
2 × 3 = 6
2 × 4 = 8
2 × 5 = 10
2 × 6 = 12
2 × 7 = 14
2 × 8 = 16
2 × 9 = 18
2 × 10 = 20

3

3 × 0 = 0
3 × 1 = 3
3 × 2 = 6
3 × 3 = 9
3 × 4 = 12
3 × 5 = 15
3 × 6 = 18
3 × 7 = 21
3 × 8 = 24
3 × 9 = 27
3 × 10 = 30

4

4 × 0 = 0
4 × 1 = 4
4 × 2 = 8
4 × 3 = 12
4 × 4 = 16
4 × 5 = 20
4 × 6 = 24
4 × 7 = 28
4 × 8 = 32
4 × 9 = 36
4 × 10 = 40

5

5 × 0 = 0
5 × 1 = 5
5 × 2 = 10
5 × 3 = 15
5 × 4 = 20
5 × 5 = 25
5 × 6 = 30
5 × 7 = 35
5 × 8 = 40
5 × 9 = 45
5 × 10 = 50

6

6 × 0 = 0
6 × 1 = 6
6 × 2 = 12
6 × 3 = 18
6 × 4 = 24
6 × 5 = 30
6 × 6 = 36
6 × 7 = 42
6 × 8 = 48
6 × 9 = 54
6 × 10 = 60

7

7 × 0 = 0
7 × 1 = 7
7 × 2 = 14
7 × 3 = 21
7 × 4 = 28
7 × 5 = 35
7 × 6 = 42
7 × 7 = 49
7 × 8 = 56
7 × 9 = 63
7 × 10 = 70

8

8 × 0 = 0
8 × 1 = 8
8 × 2 = 16
8 × 3 = 24
8 × 4 = 32
8 × 5 = 40
8 × 6 = 48
8 × 7 = 56
8 × 8 = 64
8 × 9 = 72
8 × 10 = 80

9

9 × 0 = 0
9 × 1 = 9
9 × 2 = 18
9 × 3 = 27
9 × 4 = 36
9 × 5 = 45
9 × 6 = 54
9 × 7 = 63
9 × 8 = 72
9 × 9 = 81
9 × 10 = 90

L'année de CM1

Cet ouvrage a été rédigé par une équipe de professeures des écoles.

Élodie Alpérin (Anglais)
Laurence Chafaa (Histoire, Géographie, EMC, Sciences et technologie)
Émilie Flechel (Français)
Francine Martineau (Maths)

Illustrations

Mathieu Demore (Maths)
Claire Laffargue (Français)
Vincent Landrin (Schémas et cartes)
Manu Surein (Anglais)

bordas

Mode d'emploi

Dans cet ouvrage, vous trouverez **toutes les notions de la classe de CM1**, discipline par discipline, pour accompagner votre enfant tout au long de son année.

Chaque matière est identifiée par une couleur facile à repérer grâce aux onglets.

Chaque thème du programme est présenté sur une double-page, qui s'articule autour de **trois grandes étapes** : Savoir, Savoir-faire, Faire.

+ LE COIN DES PARENTS

Des **infos et astuces** pour aider votre enfant

Savoir

Les **notions essentielles de la leçon** à apprendre et à mémoriser

Faire

Des **exercices variés et progressifs** pour s'entraîner

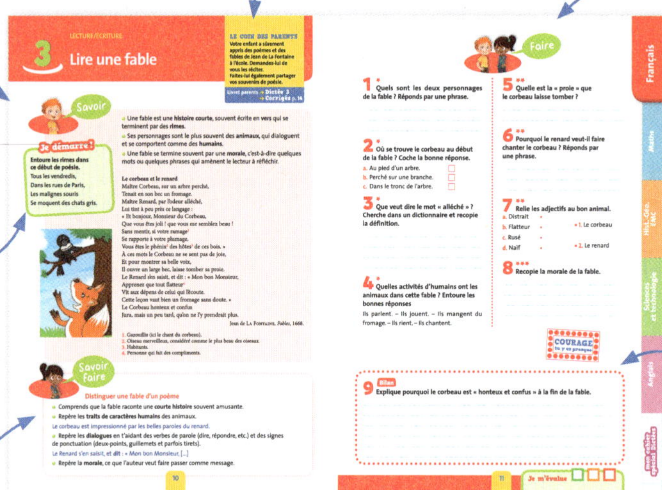

+ Je démarre !

Un **exercice lanceur** pour démarrer en douceur

+ Bilan

Un **exercice final** de synthèse pour vérifier la compréhension de la notion

Savoir faire

Des **méthodes concrètes** pour mettre en œuvre les connaissances

+ Un livret parent détachable

avec :

- Des conseils pratiques
- **32 dictées**
- Tous les corrigés

+ mon cahier spécial Dictées

Pratique !

Un cahier à la fin de l'ouvrage pour écrire ses dictées

Sommaire

32 dictées

+ et tous les corrigés dans le livret Parents détachable

+ Des outils pédagogiques

- Une carte du monde
- Les tables de multiplication
- Une frise historique
- Les 11 verbes à connaître en CM1

Français

LECTURE / ÉCRITURE

ORTHOGRAPHE

GRAMMAIRE

CONJUGAISON

VOCABULAIRE

LECTURE/ÉCRITURE

1 Lire une nouvelle fantastique

LE COIN DES PARENTS

À son âge, votre enfant est avide de sensations. Il aime les histoires qui font peur, il veut comprendre ce qui est inexplicable. En témoigne le succès des livres fantastiques, comme la série *Harry Potter.*

Livret parents → **Dictée 1**
→ **Corrigés** p. 14

Savoir

Je démarre !

Barre les noms d'animaux qui ne sont pas réels.

une licorne • une hyène • un yéti • un dragon • un ornithorynque • un ours • une chauve-souris • un sphinx • un loup-garou

- Une nouvelle est un **texte assez court** s'achevant sur une **chute inattendue.** Il y a souvent peu de personnages et l'histoire est **forte en intensité**.
- Le thème du fantastique amène des **événements surnaturels** dans une histoire qui semble réelle.

SILENCE !

La maîtresse a hurlé : – Silence ! Taisez-vous ! Exercice 6, page 23 ! Silence, j'ai dit ! SILENCE !

J'ai compté : c'était la quarante-septième fois qu'elle hurlait aujourd'hui. Et j'ai pensé : « Si elle continue, elle va me transpercer la tête, je le sens, ça va éclater comme une fusée. » On s'est tous mis à écrire dans nos cahiers. On osait à peine respirer : je crois bien qu'on allait étouffer.

Et puis, Marie a laissé tomber sa gomme.

– SILENCE ! a hurlé la maîtresse. Taisez-vous et travaillez !

Alors, moi, je me suis levé et j'ai respiré autant que j'ai pu. J'ai regardé la maîtresse et j'ai hurlé :

– SILENCE ! Taisez-vous et laissez-nous travailler !

Elle a ouvert très grand la bouche et elle a mis la main sur son cœur. Et puis elle a fermé la bouche, ouvert la bouche, fermé la bouche…

On a compris qu'elle allait étouffer. On a vite cherché un bocal et on l'a rempli d'eau. On a mis le bocal sur le bureau et la maîtresse a plongé dedans. Elle nageait furieusement dans l'eau et elle tournait à toute vitesse et en fermant la bouche. Ça faisait des bulles.

On s'est remis au travail. J'ai fini mon exercice et puis j'ai écrit un texte. Une histoire de pirates. Ensuite, avec David, on a cherché un livre de renseignements sur Marco Polo. Et j'ai pensé : « Si elle reste encore un peu dans son bocal, j'aurai le temps de faire des mathématiques. Et peut-être, même d'écouter de la musique. »

Bernard Friot, *Histoires pressées, Silence !*, Milan Poche Junior, © Milan, 2004.

Savoir faire

Repérer des éléments fantastiques dans une nouvelle

1. Repère d'abord les lieux, les personnages et les actions de l'histoire. Aide-toi des questions : **où ? qui ? quoi ?**
2. Ensuite, repère les éléments qui sortent de l'ordinaire, qui sont étranges. On ne peut pas les expliquer.

   Objets qui disparaissent mystérieusement, comportements d'humains étranges, fantômes qui apparaissent, etc.
3. Enfin, essaie de comprendre ce qu'il s'est passé.

1 ★ **Où se situe l'histoire ?**

a. Dans une maison. ☐
b. À l'école. ☐
c. Dans la mer. ☐

2 ★ **Quels sont les deux personnages principaux de l'histoire ? Réponds par une phrase.**

....

....

3 ★ **Que demande la maîtresse à ses élèves ? Réponds par une phrase.**

....

....

4 ★ **Qu'ose dire l'élève à la maîtresse ? Recopie la phrase exacte.**

....

....

....

5 ★★ **Quelle est la réaction de la maîtresse à ce moment-là ?**

a. Elle punit l'élève. ☐
b. Elle s'étouffe. ☐
c. Elle demande le silence. ☐

6 ★★ **Dans cet extrait, souligne les éléments qui relèvent du fantastique.**

On a compris qu'elle allait étouffer. On a vite cherché un bocal et on l'a rempli d'eau. On a mis le bocal sur le bureau et la maîtresse a plongé dedans. Elle nageait furieusement dans l'eau et elle tournait à toute vitesse et en fermant la bouche. Ça faisait des bulles.

7 ★★★ **En quoi la maîtresse s'est-elle transformée ? Réponds par une phrase.**

....

....

....

8 ★★★ **Aurais-tu eu la même réaction que les élèves, à la fin de l'histoire ?**

....

....

....

....

....

Tu vas réussir !

9 **Bilan** **Voici un paragraphe contenant une chute inattendue. Souligne-la.**

Dans cette chambre d'hôtel, je découvris un tableau au mur. Il s'agissait d'un portrait d'une dame. Elle portait une robe en soie bleue et un magnifique collier en diamant ornait son cou. Je passais quelques minutes à inspecter les détails de ce bijou que je trouvais magnifique. Puis, fatiguée de ma journée, je m'allongeai sur mon lit et m'endormis aussitôt. Au milieu de la nuit, un fracas me réveilla. J'allumai et constatai que le tableau était tombé. Je me levai et m'apprêtai à le remettre en place quand je fus stoppée dans mon élan, stupéfaite. Le collier de la dame avait disparu ! Je finis par accrocher le tableau et je regagnai mon lit. Là, sur mon oreiller, le collier était posé tel un bijou dans son écrin.

LECTURE/ÉCRITURE

2 Décrire un personnage

LE COIN DES PARENTS

Vous pouvez proposer à votre enfant de feuilleter des albums photos, en lui demandant de décrire à l'oral les personnes photographiées. Demandez-lui de varier les adjectifs qu'il utilise.

Livret parents → **Dictée 2**
→ **Corrigés** p. 14

Savoir

- Décrire un personnage permet de réaliser son **portrait**.
- Pour décrire un personnage, on peut donner des détails sur son **physique** :
  – son **allure** générale ;
  – les différentes parties de son **corps** et particulièrement son **visage**.
- On peut également faire son portrait **moral** en décrivant ses principaux traits de caractère.

Mr Wonka se tenait tout seul à l'entrée de la chocolaterie.
Quel extraordinaire petit homme que ce Mr Wonka !
Il était coiffé d'un chapeau haut de forme noir. Il portait un habit à queue d'un beau velours couleur de prune.
Son pantalon était vert bouteille.
Ses gants étaient gris perle.
Et il tenait à la main une jolie canne à pommeau[1] d'or.
Une petite barbiche noire taillée en pointe – un bouc – ornait son menton. Et ses yeux – ses yeux étaient merveilleusement brillants. Ils semblaient vous lancer sans cesse des regards complices pleins d'étincelles. Tout son visage était, pour ainsi dire, illuminé de gaieté, de bonne humeur.
Et, oh ! comme il avait l'air futé ! Plein d'esprit, de malice et de vivacité !
Il avait de drôles de petits gestes saccadés, sa tête bougeait sans cesse et son regard vif se posait partout, enregistrant tout en un clin d'œil. Tous ses mouvements étaient rapides comme ceux d'un écureuil. Oui, c'était bien ça, il ressemblait à un vieil écureuil vif et malicieux.

Road Dahl, *Charlie et la chocolaterie*, traduction d'Élisabeth Gaspar,

1. Boule qui sert de poignée au bout d'une canne.

Je démarre !

Souligne, dans ces titres de contes, les adjectifs qui donnent des renseignements sur le personnage.

- *Le Petit Chaperon rouge*
- *Le Vilain Petit Canard*
- *Le Petit Poucet*
- *La Petite Fille aux allumettes*

Savoir faire

Décrire un personnage

1 Donne des informations sur son **physique**.

taille, poids, couleur des yeux, des cheveux, habits, accessoires (canne, chapeau, etc.)

2 Présente son **caractère**.

nerveux, timide, intelligent, joyeux, triste

3 Tu peux également présenter son métier, ses habitudes de vie, par exemple.

Remarque Varie les verbes de la description.

avoir, posséder, porter, avoir l'air, sembler, paraître, etc.

1 ★ **Quels vêtements porte Mr Wonka ? Entoure les bonnes réponses.**

une salopette bleue – des gants gris – des chaussures vertes – une longue veste violette – un chapeau noir – une chemise blanche – un nœud papillon jaune – un pantalon vert

2 ★★ **À quel animal est comparé Mr Wonka ?**

....

....

3 ★★ **Quels traits de caractère correspondent à Mr Wonka ? Entoure les adjectifs qui conviennent.**

vif – timide – futé – malicieux – lent – rapide – intelligent – triste

4 ★★★ **Dans cette description, souligne les informations qui correspondent à des traits physiques et entoure les informations qui correspondent à des traits de caractère.**

La sorcière Mélusine était une très vieille et très méchante femme qui avait une bouche sans dents et un menton plein de barbe. Elle passait ses journées à râler après son stupide chat. Elle se gavait de sucreries et sa gourmandise l'avait rendue de plus en plus grosse au fil des ans.

5 **Bilan** **Complète ce portrait de pirate. Utilise les groupes nominaux suivants : tête de mort – ceinture – barbe – épée – chapeau noir – jambe de bois.**
Utilise également les adjectifs : méchant – moqueur.

Ce pirate porte un .... décoré d'une ....
Sa .... retient un pantalon rayé bleu et blanc. Il a une seule jambe et l'autre est une ....
Sa .... marron bien fournie, son sourire .... et son .... lui donnent un air ....

3 Lire une fable

LE COIN DES PARENTS

Votre enfant a sûrement appris des poèmes et des fables de Jean de La Fontaine à l'école. Demandez-lui de vous les réciter.
Faites-lui également partager vos souvenirs de poésie.

Livret parents → **Dictée 3**
→ **Corrigés** p. 14

Savoir

- Une fable est une **histoire courte**, souvent écrite en **vers** qui se terminent par des **rimes**.
- Ses personnages sont le plus souvent des **animaux**, qui dialoguent et se comportent comme des **humains**.
- Une fable se termine souvent par une **morale**, c'est-à-dire quelques mots ou quelques phrases qui amènent le lecteur à réfléchir.

Je démarre !

Entoure les rimes dans ce début de poésie.

Tous les vendredis,
Dans les rues de Paris,
Les malignes souris
Se moquent des chats gris.

Le corbeau et le renard

Maître Corbeau, sur un arbre perché,
Tenait en son bec un fromage.
Maître Renard, par l'odeur alléché,
Lui tint à peu près ce langage :
« Et bonjour, Monsieur du Corbeau,
Que vous êtes joli ! que vous me semblez beau !
Sans mentir, si votre ramage[1]
Se rapporte à votre plumage,
Vous êtes le phénix[2] des hôtes[3] de ces bois. »
À ces mots le Corbeau ne se sent pas de joie,
Et pour montrer sa belle voix,
Il ouvre un large bec, laisse tomber sa proie.
Le Renard s'en saisit, et dit : « Mon bon Monsieur,
Apprenez que tout flatteur[4]
Vit aux dépens de celui qui l'écoute.
Cette leçon vaut bien un fromage sans doute. »
Le Corbeau honteux et confus
Jura, mais un peu tard, qu'on ne l'y prendrait plus.

Jean de LA FONTAINE, *Fables*, 1668.

1. Gazouillis (ici le chant du corbeau).
2. Oiseau merveilleux, considéré comme le plus beau des oiseaux.
3. Habitants.
4. Personne qui fait des compliments.

Savoir faire

Distinguer une fable d'un poème

- Comprends que la fable raconte une **courte histoire** souvent amusante.
- Repère les **traits de caractères humains** des animaux.

Le corbeau est impressionné par les belles paroles du renard.

- Repère les **dialogues** en t'aidant des verbes de parole (dire, répondre, etc.) et des signes de ponctuation (deux-points, guillemets et parfois tirets).

Le Renard s'en saisit, et **dit** : « Mon bon Monsieur, [...]

- Repère la **morale**, ce que l'auteur veut faire passer comme message.

1 ★ **Quels sont les deux personnages de la fable ? Réponds par une phrase.**

…………………………………………………………

…………………………………………………………

…………………………………………………………

2 ★ **Où se trouve le corbeau au début de la fable ? Coche la bonne réponse.**

a. Au pied d'un arbre. ☐

b. Perché sur une branche. ☐

c. Dans le tronc de l'arbre. ☐

3 ★ **Que veut dire le mot « alléché » ? Cherche dans un dictionnaire et recopie la définition.**

…………………………………………………………

…………………………………………………………

…………………………………………………………

…………………………………………………………

4 ★ **Quelles activités d'humains ont les animaux dans cette fable ? Entoure les bonnes réponses.**

Ils parlent. – Ils jouent. – Ils mangent du fromage. – Ils rient. – Ils chantent.

5 ★★ **Quelle est la « proie » que le corbeau laisse tomber ?**

…………………………………………………………

…………………………………………………………

6 ★★ **Pourquoi le renard veut-il faire chanter le corbeau ? Réponds par une phrase.**

…………………………………………………………

…………………………………………………………

…………………………………………………………

7 ★★ **Relie les adjectifs au bon animal.**

a. Distrait •

b. Flatteur •

c. Rusé •

d. Naïf •

• 1. Le corbeau

• 2. Le renard

8 ★★★ **Recopie la morale de la fable.**

…………………………………………………………

…………………………………………………………

…………………………………………………………

…………………………………………………………

COURAGE
tu y es presque

9 Bilan
Explique pourquoi le corbeau est « honteux et confus » à la fin de la fable.

…………………………………………………………

…………………………………………………………

…………………………………………………………

…………………………………………………………

…………………………………………………………

LECTURE/ÉCRITURE

4 Lire un conte

LE COIN DES PARENTS

La fonction du conte est de faire rêver le lecteur mais aussi d'adresser une leçon plus ou moins sous-entendue. Relisez avec votre enfant un conte de sa petite enfance et essayez de formuler une morale ensemble.

Livret parents → **Dictée 4**
→ **Corrigés** p. 14

Savoir

- Dans un conte, l'histoire racontée est fictive, **loin de la réalité.**
- Les **héros** sont des **personnages imaginaires** : ils réalisent des exploits surhumains. Ils sont parfois représentés sous la forme d'animaux.
- Souvent, il y a des **éléments merveilleux** : des objets magiques ou qui n'existent pas dans la réalité, des personnages irréels comme des fées, des sorciers ou des sorcières, etc.

Je démarre !

Barre l'intrus.

- *Cendrillon*
- *La Petite Sirène*
- *Blanche-Neige et la Bête*
- *Hansel et Gretel*

Cendrillon, détestée par sa belle-mère et par ses deux sœurs jalouses de sa beauté, passe ses journées à nettoyer la maison. Le fils du roi, qui cherche une épouse, organise un bal. Toutes les jeunes filles du royaume sont invitées mais la belle-mère de Cendrillon lui interdit d'y participer. La marraine de Cendrillon décide alors de l'aider.

D'un coup de baguette magique, elle transforma les vêtements de la pauvre enfant en des habits de drap d'or et d'argent tout chamarrés[1] de pierreries. Elle lui donna ensuite une paire de pantoufles de verre, les plus jolies du monde.

Quand elle fut ainsi parée, Cendrillon, plus belle que jamais, monta dans son carrosse. Sa Marraine lui recommanda de rentrer avant minuit, l'avertissant que si elle demeurait au bal un moment de plus, ses beaux habits reprendraient leur forme d'avant, son carrosse redeviendrait citrouille, ses chevaux des souris et ses laquais des lézards.

Cendrillon promit à sa Marraine qu'elle ne manquerait pas de partir du bal avant minuit.

Le fils du roi, qu'on alla avertir qu'il venait d'arriver une grande princesse qu'on ne connaissait point, courut la recevoir : il lui donna la main à la descente du carrosse, et la mena dans la grande salle de bal.

Il se fit alors un grand silence. On cessa de danser et les violons ne jouèrent plus, tant on était attentif à contempler les grandes beautés de cette inconnue. On n'entendait qu'un bruit confus : « Ah, qu'elle est belle ! ».

1. Rehaussé d'ornements éclatants de couleurs.

Savoir faire

Comprendre ce que pensent les personnages pour mieux comprendre l'histoire

1. Repère les personnages principaux de l'histoire.
2. Pour chacun des personnages, repère leurs actions.

Le Prince court pour rencontrer Cendrillon quand elle descend du carrosse.

3. Demande-toi ensuite ce qu'ils pensent lorsqu'ils font une action ou lorsqu'ils parlent à quelqu'un.

Quand le prince court, il pense : « Je suis impatient de connaître cette princesse. Peut-être est-elle ma future épouse. »

1 ★ **Quels sont les personnages principaux de ce conte ? Entoure les bonnes réponses.**

le fils du roi – les lézards – Cendrillon – la Marraine – les souris

2 ★ **Quel accessoire prouve que la marraine de Cendrillon est une fée ?**

....

....

....

3 ★ **Barre ce qui n'est pas transformé par la marraine de Cendrillon.**

des vêtements – un sac – une citrouille – des souris – des bijoux – des lézards – des livres

4 ★★ **Que promet Cendrillon à sa marraine ?**

....

....

....

....

....

....

5 ★★ **Comment qualifies-tu le caractère de la marraine ? Entoure les bonnes réponses.**

généreuse – égoïste – attentionnée – têtue

6 ★★★ **Que font les personnes présentes dans la salle quand Cendrillon arrive au bal ? Coche les bonnes réponses.**

a. Ils applaudissent. ☐
b. Ils s'arrêtent de danser. ☐
c. Ils continuent de parler. ☐
d. Les musiciens jouent du violon. ☐
e. Ils se taisent. ☐
f. Ils ne font pas attention à Cendrillon. ☐
g. Les musiciens s'arrêtent de jouer. ☐
h. Ils admirent Cendrillon. ☐

7 ★★★ **Que pensent les invités lorsqu'ils découvrent Cendrillon ?**

....

....

....

....

....

8 Bilan **Complète la suite du conte de Cendrillon. Utilise les groupes de mots suivants.**

recommandations – les invités – sa marraine – laquais – minuit – une chaussure – le prince – douze

Soudain, Cendrillon entendit sonner les .... coups de .... Elle se rappelle des .... de .... Elle se précipite dehors, quittant .... et tous .... Dans sa course, elle perd .... dans l'escalier qui mène à son carrosse. Elle ordonne aux .... de la conduire au plus vite jusqu'à sa maison.

Je m'évalue ☐ ☐ ☐

LECTURE/ÉCRITURE

5 Écrire des péripéties

LE COIN DES PARENTS
Il est important que votre enfant fasse la différence entre les actions et les descriptions dans un texte. Cela lui permettra de mieux comprendre l'histoire et son déroulement.

Livret parents → **Dictée 5**
→ **Corrigés** p. 14

Savoir

- Une péripétie est un **événement** ou une **action réalisée** par le héros ou un personnage de l'histoire.
- Elle permet de **faire avancer l'histoire**, d'**atteindre un but**, de **résoudre un problème après un élément déclencheur**.

Remarque Il ne faut pas confondre la péripétie avec la description, qui permet de donner à voir un paysage, un personnage ou un objet.

Je démarre !

Entoure les verbes qui décrivent une action.

plier • être • courir • découper • paraître • garer • jouer • avoir l'air • répondre • sembler • fuir • vendre • bailler • posséder • se laver

Georges doit préparer un médicament à sa grand-mère, mais comme il la déteste, il veut créer une potion en mélangeant toutes sortes d'ingrédients : du dentifrice, de la mousse à raser, du vernis à ongles, etc.

Georges arrêta le gaz sous le chaudron. Il fallait laisser refroidir la potion un bon moment.

Quand la fumée et l'écume se calmèrent, il jeta un coup d'œil dans le chaudron pour voir la couleur de sa potion. Elle était bleu vif.

« Ajoutons du marron, dit Georges. Si ma potion n'est pas brunâtre, Grandma aura des soupçons. »

Georges se précipita dans l'atelier où son père rangeait ses peintures. Sur les étagères, il y avait des pots de toutes les couleurs, noir, vert, rose, rouge, blanc et marron. Il s'empara d'un pot marron : peinture marron chocolat. Un litre. Il enleva le couvercle à l'aide d'un tournevis. Le pot était plein aux trois quarts. Il revint en courant dans la cuisine, et versa la peinture dans le chaudron. Maintenant, il était rempli à ras bord. Très doucement, Georges mélangea la peinture à la potion avec une longue cuillère en bois. Ah ! ah ! elle devenait marron ! Un magnifique marron foncé. […]

Georges prit le flacon de potion sur le buffet. Il le déboucha et vida le contenu dans l'évier. Puis il plongea un cruchon dans le chaudron et s'en servit pour remplir le flacon de potion magique. Il remit le bouchon. […]

Maintenant tout était prêt !

Oui, prêt !

Le grand moment était arrivé !

– C'est l'heure de prendre ta potion, Grandma, cria-t-il.

– Enfin, il me semblait bien ! grogna-t-elle.

Roald DAHL, *La potion magique de Georges Bouillon*, traduction de Marie-Raymond FARRÉ,

Savoir faire

Écrire des péripéties

1. Utilise des verbes d'action. se précipiter, s'emparer, mélanger, vider, etc.
2. Utilise des connecteurs de temps. quand, ensuite, puis, maintenant, enfin
3. Utilise des connecteurs de lieu. ici, là-bas, au fond, en haut, à droite, à gauche, partout, près
4. Utilise des connecteurs logiques. et, mais, car, donc, puisque, aussi, encore

Remarque N'utilise pas plus de deux connecteurs par phrase pour qu'elle ne soit pas trop longue.

1 * Que prépare Georges pour Grandma ? Entoure la bonne réponse

un vrai médicament – une potion de sorcière – un faux médicament

2 * Numérote les péripéties du texte dans l'ordre chronologique

a. Georges va dans l'atelier de son père. ....

b. Georges éteint le gaz sous le chaudron. ....

c. Georges retourne dans la cuisine. ....

d. Georges mélange la peinture à la potion. ....

e. Georges prend un pot de peinture marron. ....

3 ** Entoure les trois verbes d'action dans cet extrait.

Georges se précipita dans l'atelier où son père rangeait ses peintures. Sur les étagères, il y avait des pots de toutes les couleurs, noir, vert, rose, rouge, blanc et marron. Il s'empara d'un pot marron : peinture marron chocolat. Un litre. Il enleva le couvercle à l'aide d'un tournevis. Le pot était plein aux trois quarts.

4 ** Entoure de couleurs différentes les cinq péripéties.

Georges prit le flacon de potion sur le buffet. Il le déboucha et vida le contenu dans l'évier. Puis il plongea un cruchon dans le chaudron et s'en servit pour remplir le flacon de potion magique.

5 ** Complète ce texte avec les connecteurs de temps proposés.

maintenant – d'abord – Ensuite – Quelques minutes plus tard

George va .... chercher un pot de peinture marron dans l'atelier de son père. .... il la mélange avec la potion dans la cuisine. ....

.........................., elle a suffisamment refroidi. Elle est .... prête à être avalée.

6 Bilan Écris, au présent, ce qu'il pourrait arriver à la grand-mère quand elle goûte à la potion. Utilise les verbes d'action et les connecteurs de temps donnés.

verser – boire – recracher – gronder – puis – aussitôt – ensuite

....

....

....

....

....

6 LECTURE/ÉCRITURE

Lire un documentaire

LE COIN DES PARENTS
Demandez à votre enfant de classer les livres de sa chambre suivant les catégories suivantes : albums, romans, bandes dessinées, documentaires, journaux. Cela lui permettra de découvrir ou de redécouvrir certains livres oubliés !

Livret parents → **Dictée 6**
→ **Corrigés p. 14**

Savoir

Je démarre !

Entoure d'une même couleur les titres de livres qui pourraient être rangés ensemble.

- *Les Gaulois*
- *Pinocchio*
- *Harry Potter à l'école des sorciers*
- *Charlemagne*
- *La vie au Moyen Âge*
- *Boule et Bill*

DES MOTS POUR COMPRENDRE

Le CO_2 réchauffe notre atmosphère !

Le dioxyde de carbone, qu'est-ce que c'est ?
Le **dioxyde de carbone** (ou **CO_2**) est fabriqué pendant la combustion (c'est-à-dire quand on brûle) des matières qui contiennent du carbone, comme le bois, le charbon, le pétrole, le gaz et même les déchets de la cantine. Il est aussi rejeté par les êtres vivants (comme nous !) lors de la respiration.
Depuis deux siècles environ, **le dioxyde de carbone s'accumule dans l'atmosphère**, et c'est là le problème...

Une molécule naturelle
Le dioxyde de carbone, ou gaz carbonique, est une **molécule** composée de deux **atomes** d'**oxygène** (d'où le terme « dioxyde ») et d'un seul atome de **carbone**. On l'écrit comme cela : **CO_2**. Ce n'est pas un polluant, car il ne dégrade ni l'atmosphère, ni les êtres vivants. Au contraire, cette molécule fait partie de notre planète et de la vie.

Une molécule... qui vibre !
La chaleur est produite par des rayons qu'on appelle « **infrarouges** ». Quand ils frappent la molécule de CO_2, celle-ci **vibre**, un peu comme un téléphone portable.
Et en vibrant, la molécule de CO_2... fabrique aussi d'autres rayons infrarouges !
En fait, il se passe une sorte de ping-pong : chauffée par le Soleil, la surface de notre planète envoie des rayons vers le CO_2 qui lui renvoie d'autres rayons et ainsi de suite.
Ce petit jeu s'appelle l'**effet de serre**.

L'EFFET DE SERRE

Grâce à lui, il fait bon vivre
Avec l'effet de serre, une partie de la **chaleur** que nous fournit l'énergie du Soleil est conservée autour de la Terre. Heureusement, car sinon, il ferait en moyenne -18 °C sur notre planète ! Grâce à ce « gros pull » qu'est l'effet de serre, il fait plutôt... +15 °C !

Frédéric DENHEZ, *J'agis pour ma planète*, © Bordas/sejer, 2018.

- La **couverture** et le **titre** donnent des informations sur le **thème** du livre documentaire.
nature, histoire, géographie, sciences, arts, etc.
- Un texte documentaire permet d'apprendre et donne des réponses aux questions que l'on se pose.
- Un **sommaire**, au début du livre, ou une **table des matières**, à la fin, liste les différentes parties du livre. Un texte documentaire est bien **organisé**.
titre de chapitre, introduction, différents paragraphes avec des titres et des sous-titres
- Les **illustrations** complètent le texte et permettent de mieux le comprendre.
photographies, schémas, cartes, tableaux, graphiques, frises chronologiques, etc.
- Des mots de vocabulaire peuvent être expliqués, regroupés dans un glossaire. L'index permet de retrouver les **mots clés** développés dans l'ouvrage.

Savoir faire

Lire un texte documentaire

1. Ne lis pas un documentaire comme un roman ! Commence par les **titres** et les **sous-titres**.
2. Puis lis les **paragraphes** sous chaque sous-titre, peu importe l'ordre ! Tu peux très bien commencer par lire le paragraphe qui est tout en bas de la page.
3. Regarde ensuite les **illustrations** et relie-les aux différents paragraphes.

1 ★ **Quel est le titre principal de cette double page de documentaire ?**

....

....

2 ★ **Quel est le titre du premier paragraphe ?**

....

....

3 ★★ **Écris trois sous-titres de ce texte.**

....

....

....

....

4 ★★★ **Quel est le titre de l'illustration ?**

....

5 ★★★ **Écris le titre de chaque documentaire sous le texte correspondant :**
La peinture française – Le système solaire – Le développement durable – Les animaux d'Afrique – L'histoire de France

a. Les planètes sont au nombre de huit : Mercure, Venus, Terre, Mars, Jupiter, Saturne, Uranus et Neptune.

....

b. Le guépard est un félin agile et puissant. Il peut atteindre 100 km/h en vitesse de pointe.

....

c. Le 14 juillet 1789, la prison de la Bastille, à Paris, est prise d'assaut par les révolutionnaires.

....

d. Recycler ses déchets c'est important car cela permet de fabriquer de nouveaux objets sans épuiser les ressources naturelles.

....

e. Van Gogh, Claude Monet et Auguste Renoir sont des peintres impressionnistes très célèbres.

....

Claude Monet, *La Promenade*, 1875

6 **Bilan**
Vrai ou faux ?

- **a.** Le titre du livre documentaire donne une information sur son thème. ☐ Vrai ☐ Faux
- **b.** Le sommaire liste les sujets qui seront développés dans le livre. ☐ Vrai ☐ Faux
- **c.** Les photographies sont souvent utilisées dans les documentaires. ☐ Vrai ☐ Faux
- **d.** Les illustrations complètent les textes. ☐ Vrai ☐ Faux
- **e.** On peut trouver des frises chronologiques dans un documentaire. ☐ Vrai ☐ Faux
- **f.** Un livre documentaire raconte une histoire inventée par l'auteur. ☐ Vrai ☐ Faux

ORTHOGRAPHE

7 L'accord en genre dans le groupe nominal

LE COIN DES PARENTS

Proposez un jeu à votre enfant : choisissez une lettre et écrivez le plus de noms commençant par cette lettre, puis le plus d'adjectifs. Changez ensuite de lettre.

Livret parents → **Dictée 7**
→ **Corrigés** p. 14

Savoir

Je démarre !

Entoure les groupes nominaux féminins.

voiture rouge • fermes immenses • glace parfumée • film angoissant • peaux sèches • heure fixe • restaurant réputé • garage rempli • directeur occupé

Règle

- Le groupe nominal est constitué au minimum d'un **déterminant** et d'un **nom**, auquel on peut ajouter **un** ou **plusieurs adjectifs**.

ton pantalon taché
(ton : déterminant ; pantalon : nom ; taché : adjectif)

cette grande terrasse couverte
(cette : déterminant ; grande : adjectif ; terrasse : nom ; couverte : adjectif)

- C'est le déterminant qui définit le **genre** du groupe nominal : **féminin** ou **masculin**.

la petite fille maline
genre féminin

un trésor enfoui
genre masculin

de longues tresses
genre féminin

ces renards roux
genre masculin

Savoir faire

Transformer des noms et des adjectifs au féminin

Terminaison au masculin	Au féminin	Exemples
En règle générale.	-e	un voisin mécontent → une voisine mécontente
-er	-ère	le boulanger fier → la boulangère fière
-eur	-euse ou -trice	le joueur amateur → la joueuse amatrice
-eux	-euse	un chien joyeux → une chienne joyeuse
-f	-ve	un éclairage vif → une lumière vive
consonne finale	la même consonne et un -e	un magicien muet → une magicienne muette

Remarque Certains noms sont différents au masculin et au féminin.

un taureau → une vache, un homme → une femme

1 ★ Écris ces adjectifs au féminin.

a. une athlète (passionné) …………………………

b. la voiture (gris) …………………………

c. la directrice (bavard) …………………………

d. la robe (sale) …………………………

e. une (dernier) ………………………… dictée

f. une crème (réparateur) …………………………

g. une fillette (rêveur) …………………………

h. une élève (talentueux) …………………………

i. une récréation (bref) …………………………

j. de la soupe (épais) …………………………

2 ★★ Écris le féminin des noms suivants.

a. un gérant : une …………………………

b. un travailleur : une …………………………

c. un aviateur : une …………………………

d. un lion : une …………………………

e. un veuf : une …………………………

f. un infirmier : une …………………………

g. un arbitre : une …………………………

h. un prince : une …………………………

i. un cheval : une …………………………

3 ★★ À partir du nom proposé, trouve l'adjectif et écris-le au masculin et au féminin comme dans l'exemple.

la beauté (nom) : beau – belle (adjectifs)

a. l'intelligence : …………………………

b. la laideur : …………………………

c. la maladresse : …………………………

d. la fierté : …………………………

e. le courage : …………………………

f. la gentillesse : …………………………

4 ★★ Mets ces mots au féminin et barre l'intrus dans chaque liste.

a. fin – pressé – juteux – un renard

…………………………

b. muet – cruel – italien – positif

…………………………

c. un taureau – un coq – un mouton – un lapin

…………………………

5 Bilan Transforme les phrases en changeant le groupe nominal. Fais les accords nécessaires.

a. Le morceau est joyeux et rythmé.

→ La chanson est ………………………… .

b. Le cuisinier semble patient et attentif.

→ La cuisinière semble ………………………… .

c. Le prince paraît coquet et doux.

→ La princesse paraît ………………………… .

d. Le ciment reste blanc et neuf.

→ La peinture reste ………………………… .

Français
Maths
Hist.-Géo. EMC
Sciences et technologie
Anglais
mon cahier spécial Dictées

ORTHOGRAPHE

8 L'accord en nombre dans le groupe nominal

LE COIN DES PARENTS

Il existe un moyen mnémotechnique pour retenir le pluriel des noms qui prennent un -x au pluriel. Apprenez cette comptine à votre enfant : « Viens mon chou, mon bijou, mon joujou, sur mes genoux, et jette des cailloux à ce hibou plein de poux ! »

Livret parents → **Dictées 8, 28 et 29**
→ **Corrigés** p. 14

Savoir

Je démarre !

Observe les terminaisons des mots au pluriel. Que remarques-tu ?

de beaux moineaux • des bijoux bleus • des bisous doux • des éventails ouverts • des sous neufs

....

....

Règle

• Rappel : le groupe nominal est constitué au minimum d'un **déterminant** et d'un **nom**, auquel on peut ajouter **un** ou **plusieurs adjectifs**.

cette grande maison abandonnée
(cette → déterminant ; grande → adjectif ; maison → nom ; abandonnée → adjectif)

• C'est le déterminant qui définit le **nombre** du groupe nominal : **singulier** ou **pluriel**.

cette ancienne voiture rouillée	ces fenêtres ouvertes
groupe nominal singulier	groupe nominal pluriel

Savoir faire

Transformer des noms et des adjectifs au pluriel

terminaisons	noms	adjectifs
La plupart du temps → on ajoute -s	un chirurgien → des chirurgiens	réputé → réputés
-s ou -x → pas de changement	un tapis → des tapis	rugueux → rugueux
-eau, en -au ou -eu → on ajoute -x	un noyau → des noyaux Exceptions : des bleus, des pneus, des émeus (grands oiseaux), des lieus (poissons).	nouveau → nouveaux
-al → -aux	un cheval → des chevaux Exceptions : bals, carnavals, chacals, festivals, récitals, régals.	amical → amicaux Exceptions : banals, bancals, fatals, glacials, natals, navals.
-ou → -ous	un trou → des trous Exceptions : bijoux, cailloux, choux, genoux, hiboux, joujoux, poux.	
-ail → -ails	un détail → des détails Exceptions : coraux, émaux, vitraux, travaux, soupiraux.	

1 ★ Écris les adjectifs au pluriel.

a. des trains (rapide) ....

b. des meubles (bas) ....

c. des avions (commercial) ....

d. des lits (jumeau) ....

e. des bancs (bancal) ....

f. des invités (respectueux) ....

2 ★ Ajoute les terminaisons à ces noms pluriels.

des boîte..... – des éléphanteau..... – des eau..... – des clou..... – des rail..... – des genou..... – des feu..... – des émeu.....

3 ★★ Écris ces mots au pluriel sous l'illustration qui convient.

carnaval – chacal – corail – vitrail – bal – récital

a. des ....

b. des ....

c. des ....

d. des ....

e. des ....

f. des ....

4 ★★★ Écris ces groupes nominaux au pluriel.

a. un soldat armé : ....

b. cette souris grise : ....

c. le général impérial : ....

....

d. un dangereux voyou : ....

....

e. son joujou bleu : ....

....

f. un détail caché : ....

....

g. un chantier naval : ....

....

h. un nouveau festival : ....

....

Tu t'améliores de jour en jour

5 Bilan Écris ces phrases au pluriel.

a. Le cheval de ce cavalier est prêt. ....

b. Ce train régional passe par un village. ....

c. Le merveilleux bijou scintille dans un nouvel écrin. ....

....

d. N'avale pas le noyau de cette cerise ! ....

Je m'évalue

ORTHOGRAPHE

9 Les homophones la/là/l'as/l'a – on/on n'/ont

LE COIN DES PARENTS

Les homophones sont nombreux dans la langue française. Nous avons mis l'accent sur ceux qui sont fréquemment utilisés lors de la production d'écrits.

Livret parents → **Dictées 9 et 32**
→ **Corrigés p. 14**

Savoir

Je démarre !

Observe ces phrases. Que remarques-tu ?

a. La feuille tombe de l'arbre. Les feuilles tombent là.

b. Tu ranges la trousse. Tu l'as rangée.

c. La mère félicite sa fille. Sa mère l'a félicitée.

....

....

Des homophones sont des mots qui se prononcent de la même façon mais qui ont une orthographe différente.

la	là	l'as	l'a
déterminant, placé devant un nom	**adverbe,** désigne un **lieu**	**pronom personnel l'** et verbe **avoir** conjugué au présent avec **tu**	**pronom personnel l'** et verbe **avoir** conjugué au présent avec **il, elle** ou **on**
Tu regardes **la** collection de livres documentaires.	J'ai rangé mes chaussures **là**.	Tu **l'as** lavé soigneusement. Quand **l'as**-tu apprise ?	On **l'a** mangé hier. Elle **l'a** prise dans son cartable.

on	on n'	ont
pronom personnel. Il est placé **devant un verbe.**	**pronom personnel on** et **adverbe n'**, utilisé devant un verbe à la forme négative	verbe **avoir** à la **3e personne du pluriel**
On pratique le volley-ball à l'école.	**On n'**a pas pu aller plus loin, la route est coupée.	Ils **ont** soif.

Savoir faire

Écrire le bon homonyme

Remplace les homonymes par :

la	là	l'as	l'a	on	on n'	ont
un autre déterminant féminin (**sa**, **ma**, etc.)	un autre adverbe de lieu (**ici**)	le verbe avoir à l'imparfait (**l'avais**)	le verbe avoir à l'imparfait (**l'avait**)	le pronom personnel **elle** ou **il**	la forme affirmative de la phrase	le verbe avoir à l'imparfait (**avaient**)

Tu regardes la **(sa)** collection de livres documentaires.

Tu l'as **(l'avais)** lavé soigneusement.

On **(Il, elle)** pratique le volley-ball à l'école.

Ils ont **(avaient)** soif.

J'ai rangé mes chaussures là **(ici)**.

Elle l'a **(l'avait)** prise dans son cartable.

On n'a pas peur. On a peur.

1 * Choisis entre les deux formes du verbe avoir : as, a.

a. Hier, tu l'........ laissé dehors toute la nuit.
b. Le touriste l'........ admiré.
c. On l'........ laissé se reposer.
d. L'........-tu vu la semaine dernière?
e. Elle l'........ observé pendant des heures.

2 * Complète avec la ou là.

a. Sur .... table, des bougies sont allumées.
b. Je les range souvent ....
c. ...., se dressent deux immenses statues.
d. Tu n'as trouvé pas .... solution.

3 * Complète avec on, on n', ont.

a. Tout à coup, ... entendit des bruits suspects.
b. .... mange équilibré pour être en bonne santé.
c. Quand .... a pas son matériel, il est difficile de bien travailler.
d. .... entre jamais dans cette salle sans autorisation.
e. Elles .... fait de leur mieux,
f. Ils .... bien compris.

4 ** Remplace les mots soulignés par : sa, ici, l'avais, l'avait.

a. Le photographe recadre la (....................) photo.
b. Elle l'a (....................) répété à sa voisine.
c. Le film l'a (....................) profondément ému.
d. Le mois dernier, tu l'as (....................) revu dans un restaurant.
e. Les danseurs rangent toujours leur chaussons là (....................).

5 *** Complète les phrases avec les homophones proposés.

a. (On, On n') .... estime que (la, là, l'as, l'a) .... Terre s'est formée il y a 4,5 milliards d'années.
b. (La, Là, L'as, L'a) ...., (on, on n') .... a pas avancé car il faisait trop sombre.
c. (On, On n') .... est excité d'ouvrir le colis.
d. La gardienne (la, là, l'as, l'a) .... récupéré ce matin.
e. Il (la, là, l'as, l'a) .... installée à l'arrière de la voiture.
f. (On, On n') .... est prêts à partir.

6 Bilan Complète avec les homophones étudiés dans cette leçon

a. .... guide nous fait visiter ce château. .... imagine les seigneurs qui habitaient ....
b. Lorsqu'ils .... crié, ... a eu peur, ... a plus bougé !
c. .... a pas refait le même parcours à vélo, tu .... modifié.
d. ....rivière a débordé jusque ...., ... a failli être emportés par le courant.

ORTHOGRAPHE

10 Les homophones c'est/ses/ces – mais/met/mets/mes

LE COIN DES PARENTS
Pour bien écrire les homophones, invitez votre enfant à remplacer ces mots par d'autres et à bien comprendre le contexte de la phrase.

Livret parents → **Dictées 10** et **32**
→ **Corrigés** p. 14

Savoir

Je démarre !

Entoure les mots qui se prononcent de la même façon.

a. Elle range ses chaussures. – Ces immeubles sont impressionnants. – C'est parti !

b. La louve met ses petits à l'abri. – Tu mets la machine en route. – Mais où ai-je mis mes papiers ?

C'est, ces, ses

c'est	ces	ses
Verbe **être** utilisé pour désigner **quelque chose** ou **quelqu'un**.	**Déterminant démonstratif** utilisé devant un **nom** pour désigner quelque chose que l'on veut **montrer**.	**Déterminant possessif** utilisé devant un **nom** pour désigner quelque chose qui **appartient** à quelqu'un.
C'est Émilie qui passe au tableau. **C'est** dangereux.	As-tu remarqué **ces** nuages noirs ? **Ces** abricots n'ont pas l'air très mûrs.	**Ses** chevaux sont élevés en liberté. Il essaie de dénouer **ses** lacets.

Mais, mes, met, mets

mais	mes	met	mets
Conjonction de coordination utilisée pour **opposer** des **idées différentes** dans une phrase.	**Déterminant possessif** utilisé devant un nom pour désigner quelque chose **qui nous appartient**.	Verbe **mettre**, conjugué au **présent** à la 3e personne du singulier.	Verbe **mettre**, conjugué au présent avec le pronom personnel **tu**.
Il joue du violon **mais** il n'a jamais appris le solfège.	**Mes** livres sont trop lourds. Où as-tu rangé **mes** chaussures ?	Il **met** la farine dans le saladier. Elle **met** une nouvelle robe.	Tu **mets** une étiquette sur le cahier. **Mets**-tu ce pull ?

Savoir faire

Écrire le bon homonyme

Pour bien les écrire, remplace les homonymes par :

c'est	ces	ses	mes	mais	met	mets
cela est	un autre déterminant démonstratif ce, cet, cette	un autre déterminant possessif pluriel tes, ses		un autre connecteur or, pourtant, cependant	un synonyme du verbe mettre, selon le contexte, à la bonne personne porter, placer, poser, etc.	

1 ★ Entoure le déterminant qui convient dans chaque phrase.

a. Elle aime bien (ses) / ces copains.

b. La mère accompagne (ses) / ces enfants au cinéma.

c. (Ces) / ses randonneurs semblent perdus.

d. Observe (ces) / ses deux dessins et trouve leurs différences.

e. Le maître ordonne à ses / (ces) deux élèves d'arrêter de discuter.

2 ★ Complète chaque phrase avec met ou mes.

a. Il met de la musique dans le salon.

b. J'ai besoin de mes cahiers pour réviser.

c. mes ongles sont trop longs : il faut les couper.

d. Le pianiste mes ses partitions sur son pupitre.

e. met elle du chocolat dans son gâteau ?

3 ★ Choisis le bon homophone : c'est, ces, ses.

a. ces jeux sont interdits au moins de 10 ans.

b. Le roi demande à ses gardes de fermer la porte.

c. Qui sont ces enfants qui attendent devant le portail ?

d. c'est en creusant qu'elles ont découvert un trésor.

e. Jérémy ne trouve plus ses affaires de sport.

4 ★★ Écris au pluriel.

a. cet enfant : ces

b. sa mère : ses

c. ce village : ces

d. cette fleur : ces

5 ★★★ Choisis le bon homophone : mais, mes, met, mets.

a. Peux-tu chercher mes clés de voiture, s'il te plaît ?

b. Il fait froid, mais il a oublié sa veste.

c Tu mets trop de temps à préparer tes affaires !

d. mes devoirs me demandent de la concentration.

e. Le cuisinier met la salade dans le saladier.

f. On met les courses dans le caddie.

6 Bilan Complète le texte avec l'homophone qui convient.

c'est agréable de se promener dans ces bois. ~~tes~~ Ces chaussures sont confortables, je peux marcher des heures. Ma petite sœur a mis mes bottes. Quand il pleut trop, je mets les miennes, mais aujourd'hui il fait très beau !

GRAMMAIRE

11 Les déterminants

LE COIN DES PARENTS
Vous pouvez apprendre les déterminants possessifs à votre enfant grâce à une petite comptine :
« Mon, ton, son, notre, votre, leur
Ma, ta, sa, notre, votre, leur
Mes, tes, ses, nos, vos, leurs »

Livret parents → **Dictées 11** et **31**
→ **Corrigés** p. 14

Savoir

Je démarre !

Complète l'invitation.
Je t'invite à .... anniversaire, ... mercredi 3 janvier.
Il y aura .... goûter et .... sortie au jardin. Tous .... amis sont attendus !
.... année, je fête .... 11 ans.

Fonction

- Les déterminants sont des **petits mots** placés **avant** le nom.

un garage (un → déterminant, garage → nom)
mes belles voitures (mes → déterminant, voitures → nom)

- Ils indiquent le **genre** (masculin ou féminin) et le **nombre** (singulier ou pluriel) du nom.

la sorcière (féminin, singulier) ces grands arbres (masculin, pluriel)
le magicien (masculin, singulier) ces belles branches (féminin, pluriel)

Catégories

- **Les articles indéfinis : un, une, des (de)**

Ils déterminent des choses imprécises. Je cueille **une** grande fleur.

- **Les articles définis : le, la, l', les**

Ils déterminent une **chose en particulier**. Je cueille **la** plus grande fleur.

Remarque Parfois, le déterminant défini est **contracté** avec la préposition qui le précède :
– de + le = **du** La clé de le portail → La clé du portail
– à + le = **au** Jusqu'à le bout → jusqu'au bout
– à + les = **aux** Une tarte à les fraises → une tarte aux fraises

- **Les déterminants possessifs : mon, ton, son, ma, ta, sa, notre, votre, leur, mes, tes, ses, nos, vos, leurs**

Ils indiquent ce que l'on a, ce que l'on possède. **ma** trousse, **vos** crayons

- **Les déterminants démonstratifs : ce, cet, cette, ces**

Ils **désignent** quelque chose. **ces** chaussures, **cette** veste

Remarque Les déterminants peuvent être séparés du nom par un adjectif.

Savoir faire

Repérer les déterminants dans une phrase

1. Repère d'abord le **nom**.

La petite fille courait vite dans cette cour de récréation.
Fille et cour sont les deux noms.

2. Cherche ensuite le **petit mot** avant le nom en éliminant les adjectifs.

Petite est un adjectif. → La et cette sont des déterminants.

1 ★ **Barre les mots qui ne sont pas des déterminants.**

votre – rue – une – du – vie – ces – notre – mais – le – son – clé – au – je – des – ses – elle

2 ★ **Indique, pour chaque article en gras, s'il s'agit d'un article défini (D) ou indéfini (I).**

a. **Le** pêcheur remonte sa ligne. ……

b. Nous donnons **une** pièce de monnaie. ……

c. Fanny préfère la glace **au** chocolat. ……

d. Dans le cabinet **du** docteur, trois personnes patientent. ……

3 ★★ **Souligne tous les déterminants de cet extrait de fable de La Fontaine.**

La Cigale, ayant chanté
Tout l'été,
Se trouva fort dépourvue
Quand la bise fut venue.
Pas un seul petit morceau
De mouche ou de vermisseau.
Elle alla crier famine
Chez la Fourmi sa voisine.

4 ★★ **Complète chaque phrase avec le déterminant possessif qui convient.**

a. Jean joue avec …… train électrique.

b. Il a rangé …… affaires dans …… placard.

c. Je raconte …… journées de vacances à …… oncle.

d. Elles ne prennent pas soin de …… vêtements.

5 ★★★ **Recopie ces phrases en remplaçant le nom en gras par le nom au pluriel entre parenthèses. Attention aux déterminants et aux accords !**

a. J'ai gravi ce **mont** (montagnes) à pied.

……

……

b. La **sauce** (jus) est succulente. ……

……

c. Vérifie ton **cartable** (sacoches) avant de partir ! ……

……

……

d. Louise mange son **goûter** (biscuits) à 17 heures. ……

……

e. Il se retrouva devant l'énorme **portail** (portes) fermé. ……

……

……

6 **Bilan**
Complète ce texte avec les déterminants qui conviennent.

…… tigre est …… mammifère. Il fait partie de …… classe …… félins. Il possède …… fourrure rousse rayée de noir. Il chasse principalement …… cerfs et …… sangliers. Il repère …… proies de préférence …… lever …… jour ou à …… tombée de …… nuit. Il peut courir à …… vitesse maximale de 50 km/h et c'est …… excellent nageur.

Je m'évalue ☐ ☐ ☐

GRAMMAIRE

12 Les types et les formes de phrases

LE COIN DES PARENTS
Le petit mot « ne » est souvent oublié à l'oral. Assurez-vous que votre enfant utilise bien la forme négative introduite par les mots ne ... pas, ne ... jamais, ne ... plus, etc.

Livret parents → Dictée 12
→ Corrigés p. 14

Savoir

Je démarre !

Transforme les phrases pour dire le contraire.

a. Je suis fort en maths.

....

b. Tu n'aimes pas les courgettes.

....

c. Ne vous inquiétez pas !

....

d. Qui a compris ?

....

Les types de phrases

- La **phrase déclarative** se termine par un **point** ou des **points de suspension**. Elle donne une **information**.

Philippe se dirigea vers le château.

Ce coucher de soleil laisse rêveur...

- La **phrase impérative** se termine par un **point** ou un **point d'exclamation**. Elle donne un **ordre**.

Dépêche-toi de finir tes devoirs.

Ne salis pas la table !

- La **phrase interrogative** se termine par un **point d'interrogation**. Elle permet de poser une **question**.

Souvent, le **sujet** est **inversé** : il se situe après le verbe.

Au début des phrases interrogatives, on trouve souvent un **pronom interrogatif** : où, quand, pourquoi, comment, combien, qui, que, quel(s) / quelle(s), lequel / laquelle / lesquels / lesquelles, etc.

Quelles chaussures **préfères-tu** ? **Pourquoi** le ciel est-il bleu ?

Deux formes de phrases

- La forme **affirmative**.

Les chèvres broutent les jeunes feuilles d'acacia.

- La forme **négative**. On utilise les petits **mots de négation** : ne (n')... pas, ne ... rien, ne ... plus, ne ... jamais, ne ... aucun, ni ... ni, etc.

Cette piscine **n'**ouvre **pas** le soir après 18 heures.

Il **n'**y a **aucun** nuage dans le ciel aujourd'hui.

Savoir faire

Former une phrase interrogative et négative

Vous achetez cette grande maison.

1. Repère le verbe et le sujet puis inverse-les en n'oubliant pas le trait d'union.

Vous achetez... → Achetez-vous...

2. Encadre le verbe et le sujet inversé par deux mots de négation puis termine la phrase par un point d'interrogation.

Achetez-vous... → N'achetez-vous pas... → N'achetez-vous pas cette maison ?

1 ★ **Entoure les mots de la négation.**

a. Sylvie ne recoud pas son pantalon.
b. À Paris, on ne s'ennuie jamais.
c. N'écoute-t-il plus ce que je dis ?
d. Justine ne veut rien acheter dans ce magasin.
e. Il ne mange aucun fruit.

2 ★ **Complète avec le point qui convient.**

a. Les jonquilles poussent au printemps ...
b. Cette leçon est-elle apprise ...
c. Je ne sais pas quel jouet choisir ...
d. Comment a-t-il cassé ce vase ...
e. Avez-vous un ticket de bus ...

3 ★★ **Indique s'il s'agit d'une phrase déclarative (D), interrogative (Int.) ou impérative (Imp.).**

a. Le café n'est pas très fort. (..............)
b. Avez-vous pris soin de vos affaires ? (..............)
c. Préviens-moi quand tu rentres. (..............)
d. Garde-le précieusement. (..............)
e. Le bison vit principalement en Amérique du Nord. (..............)
f. Qui sera le prochain champion ? (..............)

4 ★★ **Complète ces phrases avec les mots de la négation qui conviennent : ne ... pas, ne ... rien, n'... jamais, n' ... plus, n'... ni ... ni.**

a. Vincent .... aime .... les framboises .... les fraises.
b. Les pingouins .... savent .... voler.
c. Les élèves .... ont .... fait de ski.
d. .... dérange .... !
e. À 22 h, le restaurant .... sert .... les clients.

5 ★★★ **Pose les questions qui correspondent à ces réponses.**

a. Le train part à 14 h 44. ....
b. Il est venu à vélo. ....
c. Mon parfum de glace préféré est la pistache. ....
d. J'ai fait quinze fautes. ....
e. Le policier contrôle les conducteurs. ....
f. Nous emportons un livre d'aventure. ....

6 **Bilan** **Transforme ces phrases déclaratives en phrases interrogatives négatives.**

a. Elle est heureuse.
→ ....
b. Ils rentrent tôt.
→ ....
c. Les oiseaux migrent vers l'Afrique.
→ ....
d. La mer est agitée aujourd'hui.
→ ....

GRAMMAIRE

13 Le sujet du verbe

LE COIN DES PARENTS
Jouez au cadavre exquis. Écrivez un sujet sur la feuille, pliez-la pour cacher ce qui est écrit et donnez-la à votre enfant qui ajoute un verbe, plie la feuille et vous la redonne. Ajoutez un lieu, etc. Le dernier lit la phrase.

Livret parents → **Dictée 13**
→ **Corrigés** p. 14

Savoir

Je démarre !

Complète avec le bon pronom personnel :
Nous, Je, Vous, Ils, Tu.

a. .... invites tes copains mercredi.

b. .... déjeunez au restaurant.

c. .... rangeons les jouets.

d. .... prennent le bus.

e. .... plonge dans la piscine.

La nature du sujet

- Dans une phrase, le sujet indique **de qui** ou **de quoi on parle.** On ne peut pas le supprimer.

Léo creuse un trou profond. **Cet album** comporte 48 pages.

- Le sujet peut être :

– un **groupe nominal** ou une suite de groupes nominaux :
Les feuilles jaunissent en automne. **Le tigre et le lion** sont des félins.

– un **nom propre** :
Léonard de Vinci est un grand inventeur.

– un **pronom personnel** :
Vous ne pouvez pas traverser !

– un **verbe à l'infinitif**.
Jouer permet de se détendre.

- Le plus souvent, le sujet est placé **avant le verbe.**

Le journaliste rédige un article.

Parfois il peut être **éloigné du verbe.**

Cette poule, dans le poulailler, couve trois œufs.

Il peut aussi être placé **après le verbe.** On dit alors que le sujet est **inversé.**

Veux-tu une glace ?
Devant nous, **se dresse une statue de Louis XIV.**

Savoir faire

Remplacer le sujet par un pronom personnel

Dans le garage, la vieille voiture rouge de mon père attend d'être réparée.

1 Cherche d'abord le sujet en posant la question « Qui est-ce qui + verbe ? »

Qui est-ce qui attend ? La veille voiture rouge de mon père.

2 **Remplace le sujet** par le pronom personnel qui convient :
La vieille voiture rouge peut être remplacée par **elle.**

→ Dans le garage, elle attend d'être réparée.

1 * Pour chaque sujet, écris le groupe verbal qui convient.

brûle. – coiffe ses cheveux. – ronronnent. – écoutons ce concert. – prenez votre train.

a. La fillette ....

....

b. Les chats ....

c. Nous ....

....

d. Vous ....

e. Le feu ....

2 * Barre le sujet qui ne convient pas dans ces phrases.

a. Voilà ton déjeuner ! Répond (sa maman / ses parents).

b. Comprenez-(vous / ils) cet exercice ?

c. (Les jardiniers / Le jardinier) plante des bulbes de tulipes.

d. Où se posent (les avions/ l'avion) ?

e. (L'hôtel / L'hôtel et le camping) sont des modes d'hébergement différents.

3 ** Souligne les sujets des verbes en gras dans ces phrases.

Ce tableau **s'intitule** *La chambre à coucher*. Vincent Van Gogh **a peint** ce tableau en 1888. Deux chaises, un bureau et un lit **constituent** l'essentiel du mobilier. Sur le mur, **sont** accrochés différents tableaux et un miroir. Les couleurs **sont** vives. **Vois**-tu l'effet de perspective ?

4 *** Souligne les sujets inversés dans ces phrases.

a. Tu ne dormiras pas dans mon lit ! hurle son frère.

b. C'est en Bretagne que sont cultivés la plupart des choux-fleurs.

c. Quand déménageras-tu ?

d. Je ne me rappelle plus où se trouve mon vélo.

e. Lorsque décline le jour, les hérissons sortent chasser.

5 Bilan Complète cet extrait de roman avec les sujets suivants.

tout le monde – Ninon – Le papier – elle – Vous – ce petit papier

Un jour, ... , qui avait un petit creux, sortit de sa poche une barre de chocolat Smikers et .... jeta le papier au loin en plein dans la zone de « chaos ». .... voltigea dans les airs et tout doucement se posa au sol au milieu de ce terrain instable. .... aurez peut-être du mal à le croire mais .... , léger comme une plume, déclencha une catastrophe dont .... se souvient encore dans la région.

David GAUTIER, extrait de *Oups, j'ai fait tomber le Mont Granier*, © éditions Boule de neige.

Je m'évalue ☐ ☐ ☐

GRAMMAIRE

14 L'accord du verbe avec son sujet

LE COIN DES PARENTS
Il est important que votre enfant connaisse parfaitement les pronoms personnels du singulier (je, tu, il, elle, on) et du pluriel (nous, vous, ils, elles).

Livret parents → **Dictée 14**
→ **Corrigés** p. 14

Savoir

Je démarre !

Écris la terminaison des verbes : -e, -es, -ent.

a. Les poules picor........ des grains de blé.

b. Tu te débrouill...... bien !

c. Charles discut...... avec son oncle.

d. Le chat et le chien se chamaill..............

e. Devant nous, se dress...... deux monstres !

f. Quel dessert préfèr......-tu ?

Les règles d'accord

Le verbe s'accorde en **nombre** et en **personne** avec le sujet.

- Lorsque le **sujet** est **singulier**, la **terminaison** du verbe est au **singulier**.

Je joue. La vue était agréable. Tu respireras l'air pur de la montagne.

- Lorsque le **sujet** est **pluriel**, la **terminaison** du verbe est au **pluriel**.

Vous rentrez tout de suite ! Les élèves fabriquèrent un origami.

- Lorsque **plusieurs groupes nominaux singuliers** composent le sujet, le verbe prend une **terminaison pluriel**.

La brebis, la vache, le cochon sont des animaux de la ferme. Noémie et Déborah s'amusaient ensemble.

- Lorsque le **sujet** est composé de **plusieurs noms**, le verbe s'accorde avec le **nom noyau**.

La fête des voisins se déroule traditionnellement en mai.

- Lorsque la **phrase** est composée de **plusieurs verbes**, ils **s'accordent tous avec le sujet**.

Dans la piscine, l'athlète plongea puis nagea 50 mètres.

Remarque Parfois, le **sujet** est **inversé**.

Pourquoi mangent-ils si vite ? Pourquoi cours-tu ?

Savoir faire

Remplacer un groupe nominal sujet par un pronom personnel sujet pour accorder le verbe

Chaque automne, les oies sauvages traversent la Méditerranée.

1. Repère d'abord le **verbe**.

traversent : verbe traverser, 1er groupe au présent de l'indicatif

2. Repère ensuite le sujet en posant la question :
Qui est-ce qui + verbe ?
Qui est-ce qui traverse ? les oies sauvages

3. Demande-toi par quel pronom personnel remplacer les oies sauvages (je, tu, il, elle, on, nous, vous, ils ou elles). Les oies sauvages peuvent être remplacées par **elles**.

Elles correspond à la 3e personne du pluriel. → La terminaison du verbe est donc **-ent** au présent.

1 ★ **Relie chaque sujet à la forme verbale qui convient.**

a. Théo •	• 1. prépare un gâteau.
b. Jean et sa sœur •	
c. La pâtissière •	• 2. préparent un gâteau.
d. Elles •	

2 ★ **Souligne les sujets et entoure les terminaisons des verbes.**

a. Le chef d'orchestre donne les dernières consignes.

b. L'orque et son petit parcourent des kilomètres pour chasser.

c. Que veulent-elles ?

d. Les participants du concours de chant sont inquiets.

3 ★★ **Réécris ces phrases en remplaçant les groupes nominaux par un pronom personnel.**

a. Les avions décollent de l'aéroport dès 5 heures du matin. ....

....

....

b. Le roi et la reine reçoivent de nombreuses visites. ....

....

c. Le président de la République répète son discours. ....

....

d. Emma et sa mère se rendent en ville. ....

....

4 ★★★ **Accorde, au présent, les verbes avec leur sujet.**

a. Tu (imaginer) .... un pays fantastique.

b. Les sept nains (ignorer) .... qui est Blanche-Neige.

c. Ce perroquet et ce cacatoès (s'entendre) .... à merveille dans la volière.

d. Dans les yeux de sa maman (se deviner) .... une grande fierté.

5 ★★★ **Complète avec un sujet qui convient.**

a. Groupe nominal : .... séjourne dans ce palace.

b. Pronom personnel : Quel niveau de ski as-........ ?

c. Groupe nominal : .... et .... sont deux super-héros.

d. Groupe nominal : ...., qui entendit parler de cette princesse, décide de l'épouser.

6 **Bilan** **Complète les terminaisons des verbes.**

Le lac du Bourget se situ...... en Savoie. Il s'étir...... en longueur sur plus de 18 kilomètres et sa largeur vari...... entre 1,6 et 3,5 km. Tout autour du lac, se dress.......... des montagnes. La plus connue s'appell...... la dent du Chat ! La ville d'Aix-les-Bains bord...... le lac. La voile et la baignade constitu.......... les activités principales que l'on peut pratiquer dans cette immense étendue d'eau.

GRAMMAIRE

15 Les adverbes

LE COIN DES PARENTS

Votre enfant doit comprendre l'intérêt des adverbes qui permettent de préciser le sens d'une phrase. Proposez-lui une phrase contentant un adverbe, il devra trouver son contraire.

Elle marche vite. → Elle marche lentement.

Livret parents → **Dictées 15** et **30**
→ **Corrigés** p. 14

Savoir

Je démarre !

Barre les mots qui ne précisent pas une action.

doucement • gaiement • vêtement • souvent • difficilement • monument • instrument

La fonction des adverbes

• Les adverbes sont des mots qui donnent des **précisions** sur :

– le **verbe** :
Elle mange doucement.

– un **adjectif** :
Juliette est très inquiète.

– un **adverbe** :
La voiture roule trop vite.

– une **phrase**.
Aujourd'hui, il fait chaud.

Ce sont des mots **invariables**.

Remarque La plupart du temps, ils sont formés avec le suffixe **-ment** : suffisam**ment**, facile**ment**, merveilleuse**ment**

• Il existe d'autres adverbes qui donnent des précisions sur :

– le **temps** :
aussitôt, après, ensuite, soudain

– le **lieu** :
dehors, ici, en dessous, ailleurs, partout

– la **quantité** ou le **degré** :
peu, trop, beaucoup

– la **manière** :
vite, ainsi, presque, habilement, brusquement

– la **négation**.
ne ... pas, ne ... rien, ne ... jamais, ne ... plus

Savoir faire

Construire un adverbe à partir d'un adjectif

1 Transforme l'adjectif **au féminin** :

joyeux → joyeuse   furtif → furtive   lent → lente

2 Ajoute le suffixe **-ment** :

joyeuse → joyeusement   furtive → furtivement   lent → lentement

Faire

1 ★ Souligne l'adverbe dans ces phrases.

a. Carla a bien dansé lors du spectacle.
b. Demain, il neigera sur les Alpes.
c. Je n'aime pas les épinards !
d. Les infirmiers ont soigneusement refait son bandage.
e. Avez-vous trop mangé ?
f. Sur le toit, les couvreurs ont bien avancé.

2 ★ Entoure d'une même couleur les adverbes de sens contraire.

vite – difficilement – au-dessus – près – beaucoup – doucement – peu – loin – en dessous – facilement

3 ★★ Construis des adverbes à partir de chaque adjectif.

a. facile : ....
b. lent : ....
c. probable : ....
d. merveilleux : ....
e. vif : ....
f. habituel : ....

4 ★★ Complète les phrases avec l'adverbe qui convient.

vite – tendrement – silencieusement – parfois – déjà

a. Son père rentre .... tard du travail.
b. Il embrasse .... ses enfants qui dorment ....
c. Puis, il sort .... de leur chambre pour .... aller dîner.

5 ★★★ Classe les adverbes deux par deux.

hier – peu – ailleurs – bizarrement – soudain – ne ... pas – ne ... plus – partout – trop – parfaitement

a. (temps) : ...., ...
b. (lieu) : ...., ...
c. (manière) : ...., ...
d. (quantité) : ...., ...
e. (négation) : ...., ...

6 Bilan Écris quatre phrases pour décrire les quatre vignettes de droite en employant dans chacune d'entre elles un des adverbes suivants :

D'abord – ensuite – soigneusement – Enfin.

....
....
....
....
....
....

GRAMMAIRE

16 Les compléments circonstanciels

LE COIN DES PARENTS

Dans une phrase les compléments circonstanciels précisent où, quand, comment, pourquoi les actions se déroulent. Ils sont généralement introduits par une préposition. Faites-les remarquer à votre enfant.

Livret parents → **Dictée 16**
→ **Corrigés** p. 14

Savoir

Je démarre !

Barre tous les mots qui ne sont pas indispensables pour comprendre les phrases.

a. Dans la forêt, le loup guette le Petit Chaperon rouge.

b. Le garagiste réparera ta voiture après-demain.

c. Pour se divertir, les jeux de société sont appréciés.

d. Louis XIV, à Versailles, a fait construire un magnifique château pour impressionner la Cour.

Définition

Un complément circonstanciel est un mot ou un groupe de mots qui donne des informations supplémentaires à la phrase.

Je ferai du ski **demain**.

Au bout du port, le phare éclaire les bateaux.

Fonctions

- Les compléments circonstanciels donnent des informations sur :

– le **temps** (quand ?) :
Le groupe de rock se produira **dans quelques jours**.

– le **lieu** (où ?) :
Au musée du Louvre, les touristes admirent *La Joconde*.

– la **manière** (comment ?) :
Il rentrait **tardivement** de son travail.

– le **but** (pourquoi ?).
Mets de la crème solaire **pour ne pas attraper de coups de soleil** !

- Les compléments circonstanciels peuvent être **supprimés** ou **déplacés**.

Jonas fait du skate **devant chez lui**.
Devant chez lui, Jonas fait du skate.
Jonas fait du skate.

Savoir faire

Déplacer un complément circonstanciel

Pour se déplacer, Juliette utilise un vélo électrique en ville.

1 Trouve le sujet et le verbe de la phrase :

Juliette (sujet) utilise (verbe)

2 Repère ensuite les mots ou les groupes de mots que l'on peut déplacer sans rendre la phrase incorrecte :

Juliette utilise un vélo électrique pour se déplacer en ville.

→ En ville, Juliette utilise un vélo électrique pour se déplacer.

En ville et pour se déplacer sont deux compléments circonstanciels.

1 ★ **Reconstitue les phrases. N'oublie pas la majuscule et la ponctuation.**

a. ses stylos – dans sa trousse – elle range

……………………………………………………

……………………………………………………

b. sur le lit – le chat – depuis des heures – dort

……………………………………………………

……………………………………………………

c. lentement – le tigre – pour la capturer – de sa proie – se rapproche

……………………………………………………

……………………………………………………

2 ★★ **Quelle information donnent les compléments circonstanciels soulignés ?**

Où ? Quand ? Comment ? Pourquoi ?

a. Le clown répète son numéro chaque jour. (……………………)

b. Les jongleurs s'entraînent pour réussir le spectacle. (……………………)

c. L'écuyère grimpe agilement sur son cheval. (……………………)

d. À 20 heures, l'orchestre commence à jouer. (……………………)

e. Les spectateurs s'installent sur les gradins. (……………………)

3 ★★ **Ajoute le complément circonstanciel qui convient.**

paisiblement – Sur la plage – grâce aux indices – Au Moyen Âge

a. Aurore dort …………………………… .

b. ……………………………, les chevaliers combattaient en armure.

c. Le détective, ……………………………, trouva la solution de l'énigme.

d. ……………………………, les enfants aiment construire des châteaux de sable.

4 ★★★ **Souligne les compléments circonstanciels dans ce texte.**

Il y a deux jours, nous avons dû quitter notre maison. Nous sommes partis précipitamment à cause de l'inondation. En trois heures, la rivière avait débordé. Heureusement, nous avons été hébergés dans le gymnase municipal. Nous pourrons retrouver notre logement demain car le beau temps est de retour.

5 Bilan **Réécris ces phrases en déplaçant les compléments circonstanciels.**

a. La tortue d'eau douce se réchauffe sur son rocher.

……………………………………………………

b. Vois-tu au large ce grand voilier ?

……………………………………………………

c. Pour faire une omelette, il faut casser des œufs.

……………………………………………………

d. Clovis a été baptisé en 496.

……………………………………………………

GRAMMAIRE

17 Les compléments d'objet

LE COIN DES PARENTS
Au CM1, on ne fait pas la distinction entre le complément d'objet direct (COD) et le complément d'objet indirect (COI) mais votre enfant doit pouvoir faire la différence entre un article et un pronom personnel.

Livret parents → **Dictée 17**
→ **Corrigés** p. 14

Savoir

Je démarre !

Transforme les phrases suivant l'exemple.

Je mange une pomme.
→ Je la mange.

a. Tu ranges tes jouets.

....

b. Harry répare son vélo.

....

c. Vous regardez les danseuses.

....

Nature

- Un complément d'objet peut être :

– un **nom** :
Au marché, Delphine parla à **Louise**.

– un **groupe nominal** :
Son père a mis une **chemise propre**.

– un **verbe à l'infinitif** :
Il s'imagina **danser** toute la journée.

– un **pronom personnel**.
Son mari **lui** téléphona. Je la mange.

Fonction

- Le complément d'objet donne des **indications sur le verbe**.

Les élèves rangent leur ardoise dans leur casier.

- Il se situe :

– soit **directement après le verbe** :
Le vieil homme mange **un abricot**.

– soit **séparé du verbe par une préposition** (à, de, par, pour, sans, avec, etc.).
Tu joues **avec ta sœur**.

- On ne peut **ni déplacer, ni supprimer** un complément d'objet.

Savoir faire

Reconnaître un complément d'objet dans une phrase

Justine offre un cadeau à sa cousine.

1 Repère le verbe et le sujet :

Justine offre
↑ sujet ↑ verbe

2 Pose ensuite la question : **sujet + verbe + qui ?/quoi ?** ou **sujet + verbe + à qui/ à quoi ?** (ou **de qui/ de quoi ?**).

Justine offre quoi ? un cadeau

Justine offre à qui ? à sa cousine

→ Un cadeau et à sa cousine sont deux compléments d'objet.

1 ★ Entoure les compléments d'objet.

a. Clara construit une cabane.
b. Les sportifs espèrent gagner la course.
c. Les koalas mangent de l'eucalyptus.
d. Jules et Anouk parlent avec leur frère Johan.

2 ★ Entoure les prépositions et souligne les compléments d'objet.

a. Il l'entoure de papier.
b. Marine écrit à son grand-père.
c. Les prisonniers rêvent de liberté.
d. La carafe se remplit d'eau.
e. Prends garde à tes affaires !

3 ★★ Complète avec le complément d'objet qui convient le mieux.

les enfants – la piste – ton stylo – le mât – son tracteur – les billets de banque

a. Damien conduit …………………………………… .
b. Rapidement, le skieur a dévalé …………………… .
c. Peux-tu me prêter …………………………………… ?
d. L'hôtesse de caisse compte ………………………
…………………………………………………………… .
e. Nous appelons ……………………………………
pour le goûter.
f. Sur son voilier, le navigateur répare …………………
…………………………… .

4 ★★★ Indique la nature grammaticale de chaque mot ou groupe de mots soulignés : groupe nominal, verbe, pronom personnel, nom propre.

a. Tous les jours, la maîtresse distribue les cahiers du jour.
→ ……………………………………………
b. Veux-tu aller réveiller Gabriel qui dort encore ?
→ ……………………………………………
c. Les enfants préfèrent jouer plutôt que travailler.
→ ……………………………………………
d. L'agent d'entretien les nettoie chaque jour.
→ ……………………………………………

5 ★★★ Remplace les compléments d'objet par un pronom personnel.

a. Kevin dévore un hamburger.
……………………………………………………………
b. Il écrit à son père.
……………………………………………………………
c. Nous rangeons rapidement la cuisine.
……………………………………………………………
d. Dès demain, elle téléphonera à ses parents.
……………………………………………………………
……………………………………………………………

6 Bilan Souligne les compléments d'objet dans ces phrases.

a. Elle porte un magnifique collier autour du cou.
b. Nous pensons à nos prochaines vacances.
c. Dans les Alpes, les chamois escaladent des parois vertigineuses.
d. Aimez-vous danser ?
e. Tu lui donnes ton manteau.
f. La girafe se méfie de la lionne, près de la rivière.

GRAMMAIRE

18 Les conjonctions de coordination

LE COIN DES PARENTS

Pour apprendre la liste des conjonctions de coordination, il existe un moyen mnémotechnique : Mais où est donc Ornicar ? En répétant cette question, votre enfant les retiendra plus facilement. Attention à ne pas confondre les homophones ou/où et est/et.

Livret parents → **Dictée 18**
→ **Corrigés** p. 14

Savoir

Je démarre !

Entoure les mots qui relient deux propositions.

a. Je me lève tôt car j'ai école.

b. Ils aiment le lait et le pain.

c. Il est petit mais rusé.

d. Vous mangez puis vous partirez.

e. Nous sommes pressés donc nous courons.

Le rôle des conjonctions de coordination

- Pour **relier (connecter) deux idées logiques dans une phrase**, on utilise souvent des mots invariables que l'on appelle des conjonctions de coordination : mais, ou, et, donc, or, ni, car.

Préfères-tu le chocolat **ou** la vanille ?

Elle dit l'avoir rangé, **or** je ne le retrouve pas.

Elle veut sortir, **mais** il pleut.

- Les conjonctions de coordination permettent :

– d'**ajouter** une idée à une autre, énumérer, présenter une succession d'événements ;
et

– d'**opposer** une idée à une autre ;
mais, or

– de **choisir** entre deux idées, introduire la cause ;
ou

– de **justifier** une idée, exprimer la conséquence ;
car, donc

– d'**ajouter une négation** à une autre.
ni

Je ne viendrai pas à l'école **car** je suis malade.

Laura n'aime **ni** la salade **ni** les haricots verts.

Savoir faire

Trouver le bon connecteur de phrase

Julien aimerait faire du judo .... ses parents ne veulent pas.

1 Trouve les deux idées de la phrase grâce aux deux verbes : aimerait et veulent.

2 Demande-toi quel type d'informations relient ces événements. Est-ce le temps ? le lieu ? la logique ?

Julien aimerait faire du judo **mais** ses parents ne veulent pas.
→ lien logique (l'opposition)

1 * Entoure les conjonctions de coordination dans ces phrases.

Les élèves n'ont pas réussi l'exercice car ils n'ont pas bien lu la consigne. La maîtresse a donc expliqué de nouveau ce qu'il fallait faire. Or certains élèves étaient distraits et se sont encore trompés.

2 * Entoure la bonne conjonction de coordination.

a. Les ours bruns mangent des fruits (et / mais) des poissons.
b. À Londres, il faut être prudent en traversant (or / car) les voitures roulent à gauche.
c. Éric jardine, (or / ni) il commence à pleuvoir.
d. J'hésite entre jouer à la console (ou / donc) jouer aux cartes.
e. Ce musée est très intéressant (mais / car) il y a une longue file d'attente pour y entrer.

Tu progresses
BRAVO !

3 ** Complète avec la bonne conjonction de coordination : ou, donc, mais, car, et.

a. Préfères-tu les brocolis .... les épinards ?
b. Il n'y a pas classe .... le maître est absent.
c. Je mélange les œufs .... le sucre.
d. Alexis est malade .... il ne présentera pas son exposé.
e. Les manchots ont des ailes .... ils sont incapables de voler.

4 *** Complète avec un connecteur logique suivant le lien demandé.

a. Samir ne sera pas là demain .... il part ce soir en vacances. (justification)
b. Les étudiants sont nombreux .... attentifs. (ajout)
c. Les touristes hésitent pour leur prochain voyage : Amsterdam .... Bruxelles ? (choix)
d. Julien n'a pas appris sa leçon, ... il aura une mauvaise note. (conséquence)

5 Bilan Complète le texte avec des conjonctions de coordination qui conviennent.

Ulysse s'approche de l'île des Sirènes. Il les craint .... elles chantent merveilleusement bien .... attirent les marins qui s'approchent. Attaché au mât, il entend leur douce mélodie .... il ne cède pas à leur charme mortel. Ulysse a bouché les oreilles de ses compagnons. Il les empêche .... de précipiter le bateau sur l'île des Sirènes.

CONJUGAISON

19 Le présent des verbes du 1er groupe

LE COIN DES PARENTS

Le présent est souvent utilisé dans les livres documentaires. Profitez-en pour faire lire ce genre littéraire à votre enfant, suivant ses centres d'intérêt : les animaux, les personnages historiques, les sports, etc.

Livret parents → **Dictées 19 et 29**
→ **Corrigés p. 14**

Savoir

Je démarre !

Barre les verbes qui ne sont pas au présent.

jouons • visez • dansais • téléphone • secoua • tire • rêves • essuie • coiffaient • travaillera • tournent • demandes • avançons

Règle

Rappel : les verbes sont classés en **trois groupes** suivant leur **terminaison à l'infinitif**.

- Les verbes dont l'infinitif se terminent en -er appartiennent au 1er **groupe** (sauf le verbe aller).
- Les verbes dont l'infinitif se terminent en -ir et qui prennent -issons en le conjuguant au présent avec le pronom personnel **nous** appartiennent au 2e **groupe**.
- Tous les **autres verbes** (se terminant par -re, -oir, -ir) appartiennent au 3e **groupe**.

Le présent de l'indicatif

- C'est un temps qui sert à décrire une **action** qui se déroule **au moment où l'on parle** ou une **habitude** ou une **vérité** scientifique ou historique.

En ce moment, Pierre **passe** l'aspirateur.

Le pilote **vérifie** son avion avant de décoller.

Le koala **mange** des feuilles d'eucalyptus.

Louis XVI **épouse** Marie-Antoinette en 1770.

- Au présent, les **terminaisons** des verbes en -er sont toujours : -e, -es, -e, -ons, -ez, -ent.

Savoir faire

Conjuguer les verbes en -cer, -ger, -yer

- Pour les verbes en -cer, avec le pronom personnel **nous**, ajoute une **cédille**.

Nous lançons la balle.

- Pour les verbes en -ger, avec le pronom personnel **nous**, ajoute un e après le g.

Nous rangeons notre chambre.

- Pour les verbes en -yer, transforme le y en i avec les pronoms personnels **je, tu, il/elle/on, ils/elles**.

J'envoie, Tu balaies. Il nettoie. Elles s'ennuient.

1 * Complète avec la terminaison du présent qui convient.

Je regard....... – Tu pouss....... – Il continu....... – Nous gard............ – Vous promett....... – Elles nag....... – Tu clou....... – Elle arriv....... – Nous cri............ – Je démarr....... – Vous encourag....... – Ils fouill.......

2 ** Complète avec c ou ç.

Tu commen....es – Nous rempla....ons – Vous lan....ez – Nous per....ons – Elles aga....ent – Vous dépla....ez – Nous annon....ons

3 ** Complète avec g ou ge.

Tu man....es – Il arran....e – Nous ju....ons – Vous diri....ez – Nous déga.........ons – Je voya....e – Nous mélan..........ons – Elles ran....ent

4 ** Complète avec y ou i.

J'essu....e – Nous ra....ons – Vous béga....ez – Il s'ennu....e – Ils netto....ent – Je tuto....e – Elles essa....ent – Vous effra....ez

5 ** Conjugue les verbes au présent avec les pronoms personnels demandés.

a. pleurer : Je .... – Vous ....

b. interroger : Tu .... – Nous ....

c. tomber : Elle .... – Elles ....

d. essayer : Il .... – Nous ....

e. s'élancer : Je .... – Ils ....

f. habiter : Tu .... – Vous ....

6 *** Complète avec les terminaisons au présent. N'oublie pas d'ajouter une cédille si besoin.

Nous nous dirig.............. vers la salle de bain. Nous netto.............. notre visage. Puis nous nous lanc.............. notre pyjama dans le panier à linge. Nous essa.............. chacun un nouveau pantalon.

7 Bilan Écris les verbes au présent.

COURAGE
tu y es presque

a. Vincent (remarquer) .... tout de suite l'erreur.

b. Vous (skier) .... très bien.

c. Les chevreuils (adorer) .... les petits bourgeons.

d. Nous (déranger) .... la classe en bavardant.

e. Fanny et sa sœur (penser) .... à leurs vacances.

f. Qu'(essayer)..-ils ?

g. Les hirondelles (tournoyer) .... dans le ciel.

CONJUGAISON

20 Le présent des verbes des 2e et 3e groupes

LE COIN DES PARENTS
Votre enfant doit faire la différence entre les trois groupes de verbes. 1er groupe : tous les verbes en -er sauf aller. 2e groupe : les verbes en -ir qui finissent en -issons avec nous au présent. 3e groupe : tous les autres verbes (dont être et avoir).

Livret parents → **Dictées 20 et 29** → **Corrigés p. 14**

Je démarre !

Barre les verbes du 1er groupe.
garnir • voler • mordre • rougir • sortir • rêver • taper • s'asseoir • tordre • haïr • s'étonner • aller • avoir • faire • jouer • finir • vendre • avertir

Les terminaisons

- Les terminaisons des verbes du **2e groupe** sont : **-is**, **-is**, **-it**, **-issons**, **-issez**, **-issent**.

Je finis mes devoirs. Réussissez-vous cet exercice ?

- Les terminaisons des verbes du **3e groupe** sont : **-s**, **-s**, **-t**, **-ons**, **-ez**, **-ent**.

Tu sors en courant. Il dort encore. Il sait sa leçon. Vous riez très fort !

Conjuguer des verbes irréguliers du 3e groupe

faire	aller	dire	venir
je fais	je **vais**	je dis	je **viens**
tu fais	tu **vas**	tu dis	tu **viens**
il fait	il **va**	il dit	il **vient**
nous faisons	nous allons	nous disons	nous venons
vous **faites**	vous allez	vous **dites**	vous venez
ils font	ils vont	ils disent	ils **viennent**
pouvoir	**voir**	**vouloir**	**prendre**
je **peux**	je vois	je **veux**	je **prends**
tu **peux**	tu vois	tu **veux**	tu **prends**
il **peut**	il voit	il **veut**	il **prend**
nous pouvons	nous **voyons**	nous voulons	nous **prenons**
vous pouvez	vous **voyez**	vous voulez	vous **prenez**
ils **peuvent**	ils voient	ils **veulent**	ils **prennent**

1 ★ Relie les pronoms personnels aux verbes correspondants.

Elles •	• rougis
Tu •	• conduisent
Vous •	• buvons
Il •	• vais
Nous •	• dites
Je •	• peint

2 ★ Écris la bonne terminaison.

a. Nous rend…… ce livre.
b. Voi……-tu le Mont Blanc ?
c. Ils conduis…… la même voiture.
d. Elle fai…… un gâteau
e. Vous di…… des bêtises.
f. Il vi…… dans les grandes profondeurs.
g. Tu veu…… toujours la même chose.
h. Je peu…… le faire.
i. Nous pren…… ce bus.

3 ★★ Complète avec le verbe conjugué aux personnes indiquées.

a. voir : Elle …… – Nous ……
b. finir : Nous …… – Ils ……
c. prendre : Je …… – Elles ……
d. dire : Tu …… – Vous ……
e. vouloir : Je …… – Ils ……

4 ★★★ Complète avec les verbes conjugués au présent.

a. Je (savoir) …… ma leçon.
b. Cette plante (jaunir) …… .
c. Nous (devenir) …… plus sages.
d. Tu (franchir) …… cette rivière.
e. Le malade (souffrir) …… .
f. Elles (sortir) …… dans le calme.
g. Il (relire) …… la lettre.
h. Vous (revoir) …… le film.
i. Le Petit Poucet (disparaître) …… dans la forêt.

Continue c'est par LÀ !

5 Bilan Réécris ces phrases au présent.

a. Je verrai le docteur. ……
b. Les participants couraient vite. ……
c. Elle pouvait conduire. ……
d. Nous ne prendrons plus ce train. ……
e. Vous permettiez de sortir le soir. ……
f. Tu voulais toujours être la première. ……

CONJUGAISON

21 Le futur

LE COIN DES PARENTS

Utiliser le futur avec votre enfant permet de le laisser imaginer sa vie dans quelques années. Demandez-lui d'écrire ou de vous raconter son métier, sa vie d'adulte, ses loisirs, etc.

Livret parents → **Dictées 21** et **28**
→ **Corrigés** p. 14

Savoir

Je démarre !

Barre les phrases qui ne parlent pas d'une action à venir.

J'irai en ville. • Tu joueras bien. • On joue aux cartes. • Nous sommes en octobre. • Ils verront le spectacle. • Elles raconteront l'histoire.

L'utilisation du futur

Le futur est utilisé pour raconter un événement qui **va avoir lieu, à venir**.

Dans deux heures, tu **iras** chercher Paul à la gare.

Les terminaisons

- Verbes du 1er **groupe** : -erai, -eras, -era, -erons, -erez, -eront.

Il regardera le coucher du soleil. Elles l'admireront.

- Verbes du 2e **groupe** : -irai, -iras, -ira, -irons, -irez, -iront.

Tu finiras le gâteau. Vous réussirez cette compétition.

- Verbes du 3e **groupe** : -rai, -ras, -ra, -rons, -rez, -ront.

Je cueillerai des fleurs. Nous prendrons ce bateau.

Les verbes irréguliers au futur

aller	venir	pouvoir	voir
j'irai	je viendrai	je pourrai	je verrai
tu iras	tu viendras	tu pourras	tu verras
il ira	il viendra	il pourra	il verra
nous irons	nous viendrons	nous pourrons	nous verrons
vous irez	vous viendrez	vous pourrez	vous verrez
ils iront	ils viendront	ils pourront	ils verront

Savoir faire

Conjuguer des verbes particuliers au futur

- Si l'infinitif du verbe se termine en **-ier**, **-uer**, **-ouer** ou **-yer**, n'oublie pas d'écrire le -e muet.

Tu plieras. Il distribuera. Nous secouerons. Ils nettoieront.

- Si l'infinitif du verbe se termine en **-ayer**, tu peux choisir le y ou le i (les deux sont corrects).

Je paierai. Je payerai.

- Pour les verbes **pouvoir** et **voir**, n'oublie pas les deux r.

Tu pourras. Nous verrons.

1 ★ Complète ces verbes du 1er groupe avec la terminaison qui convient au futur.

a. Nous goût.................. cette pâtisserie.
b. Je t'invit.................. au restaurant.
c. Vous regard.................. les étoiles.
d. Tu nag.................. dans le lac.
e. Il embrass.................. la princesse.
f. Elles se promèn.................. seules.

2 ★ Entoure les terminaisons du futur.

je demanderai – elle apparaîtra – nous finissons – ils gareront – tu vois – elles balaieront – je nage – vous dormirez – il loue – on criera – vous parliez – je reverrai – elles grignotaient – tu remplaceras

3 ★ Complète ces verbes du 2e groupe avec la terminaison qui convient au futur.

a. Il réuss.................. son exercice.
b. Je chois.................. le meilleur d'entre vous.
c. Ag..................-tu sagement ?
d. Nous applaud.................. le magicien.
e. Elles aterr.................. avec une heure de retard.
f. Rempl..................-vous cette carafe d'eau ?

4 ★★ Conjugue ces verbes au futur avec les pronoms personnels demandés.

a. appuyer : J' .... –
Nous ....
b. essayer : Tu .... –
Vous ....
c. trier : Elle .... –
Elles ....
d. remuer : Je .... –
Ils ....

5 ★★★ Complète les mots croisés en conjuguant les verbes au futur.

① Ils (voir)
② Nous (faire)
③ Elle (prendre)
④ Il (dire)
⑤ Vous (venir)
⑥ Tu (pouvoir)
⑦ Tu (aller)
⑧ Je (vouloir)

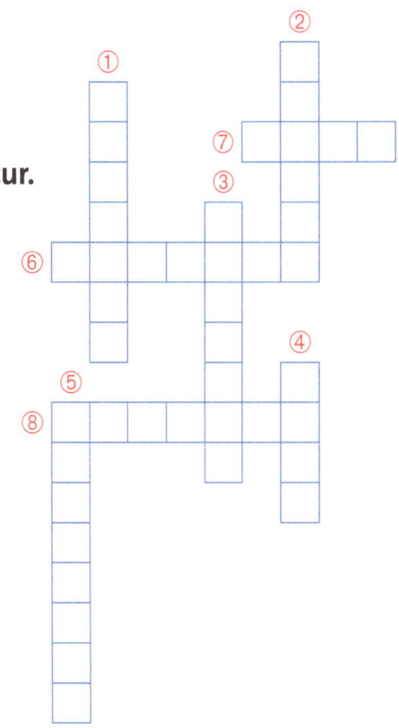

6 Bilan Réécris les verbes de ce texte au futur.

Les maisons (sont) .... toutes intelligentes : les portes et les fenêtres (s'ouvrent) .... automatiquement dès que l'être humain (s'approche) .... de la caméra de surveillance. Un robot (arrose) .... les plantes et (prépare) .... à manger grâce à un bras articulé. D'autres robots ressemblants à des humains (rangent) .... les chambres, (repassent) .... et (plient) .... le linge.

CONJUGAISON

22 L'imparfait

LE COIN DES PARENTS
L'imparfait est le temps utilisé dans les contes. Profitez d'un moment de lecture avec votre enfant pour lire ou relire quelques classiques : *Jack et le Haricot magique*, *Les Musiciens de Brême*, *La Princesse au petit pois*, etc.

Livret parents → Dictées 22 et 31
→ Corrigés p. 14

Je démarre !

Entoure le radical des verbes conjugués.
- tu chantais
- il parlait
- vous rangiez
- nous discutions
- ils plaçaient
- elles annonçaient

L'utilisation de l'imparfait de l'indicatif

L'imparfait est un temps du **passé**. On l'utilise souvent pour raconter des **événements** dans un **récit** ou dans un **conte**. Il est aussi utilisé dans les **descriptions** de paysage ou de scène.

Il **était** une fois un enfant si petit qu'on le **nommait** le Petit Poucet.
Il **vivait** avec ses six frères.

Les terminaisons

Ce sont toujours les mêmes : -ais, -ais, -ait, -ions, -iez, -aient.

Tu bavardais. Nous étions heureux.

Les verbes irréguliers à l'imparfait

dire	faire	boire	voir
je disais	je faisais	je buvais	je voyais
tu disais	tu faisais	tu buvais	tu voyais
il disait	il faisait	il buvait	il voyait
nous disions	nous faisions	nous buvions	nous voyions
vous disiez	vous faisiez	vous buviez	vous voyiez
ils disaient	ils faisaient	ils buvaient	ils voyaient

Conjuguer quelques verbes particuliers à l'imparfait

- Pour les verbes en -ger, ajoute un e **après le g**, avec les pronoms personnels je, tu, il et ils.

Je nageais. Ils rangeaient.

- Pour les verbes en -cer, n'oublie pas la **cédille** pour les pronoms personnels je, tu, il et ils.

Tu lançais. Elles plaçaient.

- Pour les verbes en -ier, ajoute bien le i avec les pronoms personnels nous et vous.

Nous criions. Vous étudiiez.

Remarque Attention à la conjugaison du verbe **voir** : je voyais – tu voyais – il voyait – nous voyions – vous voyiez – ils voyaient.

1 * Entoure les verbes à l'imparfait.

tu réservais – nous mangeons – il apportait – elles finissent – vous rendiez – je vivais – ils doivent – tu comprenais – elle choisissait – je viendrai – tu évitais

2 * Relie les pronoms personnels aux verbes à l'imparfait.

Elles •	• apportais
Tu •	• dérangions
Nous •	• jouaient
Vous •	• cuisiniez
Il •	• profitais
Je •	• roulait

3 * Complète les terminaisons des verbes à l'imparfait.

Tu demand…… – Nous ét…… – Ils déjeun…… – Elle sanglot…… – J'imagin…… – Vous tomb…… – Il aid…… – Vous écriv…… – Nous respect…… – Tu espér…… – Vous av…… – Elles appren……

4 ** Conjugue les verbes à l'imparfait.

Tu (arranger) …… – Elles (plonger) …… – Je (renoncer) …… – Vous (vérifier) …… – Nous (étudier) ……

5 *** Conjugue ces verbes à l'imparfait aux personnes demandées.

a. être : J' …… – Vous ……

b. avoir : Tu …… – Nous ……

c. faire : Il …… – Elles ……

d. aller : Tu …… – Nous ……

e. dire : Je …… – Ils ……

f. venir : Elle …… – Vous ……

g. pouvoir : Je …… – Nous ……

h. voir : Tu …… – Elles ……

i. vouloir : Il …… – Vous ……

j. prendre : Elle …… – Nous ……

6 Bilan Complète ce texte à l'imparfait.

Il (être) …… une fois une adorable petite fille que tout le monde (aimer) ……. Sa grand-mère, qui l'(adorer) …… plus que tout, lui (avoir) …… donné un petit chaperon de velours rouge. Comme il (être) …… joli ! Comme il lui (aller) …… bien ! La fillette ne voulut plus porter autre chose. On l'(appeler) …… alors le Petit Chaperon rouge.

Je m'évalue ☐ ☐ ☐

CONJUGAISON

23 Le passé composé

LE COIN DES PARENTS

Le passé composé, très souvent utilisé à l'oral, est difficile à orthographier correctement. Il est important que votre enfant comprenne la différence entre l'infinitif du verbe et le participe passé.

Livret parents → **Dictées 23 et 30**
→ **Corrigés p. 14**

Savoir

Je démarre !

Entoure les auxiliaires, souligne les verbes.

a. J'ai dormi.
b. Nous sommes allés en Chine.
c. Vous avez reçu une lettre.
d. Elles ne sont jamais venues.
e. On a offert un livre à Lucie.
f. Ils ont mis le pied sur la Lune.

L'utilisation du passé composé

Le passé composé est un temps du **passé**. On l'utilise beaucoup à l'**oral**. Il sert à exprimer des **actions** qui sont **terminées**.

En 2018, les joueurs de l'équipe de France **ont gagné** la Coupe du monde de football.

Les terminaisons

Le passé composé est constitué de **deux parties** : un **auxiliaire** (**être** ou **avoir**) conjugué au présent et le **participe passé** du verbe.

L'élève **est venu** à l'école.
↑ auxiliaire être — ↑ participe passé du verbe venir

Le maçon **a fait** du bon travail.
↑ auxiliaire avoir — ↑ participe passé du verbe faire

- Pour les verbes en **-er**, le participe passé se termine par un **-é**.
  Elles ont attrapé un gros poisson.
- Pour les verbes en **-ir**, le participe passé se termine par un **-i**.
  As-tu fini tes devoirs ?
- Pour les verbes du **3e groupe**, le participe passé peut se terminer par un **-i**, un **-u**, un **-s** ou un **-t**.
  Il a sorti le parasol. Nous avons bu de la grenadine. Elles ont mis la table. J'ai offert une boîte de chocolats.

Remarque Pour trouver la lettre finale du participe passé, on peut transformer la phrase.

J'ai mis la table. → La table que j'ai mise.

Savoir faire

Accorder le participe passé avec le sujet

Repère l'auxiliaire.

1. Avec l'auxiliaire **avoir**, **n'accorde pas**.
   Elle a rencontré son cousin dans la rue. Ils ont vu leur sœur.
2. Avec l'auxiliaire **être**, **accorde** le participe passé **avec le sujet**.
   Ils sont sortis en récréation.

– Si le sujet est **féminin singulier**, ajoute un **-e** au participe passé. Elle est descendue à la cave.
– Si le sujet est **féminin pluriel**, ajoute **-es** au participe passé. Les chaises sont restées dehors.
– Si le sujet est **masculin pluriel**, ajoute **-s** au participe passé. Ces voyageurs sont allés en Chine.

1 ★ **Entoure les verbes au passé composé.**

j'ai ouvert – nous partirons – tu resteras – il est allé – nous sommes restées – ils étaient partis – nous irions – vous semez – elles ont vu – tu as démarré – on avait voyagé – je suis sorti

2 ★ **Conjugue l'auxiliaire être ou avoir au présent pour former des verbes au passé composé.**

a. Tu .... reçu une lettre.
b. Il .... allé se baigner.
c. .... -vous pris votre manteau ?
d. Les moineaux .... picoré les graines.
e. Ce monsieur .... oublié son chapeau.
f. Ces dames .... venues au château.
g. Ces sportifs .... réalisé des exploits.
h. Elle .... devenue une actrice célèbre.

3 ★★ **Écris le participe passé de chaque verbe.**

a. J'ai .... (voir) des singes étonnants.
b. Il a .... (faire) trois tours de manège.
c. Des menuisiers ont .... (construire) ces placards.
d. Nous avons (vouloir) .... prendre ce raccourci.
e. Tu as .... (apercevoir) un chevreuil.
f. Le jeune homme n'a pas .... (pouvoir) échapper à la police.
g. As-tu .... (dire) toute la vérité ?

4 ★★ **Conjugue ces verbes au passé composé aux personnes demandées.**

a. dessiner : Tu .... – Vous ....
b. agir : J' .... – Nous ....
c. rendre ! Il .... – Elles ....
d. peindre : Elle .... – Vous ....
e. dormir : J' .... – Ils ....
f. apprendre : Tu .... – Nous ....

5 ★★★ **Conjugue au passé composé.**

a. Qui (venir) .... te chercher à l'école ?
b. Elle (ouvrir) .... le portail.
c. Charlotte et Julia (partir) .... au Maroc hier.
d. Nous (écrire) .... une lettre.
e. Vous (permettre) .... aux enfants de jouer au salon.

6 Bilan **Transforme ce texte à la 3e personne du pluriel.**

Sous un rocher, elle a attrapé un crabe. Elle l'a observé puis l'a mis dans son seau. Elle est descendue sur la plage. Elle a rempli son seau avec de l'eau et des algues. Elle est partie le montrer à son cousin.

....
....
....
....

Je m'évalue

VOCABULAIRE

24 Le dictionnaire

LE COIN DES PARENTS
Il peut être amusant de constater avec votre enfant que des mots nouveaux sont ajoutés tous les ans dans le dictionnaire. Vous pourriez partir à la recherche des mots actuels !

Livret parents → **Dictée 24**
→ **Corrigés** p. 14

Le classement des mots

- Dans un dictionnaire, les mots sont rangés par **ordre alphabétique**.
- Si deux mots ont les mêmes premières lettres, c'est le mot **le plus court** qui est rangé en **premier**.

banc est avant bancal.

légal est avant légalement.

- Les **noms** sont toujours rangés au **singulier**.
- Les **adjectifs** sont toujours rangés au **masculin**, **singulier**.
- Les **verbes** sont toujours rangés à l'**infinitif**.

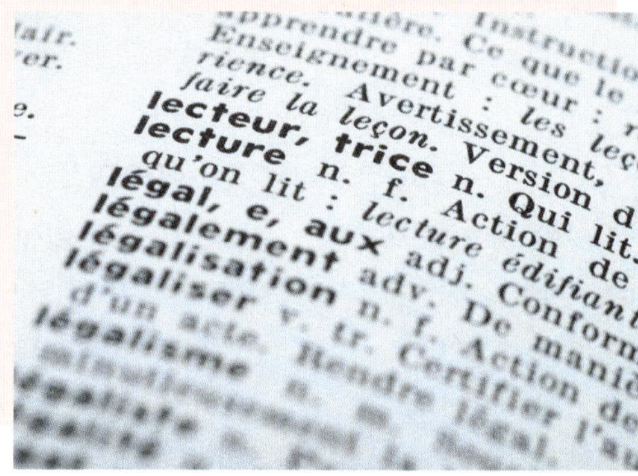

Je démarre !

Numérote ces mots dans l'ordre alphabétique.

blague	......	route	......
zoo	......	jouet	......
fille	......	garçon	......

Comprendre un article de dictionnaire

Dans un article de dictionnaire, tu trouves beaucoup d'informations différentes :

l'orthographe

la classe grammaticale et le genre (en abréviation)

rayure n. f. **1.** Bande de couleur sur un fond d'une autre couleur. *Un pull vert à rayures blanches.* → ① **raie.** **2.** Fine rainure. → **éraflure.** *Il y a des rayures sur la carrosserie de la voiture.*
▷ Mot de la famille de ① raie.

les exemples (en italique)

les synonymes

la famille à laquelle le mot appartient

Le Robert Junior, 2019, © Dictionnaires Le Robert

1 ★ **Numérote ces mots dans l'ordre alphabétique.**

lacer : .... – lac : .... – lacustre : .... –
lacet : .... – lâcher : .... – lâche : .... –
lâcheté : ....

2 ★ **Souligne les mots qui sont situés après grogner dans le dictionnaire.**

gris – groin – grizzli – gros – grippe – groseille – gronder – gringalet – grotte

3 ★★ **Dans chaque série, barre le mot qui n'est pas rangé dans l'ordre alphabétique.**

a. chorale – choriste – chorégraphie – chose
b. gifler – gigantesque – gifle – gigot – gigoter
c. islandais – isocèle – isolement – isolant – isotherme
d. négligé – négligeable – négligemment – négligent – négliger – négligence

4 ★★ **Écris les mots correspondants à chaque abréviation.**

a. n. m. : ....
b. adj. : ....
c. v. : ....

5 ★★ **Écris le mot sous la forme où tu le trouves dans le dictionnaire.**

a. allons : ....
b. neuve : ....
c. familles : ....
d. verras : ....
e. imprimés : ....

6 ★★★ **Associe chaque exemple du mot fuseau à sa définition.**

1. Petit instrument en bois aux extrémités pointues que l'on utilisait autrefois pour filer la laine et que l'on utilise aujourd'hui pour faire de la dentelle. 2. Pantalon de sport qui se termine par une bande élastique passant sous le pied. 3. Zone de la Terre à l'intérieur de laquelle l'heure est la même partout.

a. Romy a enfilé son fuseau pour faire du ski. ....

b. La surface de la Terre comporte 24 fuseaux horaires. ....

c. La Belle au bois dormant s'est piquée avec son fuseau. ....

Tu progresses
BRAVO !

7 Bilan **Lis cet article de dictionnaire et réponds aux questions.**

> ▸ **exploration** n. f. 1. Action de parcourir des pays inconnus ou mal connus. *Ce robot est spécialisé dans l'exploration des fonds marins.* 2. Examen minutieux, approfondi. *L'exploration d'un sujet sous tous ses aspects.*
> ▸ Autre mot de la famille : inexploré.

Le Robert Junior, 2019,
© Dictionnaires Le Robert

a. Que signifie **n. f.** ? ....
b. Combien de sens a le mot exploration ? ....
Qu'est-ce qui te l'indique ? ....
c. Pourquoi certaines phrases sont-elles écrites en italique ? ....
....
d. À quelle famille de mots appartient le mot « exploration » ? ....

VOCABULAIRE

25 Synonymes, homonymes et contraires

LE COIN DES PARENTS

Profitez de cette leçon pour remplir quelques grilles de mots croisés adaptés à l'âge de votre enfant ! C'est un excellent moyen de chercher des synonymes.

Livret parents → **Dictée 25**
→ **Corrigés** p. 14

Savoir

Je démarre !

Relie les mots de même sens.

bâtir	sottise
rage	pluie
bêtise	comique
habit	construire
drôle	vêtement
averse	colère

Synonymes

Deux mots qui sont **synonymes** ont des **sens très proches**.

Les chiens, après la course, sont **épuisés**. Les chiens après la course sont **fatigués**.

Homonymes

Des homonymes n'ont pas le même sens mais **se prononcent de la même manière**. Ils peuvent s'écrire de la même façon ou de façon différente.

le **pain** / le **pin**

Un **cousin** s'est posé sur ma fenêtre.
Mon **cousin** Alex viendra bientôt.

Contraires

- Deux mots **contraires** (ou **antonymes**) ont des **sens opposés**.

Il court **vite**. Il court **lentement**.

- Pour former des contraires, on peut ajouter des **préfixes** devant le mot : **in-**, **im-**, **dé-**, **il-**, **mal-**.

efficace → inefficace ; possibilité → impossibilité ; faire → défaire ; lisible → illisible ; honnête → malhonnête

Remarque im- est utilisé devant les mots commençant par m-, b- et p-.

Savoir faire

Écrire un synonyme ou un contraire

- Pour écrire un synonyme ou un contraire, trouve la nature du mot et remplace-le par un mot de la **même nature**.
- Si c'est un **nom**, remplace-le par un autre nom :

Ce **palais** possède trois tours. Ce **château** possède trois tours.

- Si c'est un **adjectif**, remplace-le par un autre adjectif :

Gaspard est **bruyant** dans le rang. Gaspard est **silencieux** dans le rang.

- Si c'est un **verbe**, remplace-le par un autre verbe :

Les fleurs **exhalent** leur parfum. Les fleurs **diffusent** leur parfum.

- Si c'est un **adverbe**, remplace-le par un autre adverbe :

Lentement, le tigre s'approcha de sa proie. **Rapidement**, le tigre s'approcha de sa proie.

1 ✱ **Forme le contraire des mots en ajoutant les préfixes : in-, im-, il-, dé-, mal-.**

a. gérable : ....

b. adresse : ....

c. mobile : ....

d. monter : ....

e. légalité : ....

f. ranger : ....

g. prudent : ....

2 ✱ **Entoure le synonyme du mot en gras.**

Au milieu d'une **forêt** (bois / forestier) **obscure** (obscurité / sombre), vivait un **monstre** (créature / monstruosité) **énorme** (immense / énormité), **poilu** (poil / velu) et **laid** (horrible / laideur).

3 ✱ **Retrouve les homonymes.**

a. Partie du corps. Choc. ....

b. Partie de vêtement. Permet de tenir un outil. ....

c. Fait de s'emparer du bien d'une personne. Fait de se soutenir et de se déplacer dans l'air. ....

4 ✱✱ **Barre l'intrus dans chaque liste de synonymes.**

a. image – illustration – table – dessin

b. voir – distribuer – distinguer – regarder

c. triste – ravi – heureux – joyeux

d. sereinement – calmement – paisiblement – rageusement

5 ✱✱ **Barre l'intrus désignant le contraire dans chaque liste.**

a. partir – quitter – dégager – rester

b. silencieux – discret – bruyant – muet

c. ennemi – partenaire – adversaire – opposant

d. lentement – rapidement – hâtivement – précipitamment

e. joie – bonheur – gaieté – tristesse

6 Bilan

Trouve un synonyme puis un contraire pour chaque adjectif donné.

a. calme : .... (syn.) / .... (cont.)

b. énorme : .... (syn.) / .... (cont.)

c. incorrect : .... (syn.) / .... (cont.)

d. pareil : .... (syn.) / .... (cont.)

e. stupide : .... (syn.) / .... (cont.)

f. affreux : .... (syn.) / .... (cont.)

VOCABULAIRE

26 Préfixes, suffixes et familles de mots

LE COIN DES PARENTS
Cette leçon peut être l'occasion de jouer à trouver le plus de mots possible de la même famille qu'un mot donné. Celui qui en a trouvé le plus remporte autant de points que de mots collectés.

Livret parents → **Dictée 26**
→ **Corrigés** p. 14

Savoir

Je démarre !

Classe ces mots dans deux groupes.

a. ....

....

b. ....

....

conducteur
lent lentement
conduire lenteur
conduite

La construction des mots

- Les mots peuvent se ranger par **famille** s'ils ont un **radical commun**.

souterrain, terreau, enterrer, atterrir appartiennent à la famille du mot **terre**.

Le **radical commun** est terr.

- Autour du radical, on ajoute :
– des **préfixes** (au début du mot) ;

parterre

préfixe : par-

– des **suffixes** (en fin du mot) ;

terroir

suffixe : -oir

– ou les deux.

enterrer

préfixe : en- suffixe : -er

souterrain

préfixe sou- suffixe : -ain

Savoir faire

Changer la nature grammaticale d'un mot grâce aux suffixes

- Avec les suffixes -ir, -er, tu peux former un **verbe** à partir d'un **nom**.

la fin → finir : la nage → nager

- Avec les suffixes -able, -ible, tu peux former un adjectif à partir d'un verbe.

manger → mangeable : lire → lisible

- Avec les suffixes -if /-ive, -eux /-euse, -al /-ale, tu peux former un **adjectif** à partir d'un **nom**.

une pensée → pensif / pensive : un délice → délicieux / délicieuse : l'hiver → hivernal / hivernale

- Avec le suffixe -ment, tu peux former un **adverbe** à partir d'un **adjectif au féminin**.

généreux → généreuse → généreusement

1 ★ **Entoure le radical commun.**

a. bricolage – bricoler – bricoleur – bricoleuse

b. impatiente – patiemment – patienter – patiente – impatient

2 ★ **Entoure les préfixes.**

prévoir – défaire – malhonnête – paratonnerre – illimité – disparaître – surchargé – superposer

3 ★ **Entoure les suffixes.**

mallette – orageux – constructible – jaunâtre – mesurable – arrangement – coloriage – maladif

4 ★ **Souligne d'une même couleur les mots de la même famille.**

thé – nourrice – vol – lecteur – ouvert – théière – ouverture – lecture – nourricier – voleur – antivol – théine – réouvert – ouvrir – lectrice – nourrir

5 ★★ **Barre l'intrus dans chaque famille.**

a. pigeon – pigeonneau – piège – pigeonnier

b. table – s'attabler – imbattable – tablette

c. juste – jus – justice – justicier

d. réparateur – irréparable – réparer – repérer

e. loin – lion – lointain – s'éloigner

6 ★★ **Écris un adverbe pour chaque adjectif.**

a. joyeux : ....

b. dur : ....

c. serein : ....

d. royal : ....

e. lourd : ....

f. valeureux : ....

g. riche : ....

h. idéal : ....

7 ★★★ **Entoure les préfixes et les suffixes.**

laitière – désespoir – distributrice – impoli – tricolore – imperméable – encadrement – antichoc – chevalerie – illimité – retardement – téléphoner

8 **Bilan** **Trouve les mots pour que chaque ligne corresponde à une famille. Aide-toi de l'exemple.**

adjectif	nom	verbe
venteux	vent	ventiler
....	un pli	....
sale	....	....
....	....	peindre
transportable	....	....

VOCABULAIRE

27 Un mot, plusieurs sens

LE COIN DES PARENTS
Cette leçon donne l'occasion de rappeler à votre enfant les différents registres de langues : soutenu, courant et familier. Le langage familier s'utilise avec ses proches, le langage courant en classe et le langage soutenu est privilégié à l'écrit.

Livret parents → **Dictée 27**
→ **Corrigés** p. 14

Savoir

Je démarre !

Écris le sens du mot glace dans chacune de ces phrases.
1. eau gelée 2. crème aromatisée et congelée
3. plaque de verre traitée pour refléter les images

a. Cette glace à la vanille est délicieuse : ....

b. Regarde-toi dans la glace, tu as une tache de chocolat ! ....

c. La glace a recouvert le pare-brise de la voiture : ....

Les différents sens des mots

- Dans la langue française, certains mots peuvent avoir **plusieurs sens**.

Les astronautes voyagent dans l'**espace**. Dans ta chambre, il y a de l'**espace** pour jouer.

- Parfois, le mot a des sens différents parce qu'il appartient à des **classes grammaticales différentes**.

Il aime manger son **goûter** avec ses amis.
↑ nom

Il lui demande s'il peut **goûter** son plat.
↑ verbe

- Les différents sens d'un mot sont regroupés dans le même article de dictionnaire. On les trouve grâce à un numéro.

sens 1 / sens 2

▸ **explosion** n. f. 1. Éclatement brusque et violent. ➜ **déflagration.** *L'explosion de la bombe a fait de nombreuses victimes. On a entendu une explosion.* 2. Manifestation soudaine et violente d'un sentiment. *Une explosion de colère.*

Le Robert Junior, 2019, © Dictionnaires Le Robert

sens 1 / sens 2

rayonnement n. m. 1. Ensemble des radiations émises par un astre. *Le rayonnement solaire est une source d'énergie.* 2. Influence. *Le rayonnement de la langue française dans le monde.* ▷ Mot de la famille de rai.

Le Robert Junior, 2019, © Dictionnaires Le Robert

Savoir faire

Tenir compte du contexte pour trouver le sens d'un mot

1. Pour trouver le sens d'un mot, aide-toi des autres mots de la phrase (le contexte).

Après avoir fermé la porte d'entrée, je pose mes clés sur la **console** du couloir.

Tu comprends que la console est dans l'entrée d'une maison, que l'on peut poser des objets dessus.

2. Puis trouve un mot qui a le même sens et remplace-le dans la phrase.

[...] je pose mes clés sur le meuble.

→ Tu as trouvé le sens du mot console, il s'agit d'un meuble.

1 ★ Dessine deux sens pour chacun des mots suivants.

manche		couverture		bouton	

2 ★★ Réécris les phrases avec le synonyme du verbe **faire**.

construire – préparer – allumer – dessiner – jouer

a. Ils font une cabane dans le bois. ....

b. Je fais un gâteau pour le goûter. ....

c. Il fait le feu dans la cheminée. ....

d. Elle fait un rond sur sa feuille. ....

e. Tu fais le rôle de médecin. ....

3 ★★ Quels mots se cachent derrière ces définitions ?

a. 1. Outil fait de deux branches que l'on rapproche pour saisir un objet. 2. Extrémité des pattes de certains animaux, comme le crabe. 3. Objet en plastique servant à faire tenir le linge à sécher. → ....

b. 1. Calcul sur les nombres. 2. Intervention chirurgicale. 3. Suite d'actions qui visent à un résultat. → ....

4 ★★★ En t'aidant du dictionnaire, écris une phrase en remplaçant le mot entre parenthèses par un synonyme.

a. Elle mange peu, elle n'a jamais été aussi (fine) ....

b. Ce vieux vêtement est un peu (juste) ...., il ne lui va plus.

c. Fais attention à ne pas briser (la glace) le ....

d. Le ralentissement sur la rocade est dû à un (accrochage) .... entre deux véhicules.

5 Bilan En t'aidant du contexte, écris un synonyme des mots en gras.

a. L'**édredon** est bien épais, Julie ne va pas avoir froid cette nuit dans son lit ! SYN. : ....

b. Romain a eu des résultats **médiocres** à ses évaluations, ses parents vont être déçus. SYN. : ....

c. Anna **savoure** sa pomme, elle la trouve délicieuse ! SYN. : ....

Évaluation de 1re partie d'année

Livret parents → **Corrigés** p. 14

1. Entoure les mots liés au fantastique.
étonnant – fabuleux – irréel – réaliste – vécu – imaginaire

...... / 1

2. Entoure les adjectifs qui permettent de décrire un super-héro.
fort – peureux –déguisé – courageux– dangereux

...... / 1

3. Que ne trouve-t-on pas dans une fable ?
des rimes – une morale – un schéma – des dialogues

...... / 1

4. Complète le titre de ces contes.

a. La Belle au ....

b. Jack et le ....

c. Ali Baba et les ....

...... / 1

5. Complète les phrases avec les verbes d'action : tendit – s'empara – prononça.
Harry .... de sa baguette magique. Il .... le bras et .... la formule magique.

...... / 1

6. Barre les titres qui ne sont pas des documentaires.
La Préhistoire – *Les Fables* de Jean de La Fontaine – *L'eau* – *Le Petit Chaperon rouge* de Charles Perrault – *Fleurs des montagnes*

...... / 1

7. Écris ces groupes nominaux au féminin.

a. un directeur pressé :

....

b. un boulanger attentif :

....

c. un élève fier :

....

...... / 1

8. Écris ces groupes nominaux au pluriel.

a. un détail précis :

....

c. un journal original :

....

...... / 1

9. Écris le bon homophone.

a. la/là : Je l'ai rangée ....

b. l'a/l'as : Tu .... remplacé.

c. On n'/On : .... ignore tout.

...... / 1

10. Écris le bon homophone.

a. c'est/ses : Théo a pensé à .... amis.

b. mais/met : Kim .... un pull.

c. mets/mes : Où sont .... gants ?

...... / 1

11. Écris s'il s'agit d'un article défini (D) ou indéfini (I).

a. Je promène le chien. ......

b. Rémy achète des carottes. ......

c. As-tu une passoire ? ......

...... / 1

12. Complète avec le point qui convient.

a. Où pars-tu en vacances...

b. Elle a préparé des muffins...

c. Quel beau tableau...

...... / 1

13. Souligne le sujet de chaque verbe.

a. Les marmottes hibernent en hiver.

b. Quand partez-vous à Londres ?

...... / 1

14. **Complète les verbes avec -e ou -ent.**

a. Les cerfs cherch.................... des bourgeons.

b. Elle les attrap..... avec délicatesse.

...... | 1

15. **Transforme les adjectifs en adverbes.**

a. rapide : ....

b. dur : ....

...... | 1

16. **Écris s'il s'agit d'un complément circonstanciel de lieu (L), de temps (T) ou de manière (M).**

a. Gabriel déménage dans une semaine. ......

b. Les élèves partent à Lyon en voyage. ......

c. Justine se repère facilement sur la carte. ......

...... | 1

17. **Entoure les compléments d'objets.**

a. Soudain, il entendit Simon crier.

b. Je n'aime pas les épinards.

c. Estelle regrette de s'être fâchée.

...... | 1

18. **Souligne les conjonctions de coordination.**

Julia adore la vanille, mais elle préfère la pistache ou le chocolat. Or le glacier n'en a plus car son livreur a du retard.

...... | 1

19. **Complète les terminaisons du présent.**

Tu tricot............ un pull. Il remu............ la sauce. Lui et toi rest............ inquiets. Mon voisin et moi demand............ la réponse. Julie et Antoine rentr............ de la piscine.

...... | 1

20. **Complète les terminaisons des verbes au présent.**

Vous agi............ vite. Nous di............ la vérité. Tu veu..... un stylo rouge. Je ren..... mon livre. Elle atten..... son frère. Ils pre............ leurs affaires.

...... | 1

21. **Conjugue ces verbes au futur.**

a. Tu te (salir) .... dans le jardin.

b. Les parents (conduire) .... jusqu'à Lille.

...... | 1

22. **Complète ces verbes avec la terminaison de l'imparfait.**

Émilie av............ toujours raison. Son chien et son chat s'entend............ bien. Harry et moi voul............ jouer dehors. Tous les enfants étai............ déguisés.

...... | 1

23. **Conjugue ces verbes au passé composé.**

a. finir → Tu ....

b. sortir → Il ....

...... | 1

24. **Range ces mots dans l'ordre alphabétique.**

.... bêche – .... bec – .... bêcher – .... bécasse – .... becquée

...... | 1

25. **Forme le contraire des mots en ajoutant un préfixe.**

a. faire → ....

b. limité → ....

...... | 1

26. **Ajoute un suffixe à ces mots pour former un autre mot.**

a. lent → ....

b. lait → ....

...... | 1

27. **Écris le mot qui correspond à ces deux sens.**

a. Message écrit. / Caractère de l'alphabet.

....

b. Partie d'un château. / Démonstration de magie. ....

...... | 1

TOTAL : ...... | 27

Évaluation de fin d'année

Livret parents → Corrigés p. 14

1. Barre l'intrus.

Harry Potter – La Reine des neiges – Napoléon – Spiderman – Cendrillon

...... 1

2. Entoure les mots qui décrivent le caractère d'un médecin.

patient – odieux – attentionné – aimable – idiot

...... 1

3. À quoi correspond cette phrase ?

La raison du plus fort est toujours la meilleure.

une description – un dialogue – une morale – un glossaire

...... 1

4. Entoure les titres de contes.

Le Petit Poucet – *Le Chat botté* – *Tom-Tom et Nana* – *Batman contre Superman* – *Le Loup et les Sept Chevreaux* – *Tchoupi va à l'école*

...... 1

5. Qu'est-ce qu'une péripétie ?

la morale de l'histoire – un événement qui fait avancer l'histoire – une description

...... 1

6. Entoure le titre de partie que l'on pourrait trouver dans un documentaire sur les chiens.

Le beau toutou – Le berger allemand et le labrador – Le chien aux trois têtes

...... 1

7. Transforme ces mots au féminin et barre l'intrus.

a. printanier – inquiet – muet – léger

b. meneur – agriculteur – aviateur – apiculteur

...... 1

8. Transforme au pluriel et barre l'intrus.

a. un animal – un mal – un festival – un bocal

b. un éventail – un portail – un rail – un travail

c. un verrou – un bijou – un chou – un pou

...... 1

9. Choisis le bon homophone pour chaque phrase : l'as – l'a – ont – on n'

a. Julie ...... caché mais tu ...... encore trouvé !

b. Ils ...... garé la voiture, ... aura pas de problème à la ramener.

...... 1

10. Choisis le bon homophone pour chaque phrase : ces – c'est – mais – mets.

a. Je ...... mon manteau, car ...... l'heure de partir.

b. Je ramasserai toutes ...... feuilles tombées dans le jardin, ... je dois d'abord enfiler mes bottes.

...... 1

11. Écris le déterminant démonstratif qui convient.

a. ...... bateau semble gigantesque.

b. ...... automne, nous partons en Grèce.

c. Je n'aime pas ...... décorations.

...... 1

12. Écris la question correspondant à chaque réponse.

a. J'ai 15 feutres.

....

b. Il part dans trois jours.

....

c. Mon animal préféré est le dauphin.

....

...... 1

13. **Souligne le sujet de chaque verbe.**

a. Les touristes, dans Paris, sont nombreux.

b. Dans le jardin se dresse une statue.

c. Paul, Lou et leurs amis aiment se déguiser.

...... | 1

14. **Complète les verbes avec -e ou -ent.**

a. Axel et Liam jou........ ensemble.

b. Que cri........ -ils ?

c. Le chef des loups appell........ sa meute.

...... | 1

15. **Entoure les adverbes dans ces phrases.**

a. Il est très malade.

b. Peux-tu marcher vite ?

c. Aujourd'hui, il neige.

...... | 1

16. **Souligne les compléments circonstanciels.**

a. Sur le buffet, il y a de nombreux cadres.

b. Harry chante cette chanson avec entrain.

c. Nous avons regardé ce film hier.

...... | 1

17. **Entoure les compléments d'objet.**

a. Delphine téléphone à sa sœur.

b. Sa sœur le dérange sans cesse.

c. Il donna une poupée à cet enfant.

...... | 1

18. **Complète ces phrases avec une conjonction de coordination.**

a. Il n'y a pas de train ni pour Lyon .... pour Marseille.

b. Le triangle a deux côtés égaux, ... il est isocèle.

...... | 1

19. **Conjugue au présent.**

a. Nous (agacer) .... la maîtresse.

b. Nous (plonger) .... de 7 mètres.

c. Elles (nettoyer) .... leur chambre.

...... | 1

20. **Conjugue ces verbes au présent.**

a. Les feuilles (rougir) ....

b. Vous (redire) .... la consigne.

...... | 1

21. **Conjugue ces verbes au futur.**

a. Je (déplier) .... le canapé-lit.

b. Vous (voir) .... la différence.

...... | 1

22 **Conjugue ces verbes à l'imparfait.**

crier : nous .... – finir : nous .... – voir : nous ....

...... | 1

23. **Conjugue ces verbes au passé composé.**

a. aller → Elle ....

b. rester → Julie et Fiona ....

...... | 1

24. **Que signifient les abréviations suivantes dans un dictionnaire ?**

Adv. → ....

Conj. de coord. → ....

...... | 1

25. **Barre l'intrus dans chaque liste de synonymes.**

a. barrer – rayer – raturer – entourer

b. joli – adorable – inquiet – beau

...... | 1

26. **Entoure le préfixe, le suffixe ou les deux.**

irréel – correspondant – gaiement – savonnerie – retirage – malentendant – inattendu

...... | 1

27. **Écris l'autre nature grammaticale de ces mots.**

a. avions → verbe à l'imparfait et ....

b. bleu → nom et ....

...... | 1

TOTAL : ...... | 27

Maths

NOMBRES ET CALCULS

GRANDEURS ET MESURES

GÉOMÉTRIE

NOMBRES ET CALCULS

1 Les grands nombres entiers jusqu'au million (1)

LE COIN DES PARENTS

On utilise les grands nombres dans la vie courante pour comparer des populations, des distances importantes ou pour se repérer quand on évoque les dates de la Préhistoire.

Livret parents → **Corrigés** p. 16

Calcul mental

Quel est le complément pour atteindre 100 ?

- 50 + ...
- 70 + ...
- 10 + ...
- 82 + ...

Quel est le complément pour atteindre 200 ?

- 120 + ...
- 151 + ...
- 102 + ...
- 140 + ...

La classe des millions

Pour continuer à compter ou à dénombrer après 999 999, on utilise la **classe des millions**. Comme la classe des unités simples ou celle des mille, la classe des millions comporte trois colonnes : les **unités** de millions, les **dizaines** de millions, les **centaines** de millions.

915 617 308 se lit neuf cent quinze millions six cent dix sept mille trois cent huit

Le tableau de numération

Le tableau de numération indique la **classe** (millions, mille, unités simples) et le **rang** (centaines, dizaines, unités) de chaque chiffre, ce qui permet de connaître leur **valeur** (centaine de millions, etc.).

Classe des millions			Classe des mille			Classe des unités simples		
c	d	u	c	d	u	c	d	u
9	1	5	6	1	7	3	0	8

centaines de millions — dizaines de millions — unités de millions

Manipuler les grands nombres

Compare et range des grands nombres comportant des millions en utilisant les règles déjà utilisées pour les nombres plus petits.

- **Compare**

– Le plus petit nombre est **celui qui a le moins de chiffres**.

1 201 333 < 11 201 333 car 1 201 333 a sept chiffres et 11 201 333 a huit chiffres.

– Si les deux nombres ont le même nombre de chiffres, on les compare **en partant du chiffre qui est le plus à gauche**.

6 104 523 et 5 704 458 — 6 > 5 alors 6 104 523 > 5 704 458

10 763 214 et 66 221 365 — 10 < 66 alors 10 763 214 < 66 221 365

- **Range**

Range par **ordre croissant** en partant du nombre le plus petit :

5 704 458 < 6 104 523 < 10 763 214 < 66 221 365

ou par **ordre décroissant** en partant du nombre le plus grand :

66 221 365 > 10 763 214 > 6 104 523 > 5 704 458

1 Écris en chiffres.

a. huit millions : 800 000 000

b. douze millions sept cent mille : 12 700 000

c. cent quatre millions : 104 000 000

d. sept centaines de millions : 700 000 000

2 Écris en lettres.

a. 5 000 000 :

b. 47 620 000 :

c. 7 000 104 :

d. 111 000 000 :

3 Quelle est la valeur du chiffre 4 ?

a. 164 999 723 :

b. 632 **4**78 000 :

c. **4**00 000 000 :

d. 258 1**4**8 150 :

4 Réponds aux consignes.

a. Range les nombres trouvés dans l'exercice 1 par ordre croissant.

12 700 000, 104 000 000, 700 000 000, 800 000 000

b. Range les nombres de l'exercice 3 par ordre décroissant.

5 Complète avec < ou >.

a. 7 456 872 > 9 872

b. 10 000 000 > 7 000 000

c. 12 587 302 < 21 587 302

d. 512 128 456 > 507 888 789

6 Complète les séries puis lis-les.

a. 3 200 000 ; 3 300 000 ; .... ; .... ;

b. 16 253 218 ; 17 253 218 ; .... ; .... ;

c. 105 521 333 ; 104 521 333 ; .... ; .... ;

d. 8 118 230 ; 8 119 230 ; .... ; .... ;

e. 3 000 000 ; 2 000 000 ; ....

7 Bilan

Trouve le plus grand nombre que tu peux écrire avec huit chiffres puis encadre-le à l'unité près.

.... < _ _ _ _ _ _ _ _ < ....

NOMBRES ET CALCULS

2 Les grands nombres entiers jusqu'au million (2)

LE COIN DES PARENTS
Faites chercher à votre enfant le nombre d'habitants des pays proches de la France. Vous pouvez également lui demander de lire le montant des sommes empochées par les gagnants du loto !

Livret parents → **Corrigés** p. 16

Calcul mental

Trouve le nombre manquant.

- 300 + 700 = 1 000
- 802 + 198 = 1 000
- 224 + 896 = 1 000
- 101 + 899 = 1 000
- 1 200 + 800 = 2 000
- 1 500 + 500 = 2 000
- 700 + 1 300 = 2 000
- 1 425 + 675 = 2 000

Les différentes écritures d'un nombre

Un nombre peut s'écrire :

– avec des **chiffres** ; 7 845 612

– avec des **lettres** ; sept millions huit cent quarante-cinq mille six cent douze

– avec des **décompositions** utilisant des additions ;
7 000 000 + 800 000 + 40 000 + 5 000 + 600 + 10 + 2

– avec des **décompositions** utilisant des multiplications.
$(7 \times 1\,000\,000) + (8 \times 100\,000) + (4 \times 10\,000) + (5 \times 1\,000) + (6 \times 100) + (1 \times 10) + 2$

La lecture d'un grand nombre

Pour faciliter la lecture des grands nombres, écris-les en laissant un espace entre les classes.

578666122 → NON, c'est difficile à lire

578 666 122 → cinq cent soixante-dix-huit millions six cent soixante-six mille cent vingt-deux

Encadrer un grand nombre

Selon la consigne donnée, ajoute ou retire une unité, une dizaine, une centaine, une unité de mille ou une dizaine de mille, etc.

- Encadre à l'**unité** près : 815 617 307 < 815 617 308 < 815 617 309
- Encadre à la **dizaine de mille** près : 815 607 308 < 815 617 308 < 815 627 308
- Encadre à la **centaine de millions** près : 915 617 308 < 815 617 308 < 715 617 308

Placer un grand nombre sur une droite graduée

1. Cherche d'abord quels nombres encadrent celui que tu veux placer sur la droite graduée :
   6 231 700 se trouve entre 6 231 **5**00 et 6 231 **9**00
2. Repère la valeur qui sépare chaque graduation : l'écart entre chaque graduation équivaut à 100.

1 ★ **Recopie chaque nombre en séparant les classes puis lis-les à voix haute.**

a. 98456 : ....
b. 28479600 : ....
c. 99789852 : ....
d. 951000657 : ....

2 ★ **Écris en chiffres.**

a. deux cent trente millions : ....
b. neuf millions six cent treize mille : ....
c. cent millions cent deux mille trois cent trente-deux : ....

3 ★ **Décompose en utilisant des additions.**

a. 50 712 = ...
b. 4 502 478 = ...
c. 128 457 = ...
d. 93 540 763 = ...

4 ★★ **Décompose en utilisant des additions et des multiplications.**

a. 98 089 = ...
b. 2 643 624 = ...
c. 47 000 000 = ...

5 ★★ **Encadre à l'unité de million près.**

a. .... < 8 254 633 < ....
b. .... < 12 666 578 < ....
c. .... < 320 732 211 < ....
d. .... < 99 245 555 < ....

6 ★★ **Indique la valeur de l'écart entre chaque graduation.**

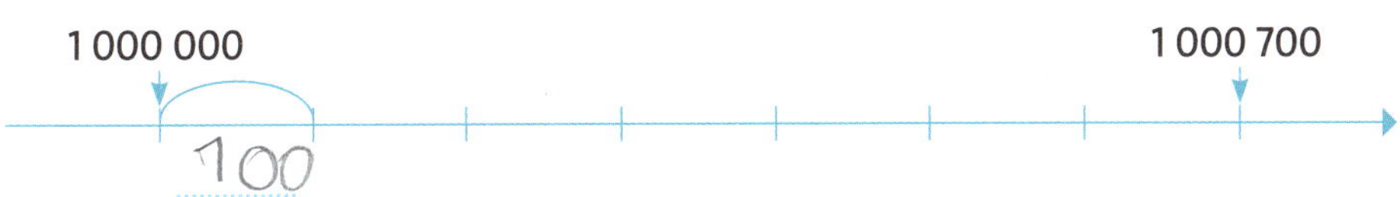

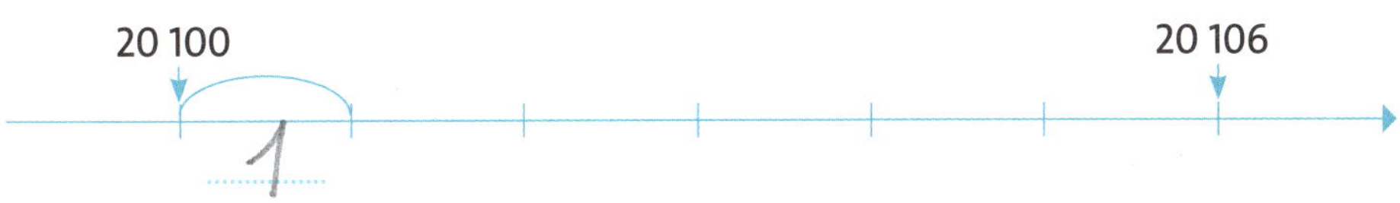

7 Bilan **Place ces nombres sur la droite graduée : 317 530 – 317 650 – 317 720 – 317 580.**

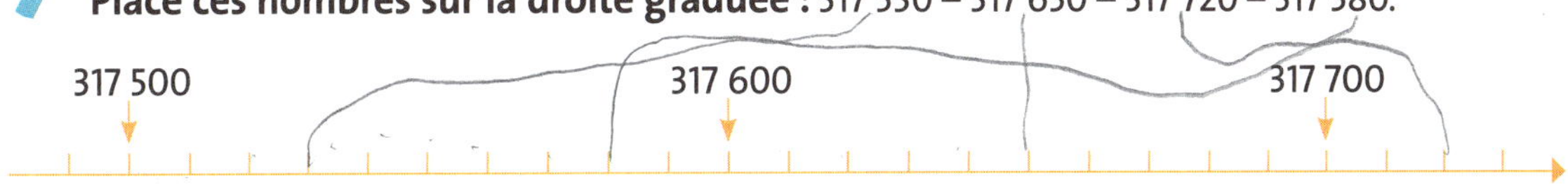

Fra
Maths
Hist.-Géo. EMC
Sciences et technologie
Anglais
mon cahier spécial Dictées

3 Les fractions

LE COIN DES PARENTS
Profitez des repas en famille, lorsque vous découpez une tarte, une pizza, un gâteau pour demander à votre enfant à quelle fraction correspond une part, deux parts, trois parts, etc.

Livret parents → **Corrigés** p. 16

Savoir

Calcul mental

Relie chaque opération à son résultat.

7 × 3	63
7 × 7	42
7 × 9	77
7 × 4	21
7 × 6	49
7 × 11	28

La représentation d'un partage

Une fraction peut représenter le partage d'un tout en parts égales.

- La tarte a été partagée en 2. Chaque part correspond à la moitié du tout et s'écrit $\frac{1}{2}$.
- La tarte a été partagée en 3. Chaque part correspond à un tiers du tout et s'écrit $\frac{1}{3}$.
- La tarte a été partagée en 4. Chaque part correspond à un quart du tout et s'écrit $\frac{1}{4}$.

Vocabulaire

$\frac{3}{4}$

Le **numérateur** (3) : Il indique le nombre de parts mangées.

La **barre de fraction** : C'est un trait horizontal.

Le **dénominateur** (4) : Il indique en combien de parts égales on a découpé la tarte (le tout).

Savoir faire

Lire une fraction

$\frac{1}{2}$ se lit un demi — $\frac{2}{3}$ se lit deux tiers — $\frac{3}{4}$ se lit trois quarts

Pour les autres fractions, il faut ajouter le suffixe -ième au chiffre du dénominateur.

$\frac{1}{6}$ se lit **un sixième**. — $\frac{4}{7}$ se lit **quatre septièmes**. — $\frac{3}{10}$ se lit **trois dixièmes**.

Partager des grandeurs le **dénominateur**

On utilise des fractions dans la vie courante pour exprimer et calculer :

– une **aire** ; Tom a déjà colorié trois quarts ($\frac{3}{4}$) de l'aire du cercle, il reste un quart ($\frac{1}{4}$) de l'aire du cercle à colorier.

– une **contenance** ; La moitié d'un litre ($\frac{1}{2}$) c'est 100 cL divisés par 2, soit 50 cL.

– une **masse** ; Cette baguette pèse 240 g, chaque morceau représente un tiers ($\frac{1}{3}$) de la baguette et pèse donc 80 g.

– une **durée** ; Un quart d'heure ($\frac{1}{4}$) c'est 15 minutes ou 60 minutes divisées par 4.

– une **longueur**. Deux tiers ($\frac{2}{3}$) d'un trajet de 300 km, c'est 200 km car chaque tiers représente 100 km.

1 ★ Écris ces nombres sous forme de fractions.

a. un tiers : $\frac{1}{3}$

b. trois quarts : $\frac{3}{4}$

c. trois vingtièmes : $\frac{3}{20}$

d. cinq cinquièmes : $\frac{5}{5}$

2 ★ Écris ces fractions en lettres.

a. $\frac{3}{6}$: trois-sixcieme

b. $\frac{8}{10}$: huit-dixième

c. $\frac{2}{13}$: deux-treizième

3 ★★ Écris la fraction correspondant à la partie coloriée.

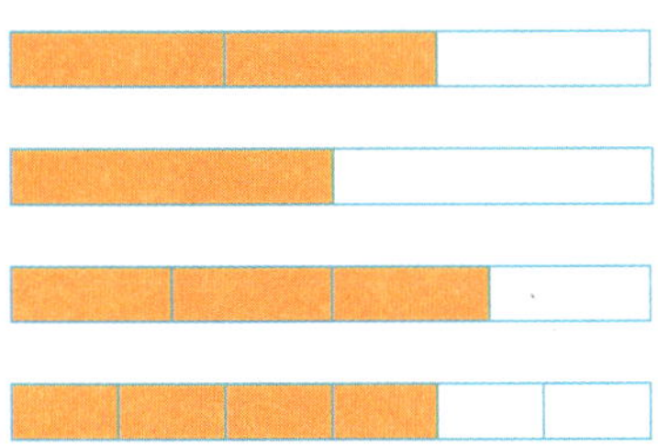

a. $\frac{2}{3}$

b. $\frac{1}{2}$

c. $\frac{3}{4}$

d. $\frac{4}{6}$

4 ★★ Colorie la partie qui correspond à chaque fraction.

a. $\frac{1}{4}$ b. $\frac{2}{6}$ c. $\frac{2}{2}$ d. $\frac{3}{4}$

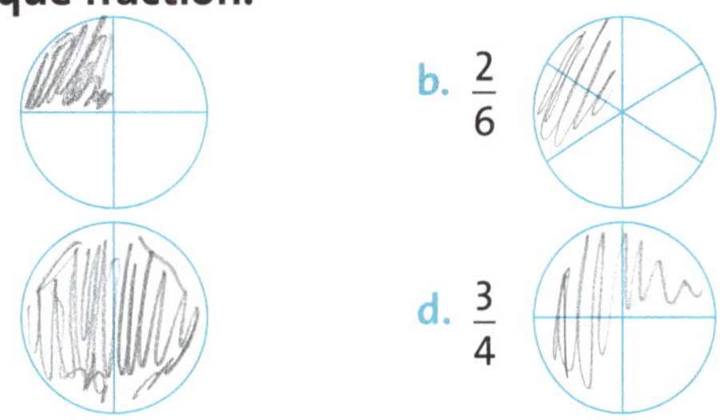

5 ★★ Tu pars à vélo chez ta grand-mère et tu as déjà parcouru 1 km, c'est-à-dire un tiers du chemin. Quelle est la distance totale pour aller chez ta grand-mère ?

3 km

6 ★★★ Partage à l'aide d'une règle et colorie les bandes comme indiqué.

a. $\frac{2}{6}$ →

b. $\frac{1}{2}$ →

c. $\frac{2}{3}$ →

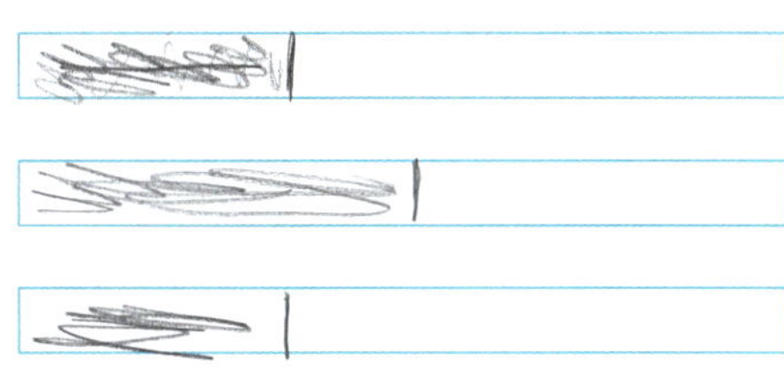

7 Bilan
Complète le tableau.

a. La moitié de 20 L, c'est 10L.	d. La moitié de 60 min, c'est 30 min.	g. $\frac{2}{5}$ de 250 g, c'est 100g.
b. $\frac{1}{4}$ de 32 dL, c'est 8 dl.	e. $\frac{1}{6}$ de 60 min, c'est 10 min.	h. La moitié de 1 kg, c'est 500g g.
c. $\frac{1}{6}$ de 12 cL, c'est 2cl.	f. Le tiers d'un quart d'heure, c'est 5 min.	i. Trois quarts de 4 t (tonnes), c'est 3 t.

4 Les fractions décimales

LE COIN DES PARENTS
Il est important que votre enfant maîtrise le repérage d'une fraction sur une graduation et qu'il soit capable de décomposer une fraction : ces deux compétences vont lui permettre de comprendre les nombres décimaux.

Livret parents → **Corrigés** p. 16

Savoir

Calcul mental

Classe les produits par ordre croissant de leur résultat.

- 8 × 3 : ....
- 9 × 1 : ....
- 8 × 7 : ....
- 9 × 9 : ....
- 8 × 2 : ....
- 9 × 2 : ....

Définition

Une fraction dont le dénominateur est égal à 10, 100 ou 1 000 est appelée **fraction décimale**. $\frac{1}{10}$ se lit un dixième, $\frac{2}{100}$ se lit deux centièmes, $\frac{3}{1000}$ se lit trois millièmes.

Positionner une fraction sur une droite graduée

- Je regarde le dénominateur de $\frac{5}{10}$, je partage donc l'unité du segment en 10 parties égales et je place la fraction en comptant autant de graduations que le numérateur.

- Pour la fraction $\frac{75}{100}$ dont le dénominateur est 100, je partage l'unité en 100 parties égales.

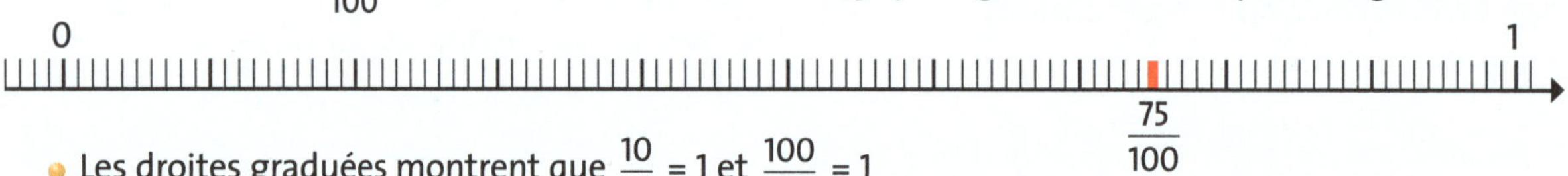

- Les droites graduées montrent que $\frac{10}{10} = 1$ et $\frac{100}{100} = 1$
- Quand le dénominateur est **égal** au numérateur, la fraction décimale est **égale à 1**.
- Quand le dénominateur est **inférieur** au numérateur, la fraction décimale est **supérieure à 1**.
- Quand le dénominateur est **supérieur** au numérateur, la fraction décimale est **inférieure à 1**.

Savoir faire

Manipuler des fractions

1 Compare des fractions décimales qui ont le **même dénominateur**, la plus grande est celle qui a le plus grand numérateur. Range-les par ordre croissant ou décroissant.

$\frac{2}{10} < \frac{25}{10} < \frac{40}{10} < \frac{83}{10}$ $\frac{205}{100} > \frac{108}{100} > \frac{68}{100} > \frac{31}{100}$

2 Additionne des fractions qui ont le même dénominateur :

$\frac{2}{10} + \frac{25}{10} = \frac{27}{10}$ $\frac{40}{10} + \frac{83}{10} = \frac{123}{10}$ $\frac{205}{100} + \frac{108}{100} + \frac{68}{100} + \frac{31}{100} = \frac{412}{100}$

Décomposition additive des fractions

$\frac{27}{10} = \frac{10}{10} + \frac{10}{10} + \frac{7}{10} = 1 + 1 + \frac{7}{10} = 2 + \frac{7}{10}$ $\frac{105}{100} = \frac{100}{100} + \frac{5}{100} = 1 + \frac{5}{100}$

1 ★ Écris ces nombres sous forme de fractions.

a. neuf dixièmes : $\frac{9}{10}$

b. vingt centièmes : $\frac{20}{100}$

c. vingt-huit centièmes : $\frac{28}{100}$

d. soixante-et-un dixièmes : $\frac{61}{10}$

2 ★ Entoure les fractions décimales.

$\frac{1}{2}$ • $\frac{65}{10}$ • $\frac{10}{5}$ • $\frac{45}{100}$ • $\frac{888}{100}$ • $\frac{100}{50}$ •
$\frac{98}{25}$ • $\frac{6}{10}$ • $\frac{100}{101}$ • $\frac{101}{100}$

3 ★ a. Range par ordre croissant.

$\frac{256}{100}$ • $\frac{84}{100}$ • $\frac{16}{100}$ • $\frac{58}{100}$ • $\frac{128}{100}$

$\frac{16}{100} < \frac{58}{100} < \frac{84}{100} < \frac{128}{100} < \frac{256}{100}$

b. Range par ordre décroissant.

$\frac{25}{10}$ • $\frac{14}{10}$ • $\frac{102}{10}$ • $\frac{2}{10}$ • $\frac{278}{10}$

$\frac{278}{100} > \frac{102}{100} > \frac{25}{100} > \frac{14}{100} > \frac{2}{100}$

4 ★★ Calcule.

a. $\frac{52}{10} + \frac{28}{10} =$ $\frac{80}{20}$

b. $\frac{102}{10} + \frac{14}{10} =$ $\frac{116}{20}$

c. $\frac{46}{100} + \frac{88}{100} =$ ....

d. $\frac{3}{10} + \frac{42}{10} + \frac{25}{10} =$ ....

5 ★★ Décompose ces fractions.

a. $\frac{18}{10} = \frac{10}{10} + \frac{8}{10}$

b. $\frac{21}{10} = \frac{10}{10} + \frac{10}{10} + \frac{1}{10}$

c. $\frac{107}{100} = \frac{100}{100} + \frac{7}{100}$

d. $\frac{154}{100} = \frac{100}{100} + \frac{54}{100}$

6 ★★★ Repère avec une flèche la place des fractions suivantes sur la barre de graduations.

$\frac{5}{100}$ • $\frac{22}{100}$ • $\frac{38}{100}$ • $\frac{50}{100}$ • $\frac{59}{100}$ • $\frac{62}{100}$ • $\frac{75}{100}$ • $\frac{99}{100}$

7 Bilan

Ajoute les graduations sur le segment de droite à l'aide d'une règle et place les fractions suivantes.

$\frac{9}{10}$ • $\frac{4}{10}$ • $\frac{6}{10}$ • $\frac{2}{10}$ • $\frac{1}{10}$ • $\frac{11}{10}$

5 Les nombres décimaux (1)

LE COIN DES PARENTS
Rien de plus facile que de sensibiliser votre enfant à la présence des nombres décimaux dans la vie courante : faites les courses avec lui et faites-lui lire les étiquettes de prix ! Insistez pour qu'il prononce le prix avec la virgule.

Livret parents → **Corrigés** p. 17

Savoir

Calcul mental

Barre les nombres qui ne sont pas de la table de 9.

27 • 12 • 41 • 18 • 63 • 91 • 81 • 44 • 35 • 54

Fraction décimale et nombre décimal

Une fraction décimale peut s'écrire sous la forme d'un **nombre avec une virgule** qu'on appelle **nombre décimal**.

Fraction décimale	Décomposition	Nombre décimal
$\frac{15}{10}$	$\frac{10}{10} + \frac{5}{10} = 1 + \frac{5}{10} = 1 + 0{,}5$	1,5
$\frac{123}{100}$	$\frac{100}{100} + \frac{23}{100} = 1 + \frac{23}{100} = 1 + 0{,}23$	1,23

Vocabulaire

partie entière | partie décimale

3 , 8 2

2 5 , 6

dizaine ; unité ; dixième ; centième

3,82 se lit trois virgule quatre-vingt-deux,
trois virgule quatre vingt-deux centièmes
ou trois unités huit dixièmes et deux centièmes.

Savoir faire

Comprendre l'écriture des nombres décimaux

Utilise le tableau de numération en ajoutant les **colonnes des dixièmes et des centièmes**.

Partie entière				Partie décimale	
Centaines	Dizaines	Unités		Dixièmes	Centièmes
	1	7	,	5	
		8	,	0	2

1. Place d'abord la virgule, puis écris la **partie entière à gauche** de celle-ci.
2. Écris ensuite la **partie décimale à droite de la virgule** en plaçant bien un chiffre par colonne.
3. Lis le nombre décimal en regardant dans quelle colonne se trouve le dernier chiffre pour savoir si tu dois terminer par dixième ou centième.

17,5 se lit dix-sept virgule cinq, ou dix-sept virgule cinq dixièmes.
8,02 se lit huit virgule zéro deux, ou huit virgule deux centièmes.

1 ★ Entoure en rouge la partie entière et en bleu la partie décimale.

1,35 • 2,3 • 10,8 • 125,65 • 58,2 • 81,34 • 23,06 • 9,01 • 405,07 • 0,87

2 ★ Lis les nombres de l'exercice 1 à voix haute.

3 ★ Écris ces nombres.

a. un virgule cinq dixièmes : ....

b. douze virgule trente-deux centièmes : ....

c. six virgule neuf dixièmes : ....

d. treize virgule onze centièmes : ....

e. trente virgule soixante-six centièmes : ....

f. huit virgule deux centièmes : ....

4 ★★ Écris chaque fraction sous la forme d'un nombre décimal.

a. $\frac{13}{10}$ = 1,3

b. $\frac{125}{10}$ = [illegible]

c. $\frac{401}{100}$ = 4,01

d. $\frac{28}{10}$ = 2,8

e. $\frac{254}{100}$ = 2,54

f. $\frac{689}{100}$ = 6,89

5 ★★★ Écris chaque nombre décimal sous la forme d'une fraction.

a. 1,7 = $\frac{......}{......}$

b. 5,02 = $\frac{......}{......}$

c. 3,8 = $\frac{......}{......}$

d. 8,99 = $\frac{......}{......}$

6 ★★★ Écris les nombres décimaux sous la forme d'une addition.

$2,54 = 2 + \frac{54}{100}$

a. 5,29 = ...

b. 19,8 = ...

c. 41,2 = ...

d. 6,05 = ...

7 ★★★ Place les virgules pour que les phrases soient vraies.

a. 2 est le chiffre des unités :

2,35 • 12,56 • 52,4

b. 1 est le chiffre des dixièmes :

5,12 • 52,1 • ,18

c. 6 est le chiffre des centièmes :

72,56 • 1,26 • 10,06

8 Bilan Trouve la hauteur de la tour Eiffel construite par Gustave Eiffel en 1889.

Indice : c'est un nombre décimal de cinq chiffres. Hauteur : 312,27 m

a. Le chiffre des **dizaines** est 1.

b. Le chiffre des **dixièmes** est le double de celui des dizaines.

c. Le chiffre des **centaines** est égal à la somme du chiffre des dizaines et du chiffre des dixièmes.

d. Le chiffre des **unités** est le même que celui des dixièmes.

e. Le chiffre des **centièmes** est égal à $\frac{70}{10}$.

6 Les nombres décimaux (2)

LE COIN DES PARENTS
Avec un mètre de bricoleur, demandez à votre enfant de mesurer et de noter la longueur de ses crayons de couleur, puis de classer ces longueurs par ordre croissant. En rangeant par taille ses crayons sur la table, il pourra vérifier ses résultats.

Livret parents → Corrigés p. 17

Calcul mental

Calcule en décomposant l'opération dans ta tête comme dans l'exemple.
11 × 46 c'est (10 × 46) + 46 = 460 + 46 = 506

- 11 × 25 = ...
- 11 × 50 = ...
- 11 × 99 = ...

Nombre décimal et droite graduée

- Comme pour les fractions, on peut repérer et placer un nombre décimal sur un axe gradué. Pour un nombre décimal avec des dixièmes, il faut utiliser une **droite graduée** dont l'unité est **partagée** en **dix parties égales**. Chaque **part** représente un **dixième**.

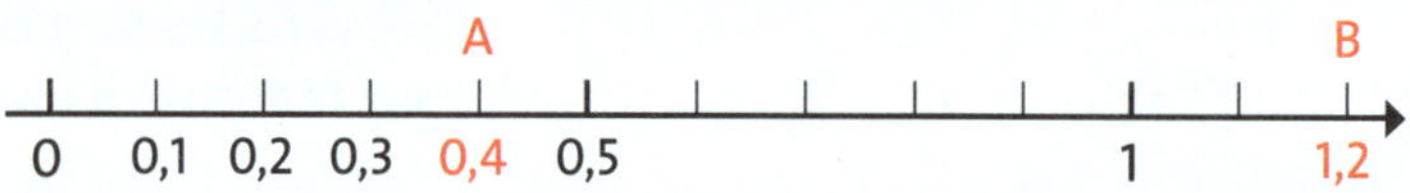

- Pour placer le point A qui correspond au nombre 0,4 (ou 4 dixièmes ou la fraction $\frac{4}{10}$), on compte 4 graduations à partir de 0.
- Pour placer le point B qui correspond au nombre 1,2 (ou 1 unité et 2 dixièmes ou la fraction $\frac{12}{10}$), on compte 2 graduations à partir de 1.
- Pour un nombre décimal avec des centièmes, il faut utiliser une droite graduée dont l'unité est partagée en cent parties égales, chaque part représente un centième.

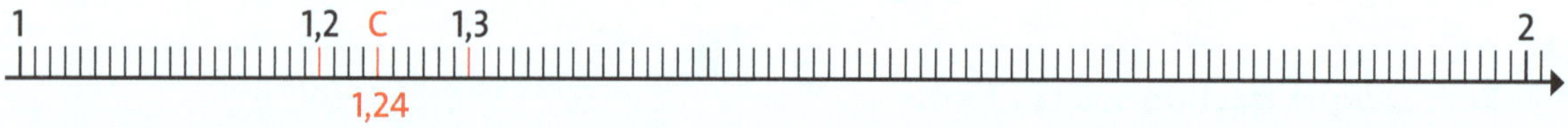

- Pour repérer et placer le point C qui correspond au nombre 1,24 (ou 1 unité et 24 centièmes ou la fraction $\frac{124}{100}$), on compte 24 graduations à partir de 1.

Comparer des nombres décimaux

- Si deux nombres décimaux ont des **parties entières différentes**, le plus **petit** est celui qui a la **plus petite partie entière**. 54,77 < 234,1 car 54 < 234
- Si deux nombres décimaux ont la **même partie entière**, tu compares les **chiffres** après la virgule en commençant par les **dixièmes**. 5,34 < 5,7 car 3 dixièmes est plus petit que 7 dixièmes.
0,12 < 0,13 car 2 centièmes est plus petit que 3 centièmes.
- Quand tu sais comparer des nombres décimaux, tu es capable de les ranger en ordre croissant ou décroissant : 0,12 < 0,13 < 5,34 < 5,7 < 57,77 ou 57,77 > 5,7 > 5,34 > 0,13 > 0,12

Encadrer un nombre décimal par deux nombres entiers

Pour encadrer un nombre décimal, choisis le nombre entier immédiatement inférieur et le nombre entier immédiatement supérieur. 35 < 35,60 < 36

1 ★ **Place ces nombres sur la droite ci-dessous.**

10,4 • 9,2 • 10,3 • 9,1 • 9,9 • 10,8 • 9,5 • 10,5

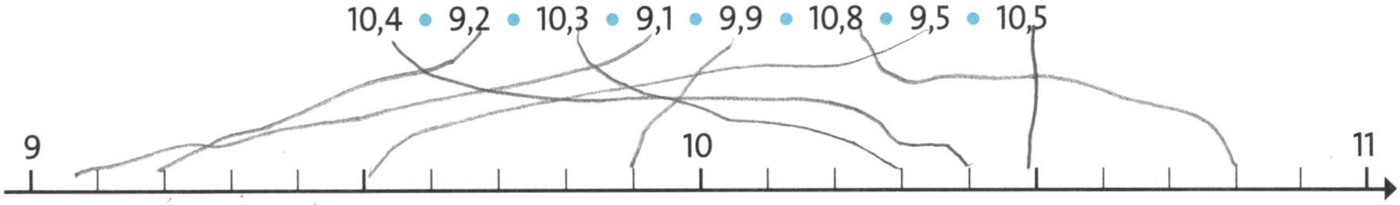

2 ★ **Place ces nombres sur la droite ci-dessous.**

1,1 • 0,5 • 0,8 • 0,1 • 0,3 • 1,2 • 1,9 • 1,5

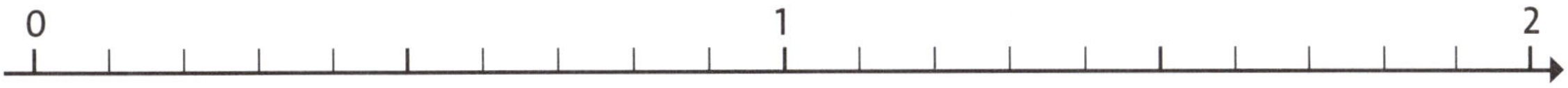

3 ★★ **Écris les nombres qui conviennent sous chaque flèche.**

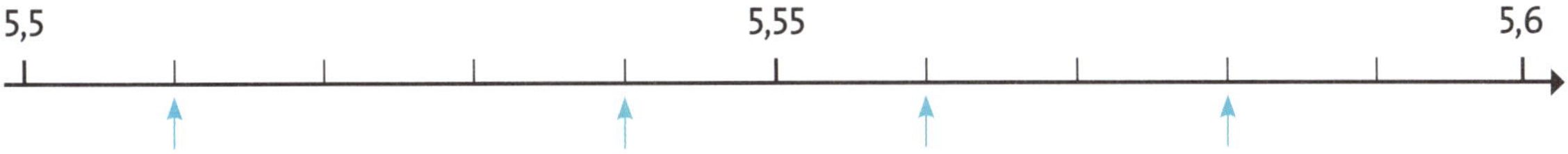

a. 5,15 b. .... c. .... d. ....

4 ★★ **Écris le signe qui convient < ou >.**

a. 4,5 .... 4,25 c. 21,2 2,12

b. 3,7 .... 4,1 d. 0,08 0,8

5 ★★ **Encadre chaque nombre décimal par deux nombres entiers.**

a. .... < 10,03 < ....

b. .... < 45,87 < ....

c. .... < 1,99 < ....

d. .... < 0,45 < ....

6 ★★★ **Range par ordre croissant.**

34,48 • 20,91 • 22,15 • 7,21 • 538,4 • 43,84

....

....

7 Bilan

Réponds à l'aide des nombres suivants. 608,80 • 22,60 • 28,71 • $\frac{100}{10}$ • 5,68 • 40,5

a. C'est un nombre supérieur à 500 : ....

b. Ce n'est pas un nombre décimal : ....

c. Le chiffre des centièmes est égal à 1 : ....

d. C'est un nombre entre 20 et 25 : ....

e. Sa partie entière possède 1 chiffre : ....

f. Le chiffre des dixièmes est égal à 5 : ....

7 L'organisation et la gestion des données

LE COIN DES PARENTS

Habituez votre enfant à lire des tableaux et des graphiques : les horaires du bus, l'emploi du temps de la classe, etc. Posez-lui des questions pour qu'il cherche les informations dont il a besoin.

Livret parents → **Corrigés** p. 17

Calcul mental

Donne les nombres entiers qui viennent juste avant et juste après les nombres suivants :

- .... 12,3 ....
- .... 1,25 ....
- .... 0,08 ....
- .... 9,987 ....

Différents outils pour recueillir des informations

- Un **tableau en colonnes**

Âge des enfants Martin

Prénom	Âge
Kévin	2 ans et 6 mois
Louise	4 ans
Sarah	10 ans et 3 mois
Cindy	10 ans et 3 mois

- Un **tableau à double entrée**

Âge et sexe des élèves de la chorale

	Garçons	Filles
8 ans	2	3
9 ans	4	3
10 ans	5	6
11 ans	3	5

Un tableau est une grille constituée de **lignes** et de **colonnes**.

- Un **graphique** ou **diagramme en bâtons**

Loisirs des élèves de CE1

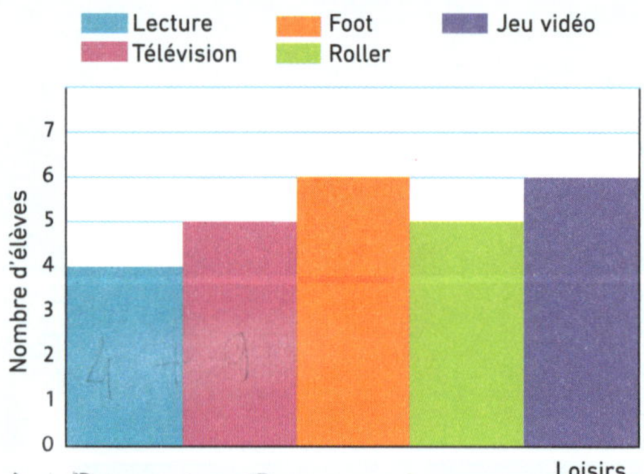

- Un **graphique en courbe**

Nombre d'élèves de CP A mangeant à la cantine

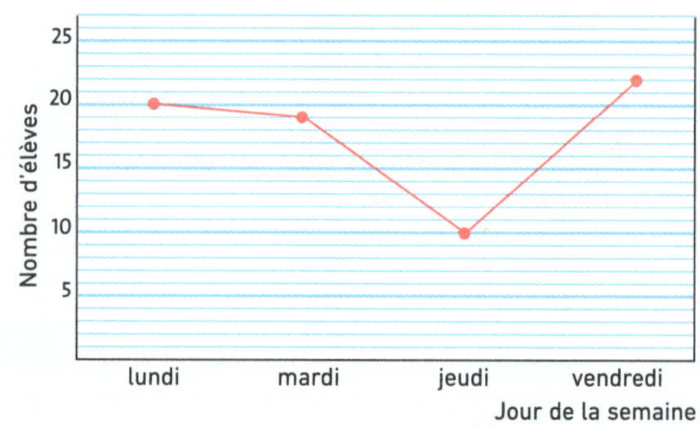

Ces outils présentent des **informations** de façon visuelle et permettent une lecture rapide.

Lire un tableau, un diragramme ou un graphique

1. Pour comprendre les informations présentées, commence par lire le titre.
2. Puis lis le nom des colonnes et des lignes. prénom, âge, Sarah, 9 ans, 10 ans, 11 ans
3. Lis la légende si elle est existe. couleur bleue pour la lecture, couleur violet pour le jeu vidéo
4. Enfin, trouve des informations supplémentaires en observant les intersections des lignes avec les colonnes ou avec les bâtons ou avec les points sur la courbe.

Louise a 4 ans, 6 élèves préfèrent les jeux vidéo, 19 élèves du CP A mangent à la cantine le mardi.

1 ★ En observant le tableau en colonnes du Savoir, réponds aux questions :

a. Quel est le nombre de filles dans la famille Martin ? 3

b. Quel est l'enfant le plus jeune ? Kévin

c. Quelle est la particularité de Sarah et de Cindy ? Il ont le même âge.

2 ★ En observant le tableau à double entrée du Savoir, complète le texte.

a. La chorale est composée de garçons et de filles âgés de 8 ans à 11 ans.

b. L'âge où les élèves sont les plus nombreux est 10 ans et l'âge où les élèves sont les moins nombreux est 8 ans.

3 ★★ En observant le diagramme en bâtons du Savoir, réponds par vrai ou faux.

a. Le loisir préféré est le roller. faux

b. Autant d'élèves aiment le foot et la télévision. faux

c. 24 élèves ont répondu. faux

4 ★★ Représente les données du graphique en courbe du Savoir dans un diagramme en bâtons.

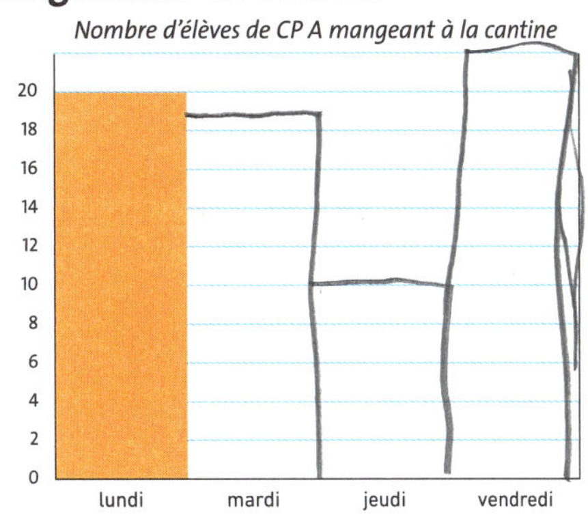

5 ★★★ Complète le tableau à double entrée correspondant aux données suivantes :

- au CP, il y a 10 filles et 15 garçons,
- au CE1, il y a 13 filles et 12 garçons,
- au CE2, il y a 14 filles et 14 garçons,
- au CM1, il y a 11 filles et 16 garçons,
- au CM2, il y a 12 filles et 17 garçons.

Titre du tableau : tableau a double entrée montrant le nom de filles et de garçons dans chaque niveau

	CP	CE1	CE2	CM1	CM2
Garçons	15	12	14	16	17
filles	10	13	14	11	12

6 Bilan Réponds aux questions.

	Adultes	Jeunes de 12 à 17 ans	Enfants de 7 ans à 11 ans	Moins de 7 ans
Entrée au musée seul	7,50 € +	5 €	3,50 €	gratuit
Musée + jardins	17 € +	10,50 €	9 €	gratuit

Combien paiera une famille de 4 personnes (le père, la mère, un jeune de 16 ans et un enfant de 11 ans)

a. pour visiter le musée seul ? 23,50 €

b. pour visiter le musée et les jardins ? 53,50 €

Je m'évalue

8 Addition et soustraction de nombres entiers

LE COIN DES PARENTS
Les principales difficultés des élèves pour calculer une addition ou une soustraction sont dues à l'oubli des retenues, à un mauvais alignement des nombres et à des erreurs de calcul mental.

Livret parents → **Corrigés** p. 17

Calcul mental

Compte...
- de 25 en 25 de 0 à 200.
- de 100 en 100 de 0 à 1 000.

Utilisation de l'addition et de la soustraction

ADDITION	SOUSTRACTION
• Pour réunir deux ou plusieurs collections	
On veut connaître le tout.	On veut connaître une partie du tout.
Léo a 30 billes, Julie 43. Combien de billes ont-ils ensemble ? 30 + 43 = 73	Léo et Julie ont 90 billes à deux. Julie en a 47. Combien Léo en a-t-il ? 90 – 47 = 43
• Pour comparer deux collections	
Léo a 25 billes. Julie 12 de plus que lui. Combien Julie a-t-elle de billes ? 25 + 12 = 37	Léo a 7 billes de moins que Julie. Julie en a 35. Combien Léo a-t-il de billes ? 35 – 7 = 28 ou : Léo a 55 billes, Julie en a 32. Combien Julie a-t-elle de billes en moins ? 55 – 32 = 23
• Pour transformer une collection en ajoutant ou en enlevant	
Léo a 36 billes. Julie lui en donne 11. Combien at-il de billes ? 36 + 11 = 47	Léo a 36 billes. Il en perd 9. Combien de billes a-t-il ? 36 – 9 = 27

• Poser une addition ou une soustraction

1. Aligne dans la **même colonne** les chiffres des unités, des dizaines, des centaines, des unités de mille, etc.
2. Pour la soustraction, place le plus grand nombre avant.
3. Note les retenues dans une autre couleur si tu n'arrives pas à les mémoriser.

		+1	+1	+1	+2
		7	3	4	8
+			8	5	5
+	1	4	6	0	9
	2	2	8	1	2

	1	5	17	10	13
–		+12	+19	+18	7
	1	2	7	1	6

• Calculer une addition ou une soustraction en ligne

- Pour la soustraction, place le plus grand chiffre avant.
- Pour l'addition, l'ordre des nombres n'est pas important.

357 + 1 212 + 38 = 1 607 → 1 212 + 357 + 38 = 1 607
→ 38 + 1 212 + 357 = 1 607

6 452 – 4 310 = 2 142

2 – 0
5 – 1
6 – 4   4 – 3

• Vérifier le résultat

Calcule une estimation du résultat attendu en arrondissant à des nombres proches.

1 212 + 357 + 38 → 1 200 + 400 + 40 = 1 640

1 ★ **Pose et effectue les additions.**

a. 383 + 521

b. 4 229 + 418

2 ★ **Pose et effectue les soustractions.**

a. 799 – 456

b. 8 102 – 2 031

3 ★★ **Relie les opérations à l'estimation du résultat attendu.**

a. 2 100 + 5 276 + 196 •
b. 8 755 – 2 804 •
c. 788 – 263 •
d. 4 119 + 52 + 812 •

• 6 000
• 7 600
• 500
• 4 950

4 ★★ **Calcule en ligne.**

a. 299 + 578 ......

b. 75 627 + 1 209 ......

c. 724 – 267 ......

d. 28 967 – 7 289 ......

5 ★★★ **Calcule en posant l'addition.**

Le cinéma Louis-Lumière a vendu 1 532 places samedi et 854 places dimanche. Combien de personnes sont allées au cinéma ce week-end ?

(1)
1 5 3 2
\+ 9 5 4
2 3 8 6

6 ★★★ **Calcule en posant l'addition.**

À Lyon résident **513 275** habitants. À Marseille, il y a **348 360** habitants de plus qu'à Lyon. Quelle est la population de Marseille ?

7 **Bilan** **Mon voisin a gagné au loto 1 000 000 €. Il a acheté une voiture à 20 400 € et réservé un voyage à 12 456 €. Combien lui reste-t-il d'argent ?**

Il lui reste ...... €.

Français
Maths
Hist.-Géo. EMC
Sciences et technologie
Anglais
mon cahier spécial Dictées

9 Addition et soustraction des nombres décimaux

LE COIN DES PARENTS
Pour réussir les opérations avec les nombres décimaux, il faut faire attention à additionner ou soustraire les chiffres de la même classe et à placer la virgule dans le résultat final.

Livret parents → **Corrigés** p. 17

Calcul mental

Calcule.

- 43 + 20 = ...
- 708 + 20 = ...
- 584 + 20 = ...
- 5 652 + 20 = ...
- 12 498 + 20 = ...

Les problèmes additifs et soustractifs

Certaines situations de la vie quotidienne nécessitent d'additionner ou de soustraire des nombres entiers, décimaux ou les deux à la fois.

- Calculer un prix. Lulu achète une baguette tradition à 1,25 € et un croissant à 1,15 €. Combien a-t-elle dépensé ?
- Calculer un poids. À la fin de l'automne, une marmotte pèse 5 kg. Elle perd 1,230 kg pendant l'hiver. Combien pèse-t-elle au début du printemps suivant ?

- Calculer une longueur. La longueur de la cour de récréation est de 25,35 m et sa largeur de 17 m. Quel est son périmètre ?
- Calculer une contenance. La gourde de Kelly contient 0,75 L d'eau. Elle a déjà bu deux verres de 0,15 L chacun. Combien lui reste-t-il d'eau ?

Poser les opérations

Pour additionner ou soustraire des nombres décimaux, applique les mêmes règles que pour les nombres entiers, en alignant les chiffres de la partie décimale de la même manière que dans la partie entière.

Additionner des nombres décimaux

Pose et calcule 357,96 + 68,7.

	c	d	u	dixième	centième
	+1	+1	+1		
	3	5	7,	9	6
+	0	6	8,	7	0
	4	2	6,	6	6

On peut ajouter des zéros pour faciliter l'alignement et le calcul.

N'oublie pas de reporter la virgule.

Soustraire des nombres décimaux

Pose et calcule 19,7 – 2,53.

	1	9,	7	10
–	0	2,	5	3
	1	7,	1	7

On peut ajouter des zéros pour faciliter l'alignement et le calcul.

Calculer en ligne

Quand les nombres décimaux sont simples, tu peux trouver le résultat en calculant en ligne.

24,6 + 11,2 = 35,8

3 5 ,8

1 ★ Pose et effectue les additions.

a. 24,02 + 50,17 b. 3,78 + 86

c. 101,3 + 89,12 d. 1 683,7 + 37

2 ★ Pose et effectue les soustractions.

a. 75,67 – 52,26 b. 5,39 – 1

c. 58,36 – 12,37 d. 3 452,8 – 14

3 ★★ Résous les problèmes du Savoir en posant les opérations en ligne.

a. Opération ……………………

Lulu a dépensé ……………………

b. Opération ……………………

La marmotte pesait au début de l'hiver ……

c. Opération ……………………

Le périmètre de la cour est ……………………

d. Opération …………………… .

Il reste …………… dans la gourde de Kelly.

4 ★★★ Complète ces additions à trous.

a.

	1	…,	7	…
+		8,	…	9
	2	1,	9	4

b.

	3	4,	0	8
+	…	…,	…	…
	6	2,	8	4

c.

	1	…	6,	…	…
+		9	…,	3	3
	…	4	3,	9	4

5 Bilan Complète la pyramide.

Le résultat d'une case est égal à la somme ou la différence des cases situées dessous.

Exemple :

13,32
=
7,82 + 5,5

Pyramide :

[ ]
[ ] + [ ]
[ ] – [ ] + 7
14,62 – 6,08 – [ ] + 5,6

NOMBRES ET CALCULS

10 La multiplication des nombres entiers

LE COIN DES PARENTS

Afin que votre enfant calcule les multiplications sans erreur et qu'il se concentre sur la maîtrise de la technique opératoire, il doit savoir par cœur les tables de multiplication de 1 à 9.

Livret parents → **Corrigés** p. 17

Calcul mental

Calcule.

- 7,8 + 2,1 = ...
- 54,21 + 25,45 = ...
- 102,2 + 104,5 = ...
- 0,25 + 0,72 = ...
- 1,1 + 2,2 + 3,3 = ...
- 8,05 + 32,14 = ...

Le sens de la multiplication

On choisit la multiplication pour :

– dénombrer **une collection d'objets identiques rangés en lignes et en colonnes** ;

Dans ce carnet, il y a 2 lignes de 6 timbres :
2 × 6 = 12, soit 12 timbres
ou 6 colonnes de 2 timbres
6 × 2 = 12, soit 12 timbres

– calculer **la somme de plusieurs nombres égaux** ;

Laura lit 15 pages de son livre tous les soirs, combien aura-t-elle lu de pages en une semaine ?

15 + 15 + ... + 15 = ... ⟶ 7 × 15 = 105

Elle aura lu 105 pages en une semaine.

– calculer des valeurs dans **une situation de proportionnalité**.

Masse de fraises	1 kg	2 kg	5 kg	10 kg
Prix	4 €	8 €	20 €	40 €

× 4

Multiplier un nombre entier par 10, 100 ou 1 000

Ajoute un, deux ou trois zéros au nombre multiplié.

45 × 10 = 450 7 × 100 = 700 741 × 1 000 = 741 000

Multiplier un nombre entier par un nombre à deux chiffres

Pose et calcule une multiplication avec un nombre à deux chiffres. Par exemple : 358 × 32

1. Multiplie d'abord 358 **par 2.**
358 × 2 = 716
2. Multiplie ensuite 358 par **3 dizaines (30).**
358 × 30 = 10 740
Mets un 0 dans la colonne des unités puis multiplie par **3**.
358 × 3 = 1 074
3. **Additionne** enfin.
716 + 10 740 = 11 456

			c	d	u
			3	5	8
×				3	2
			7	1	6
+	1	0	7	4	0
	1	1	4	5	6

1 ★ Calcule en ligne.

a. 68 × 10 = ……………………

b. 9 × 100 = ……………………

c. 25 × 1 000 = ……………………

d. 125 458 × 10 = ……………………

e. 413 × 1 000 = ……………………

f. 368 × 100 = ……………………

2 ★ Complète.

a. 128 × …………… = 12 800

b. …………… × 100 = 120 000

c. 207 × …………… = 2 070

d. …………… × 10 = 21 000

e. 249 × …………… = 24 900

f. …………… × 1 000 = 1 000 000

3 ★★ Transforme les additions en multiplications et calcule le résultat.

a. 3 + 3 + 3 + 3 + 3 + 3 = ……………………

……………………

b. 27 + 27 + 27 + 27 = ……………………

……………………

c. 454 + 454 + 454 + 454 + 454 = ……………………

……………………

4 ★★ Calcule le nombre d'étoiles.

……………………

5 ★★★ Pose et calcule les multiplications suivantes.

a. 761 × 3

b. 504 × 70

c. 2 578 × 43

6 Bilan Calcule les multiplications puis indique la valeur des chiffres qui étaient cachés.

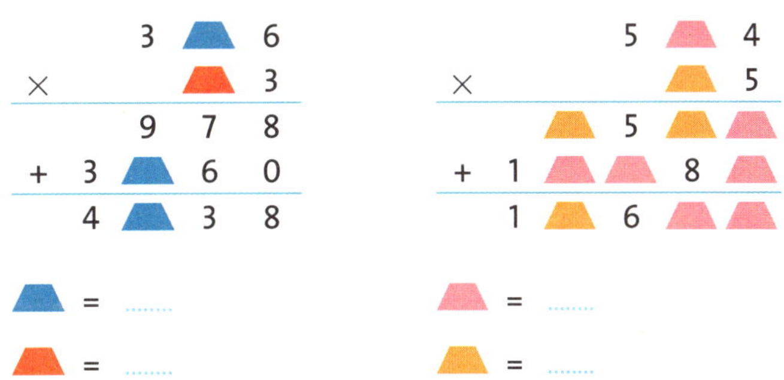

NOMBRES ET CALCULS

11 La division des nombres entiers

LE COIN DES PARENTS
Comme pour la multiplication, la division nécessite que votre enfant connaisse par cœur les tables de multiplication et qu'il maîtrise la technique de la soustraction.

Livret parents → **Corrigés** p. 17

Savoir

Calcul mental

Calcule.

- 6,2 – 5,1 = ...
- 74,5 – 61,2 = ...
- 36 – 5,12 = ...
- 9,99 – 4,35 = ...

Le sens de la division

Pour **partager** en **parts égales**, on effectue une **division**.

Partager 50 bonbons entre 4 enfants se traduit par l'égalité suivante :

$$50 = (4 \times 12) + 2$$

dividende (50), diviseur (4), quotient (12), reste (2)

On connaît le **dividende** (la quantité à distribuer), et le **diviseur** (le nombre de personnes à qui on distribue). On cherche le **quotient** (la part que recevra chacun) et le **reste** (ce que l'on ne peut plus distribuer et qui est toujours plus petit que le diviseur).

50 divisé par 4 est égal à 12 et il reste 2 : chaque enfant recevra 12 bonbons et il restera 2 bonbons.

Savoir faire

Effectuer une division en ligne

Cela est possible si le diviseur n'a qu'un chiffre. Décompose le nombre à diviser en multiples du diviseur :

80 : 6 → $80 = (6 \times 10) + (6 \times 3) + 2$ 80 divisé par 6 est égal à 13 et il reste 2.

Poser une division

Pour **diviser un nombre** (dividende) qui a **plusieurs chiffres**, il est plus rapide de **poser** la division sous **forme de potence**.

483 divisé par 5 ou 483 : 5

1. Puisque 4 < 5, prends le chiffre suivant 8 pour former 48, que tu divises par 5.
2. Cherche dans la table de 5, le résultat le plus proche mais inférieur à 48, trouve $5 \times 9 = 45$.
3. Soustrais 45 à 48 et note le reste : 3. Descends le nombre suivant du dividende à côté de ce reste.
4. Cherche dans la table de 5, le résultat le plus proche mais inférieur à 30, trouve $5 \times 6 = 30$.

	4	8	3	5	← diviseur
–	4	5	↓	9 6	← quotient
=	0	3	3		
	–	3	0		
	=	0	3		← reste

(dividende : 483)

Soustrais 30 à 33 et note le reste qui est 3. → 483 divisé par 5 est égal à 96 et il reste 3.

À retenir Un nombre entier est **divisible sans reste :**
par 2 s'il est pair, **par 5** s'il **se termine** par **0** ou **5**, et **par 10** s'il se termine par **0**.

1 ★ **Complète avec le quotient et le reste.**

a. 48 divisé par 5 ⟶ 48 = (5 × ....) + ...
48 divisé par 5 est égal à .... et il reste ....

b. 58 divisé par 7 ⟶ 58 = (7 × ....) + ...
58 divisé par 7 est égal à .... et il reste ....

2 ★ **Entoure les nombres divisibles par 2.**

25 • 6 502 • 38 • 100 • 479 • 1 234

3 ★ **Souligne les nombres divisibles par 10 et entoure les nombres divisibles par 5.**

5 000 • 75 • 230 • 548 • 5 • 177

4 ★★ **Complète les divisions suivantes.**

a.

	5	0	4	9
−	4	5		... ...
		5	4	
	−	5	4	
			...	

b.

	2	8	4	8
−	2	4		... ...
		4	4	
	−	4	0	
			4	

5 ★★★ **Pose et calcule.**

a. 422 : 3

b. 560 : 2

c. 34 : 4

b. 312 : 6

6 Bilan
Quel est le nombre compris entre 400 et 410, qui est un multiple de 5 et qui n'a pas de reste quand il est divisé par 9 ?

....

....

NOMBRES ET CALCULS

12 La proportionnalité

LE COIN DES PARENTS

Une façon de mieux comprendre les problèmes et en particulier ceux présentant des situations de proportionnalité est de demander à votre enfant de dessiner ce qu'il a compris de l'énoncé.

Livret parents → **Corrigés** p. 17

Calcul mental

Calcule.

- $\frac{12}{10} + \frac{24}{10} =$ ....
- $\frac{105}{100} + \frac{210}{100} =$ ....
- $\frac{9}{10} + \frac{38}{10} =$ ....

Définition

On dit que deux grandeurs sont **proportionnelles** quand on peut passer de l'une à l'autre **en multipliant** ou **en divisant** toujours par le même nombre.

Dans 1 bouquet de roses, il y a 8 fleurs.

Dans 2 bouquets de roses, il y a **8** × 2 = 16 roses

Dans 4 bouquets de roses, il y a **8** × 4 = 32 roses

→ On utilise **toujours** le nombre 8 pour trouver le résultat en fonction du nombre de bouquets.

Tableau de proportionnalité

Pour mieux comprendre, on peut écrire les résultats dans un **tableau de proportionnalité**.

Nombre de bouquets	1	2	3	4	8	10
Nombre de roses	8	16	24	32	64	80

(× 8 de la première ligne vers la deuxième ; ÷ 8 de la deuxième ligne vers la première)

8 est le **coefficient de proportionnalité**.

Résoudre des problèmes de proportionnalité

À chaque tour de jeu, Noémie avance de 4 cases. À quelle case sera-t-elle au 2ᵉ tour ? au 3ᵉ tour ?

- Technique 1 : le **tableau de proportionnalité**

Remplis-le avec les **données du problème** et déduis-en les **autres données** en utilisant le coefficient de proportionnalité.

Tour de jeu	1	2	3
Case atteinte	4	8	12

(× 4)

- Technique 2 : l'**addition de quantité**

C'est la méthode la moins rapide. Elle a avancé de 4 + 4 = 8 cases au bout du 2ᵉ tour. Elle a avancé de 4 + 4 + 4 = 12 cases au bout du 3ᵉ tour.

- Technique 3 : la **multiplication** d'une quantité par un nombre

Quand Noémie joue 2 fois ou 3 fois, elle gagne 2 fois ou 3 fois 4 cases.

Elle a avancé de 2 × 4 = 8 cases au bout du 2ᵉ tour. Elle a avancé de 3 × 4 = 12 cases au bout du 3ᵉ tour.

1 ★ **Entoure le tableau qui représente une situation de proportionnalité.**

a.

Nombre de brioches	Nombre d'œufs
1	3
3	9
5	15

b.

Nombre de brioches	Cuillerées à café de levure
5	2
10	3
15	4

2 ★ **Complète le tableau de proportionnalité.**

Nombre d'avions	Nombre de places
1	500
3	…………
…………	2 000
…………	5 000
20	…………

3 ★★ **Réponds par vrai ou faux.**

a. S'il faut 6 pommes pour faire une tarte, il en faudra 20 pour faire 3 tartes. …………

b. À 10 ans, il faut manger 5 fruits ou légumes par jour, à 20 ans 10 fruits et légumes par jour et à 30 ans 15 fruits ou légumes par jour. …………

c. S'il y a 16 carrés de chocolat dans 1 tablette, il y en aura 64 dans 4 tablettes.

…………

4 ★★★ **Résous le problème en utilisant l'addition.**

Un bus part à vide mais 7 passagers montent à chaque arrêt. Combien y aura-t-il de passagers après 2 arrêts ? 4 arrêts ? 5 arrêts ?

a. Après 2 arrêts : ………… + ………… = ………… passagers.

b. Après 4 arrêts : ………… + ………… + ………… + ………… = ………… passagers.

c. Après 5 arrêts : …………

…………

5 ★★★ **Résous le problème en utilisant la multiplication. Pose l'opération en ligne.**

Oscar, le plus grand bateau porte-containers, peut transporter 19 224 containers en une traversée entre l'Asie et l'Europe.
Combien transportera-t-il de containers en 2 traversées ? 5 traversées ? 12 traversées ?

a. Nombre de containers en 2 traversées :

…………

b. En 5 traversées : …………

c. En 12 traversées : …………

6 Bilan **78 personnes font la queue devant des ascenseurs mais un seul fonctionne et il ne peut transporter que 12 personnes à la fois.**
Combien faudra-t-il de voyages pour faire monter tout le monde ?

…………

…………

…………

Français
Maths
Hist.-Géo. EMC
Sciences et technologie
Anglais
mon cahier spécial Dictées

GRANDEURS ET MESURES

13 La proportionnalité et les grandeurs

LE COIN DES PARENTS
Quand deux grandeurs sont associées, il ne s'agit pas toujours d'une situation de proportionnalité. Votre enfant mesure 1,35 m à 10 ans mais ne mesurera pas 2,70 m à 20 ans.

Livret parents → **Corrigés** p. 18

Savoir

Calcul mental

Calcule.

- 7,29 : 10 = ...
- 540,6 : 10 = ...
- 8,92 : 10 = ...
- 128,04 : 10 = ...
- 1,3 : 10 = ...
- 76,33 : 10 = ...

Situations de proportionnalité

De nombreux problèmes sur les grandeurs (masse, prix, contenances, distances, durées, etc.) sont des situations de proportionnalité :

1 baguette pèse 250 g donc 2 baguettes pèsent 500 g.

1 tarte aux fraises coûte 12 € donc 2 tartes aux fraises coûtent 24 €.

1 verre contient 200 mL de lait donc 2 verres contiennent 400 mL de lait.

1 tour du circuit du Mans mesure 13,62 km, 2 tours mesurent 27,24 km.

La récréation dure 10 minutes donc deux récréations durent 20 minutes.

Savoir faire

Résoudre un problème

Au marché, Léa achète 500 g de champignons pour 3 € et 2 kg de raisin pour 7 €. Combien aurait-elle payé si elle avait voulu acheter 3 kg de raisin ?

1. Trace un tableau de proportionnalité avec les valeurs indiquées dans l'énoncé.

Poids du raisin	1 kg	2 kg	3 kg
Prix		7 €	?

2. Trouve la valeur d'une unité (le prix pour 1kg de raisin) et complète le tableau.

7 : 2 = 3,5 ou la moitié de 7 € c'est 3,50 €.

3. Utilise la valeur d'une unité pour calculer le résultat.

Si 1 kg de raisin coûte 3,50 €, alors 3 kg de raisin coûtent 3 x 3,50 = 10,50 €.

4. Réponds par une phrase en reprenant les termes de la question.

Léa aurait payé .... € pour acheter 3 kg de raisin.

5. Assure-toi que le résultat est exprimé dans l'unité qui convient.

Combien mesure... ? → mètres, centimètres, etc.

Combien de temps... ? → heures, minutes, etc.

Quelle est la contenance... ? → litres, centilitres, etc.

Combien pèse... ? → kilogramme, gramme, etc.

Combien coûte... ? → euros, centimes d'euros.

1 ★ **Une place de cinéma coûte 12 €. Combien coûtent :**

a. 3 places ? Opération : ....

→ 3 places coûtent ....

b. 5 places ? Opération : ....

→ 5 places coûtent ....

c. 7 places ? Opération : ....

→ 7 places coûtent ....

2 ★ **Complète le tableau de proportionnalité.**

Nombre de brioches	Masse en grammes
1	180
3	....
....	720
....	1 800

× ....

3 ★★ **Réponds par vrai ou faux.**

a. Si une poule pond 2 œufs par jour, elle aura pondu 15 œufs en une semaine. ....

b. Si Paul pèse 45 kg à 10 ans, il pèsera 135 kg à 30 ans. ....

c. Si un arrosoir contient 1,5 L, 4 arrosoirs contiendront 600 cL. ....

4 ★★ **Résous le problème en utilisant la multiplication.**

À chaque pas, tu parcours 30 cm. Combien de cm parcours-tu avec 10 pas ? Avec 15 pas ?

a. Distance parcourue avec 10 pas :

...... × ...... = ... cm

b. Distance parcourue avec 15 pas :

...... × ...... = ... cm

5 ★★ **Résous le problème en utilisant l'addition.**

Il faut 5 minutes pour se brosser les dents. Tu te brosses les dents 2 fois par jour, combien passeras-tu de temps à te brosser les dents en une journée ? en une semaine ?

a. Durée pour une journée : ...... + ... = ...

b. Durée pour une semaine : ....

6 ★★★ **3 pâtissières préparent 3 pièces montées en 3 h. Combien de pièces montées réalisent 6 pâtissières en 6 h ?**

Pour trouver le résultat, remplis ce tableau de proportionnalité :

	3 h	6 h
1 pâtissière	1 pièce montée	2
3 pâtissières	3 pièces montées	6
6 pâtissières	6	12

Réponse : 12

7 Bilan **Le robinet du lavabo fuit. En 3 h, 600 cL se sont écoulés. Quelle quantité d'eau a été gaspillée en 1 h ? en 5 h ?**

200 cl = 1 h

....

14 Les mesures de durées

LE COIN DES PARENTS
Les unités pour mesurer le temps sont nombreuses. Utilisez tous les supports à votre disposition : calendrier, pendule, semainier, montre, réveil, chronomètre pour aider votre enfant à se familiariser avec elles.

Livret parents → **Corrigés** p. 18

Savoir

Calcul mental

Calcule le double de :

- 12 = ...
- 248 = ...
- 54 = ...
- 999 = ...

Différentes mesures de durées

Le temps de l'histoire : 1 millénaire = 1 000 ans ; 1 siècle = 100 ans ; 1 décennie = 10 ans

Le temps d'une année : 1 an = 12 mois ; 1 an = 365 jours ou 366 jours pour les années bissextiles ; 1 mois = 28, 29, 30 ou 31 jours ; 1 semaine = 7 jours

Le temps d'une journée : 1 jour = 24 h ; 1 h = 60 min ; 1 min = 60 s

Lecture de l'heure

avant midi	2 h 05	5 h 15 ou 5 heures et quart	3 h 30 ou 3 heures et demie	9 h 40 ou 10 heures moins 20	7 h 45 ou 8 heures moins le quart
après midi	14 h 05	17 h 15 ou 5 heures et quart	15 h 30 ou 3 heures et demie	21 h 40	19 h 45

Savoir faire

Calculer une durée

Le train pour Lyon part à 8 h 15 et arrive à 10 h 30.
Quelle est la durée du trajet ?

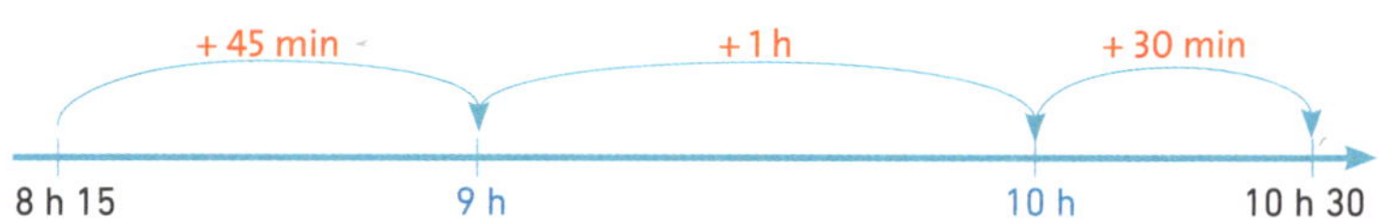

1. Calcule les durées entre chaque intervalle puis additionne-les. Le trajet dure 1 h et 75 min.
2. **Convertis** si nécessaire. 1 h 75 min = 1 heure + 60 minutes + 15 minutes = 2 h 15 min

Calculer l'horaire de début ou de fin d'un événement

Le film commence à 20 h 30 et dure 1 h 50.
À quelle heure finira-t-il ?

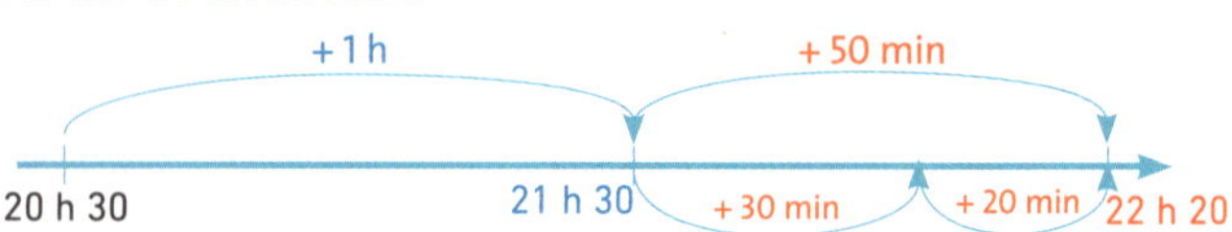

1. Ajoute **les heures entières** de la durée s'il y en a et calcule le nouvel horaire.
2. Ajoute **les minutes**. Tu peux décomposer. 50 min = 30 min + 20 min

1 ★ **Associe chaque événement à sa durée.**

15 minutes – 2 secondes – 4 ans – 300 ans

a. la Première Guerre mondiale : ....

b. la récréation : ....

c. la Renaissance : ....

d. un éclair : ....

2 ★ **Quelle heure est-il ?**

a. 00h30

b. 2h

c. ....

d. ....

3 ★★ **Exprime les durées dans l'unité demandée.**

a. 5 jours = ... h

b. 4 siècles = ... ans

c. 20 minutes = ... s

d. 1 h 30 min = ... min

e. 2 ans = ... mois

4 ★★ **Utilise la droite pour calculer les durées.**

a.

9 h 20 ———————— 9 h 45

Durée : ....

b.

5 min 20 s ———————— 8 min 30 s

Durée : ....

c.

5 août 11 h 30 ———————— 7 août 17 h

Durée : ....

5 ★★★ **Quelle est la durée du vol Paris-New York si l'avion part à 11 h 15 et atterrit à 18 h 55 (heure française) ?**

7h40

....

6 ★★★ **Léo a rendez-vous à 14 h 10 avec ses amis. Il prend le bus à 13 h 35 et le trajet dure 40 minutes. Sera-t-il à l'heure ?**

non

....

7 **Bilan** **Réponds aux questions.**

La bougie graduée ou chandelle horaire aurait été inventée au IXe siècle par Alfred Legrand, roi du Wessex. Une chandelle horaire de 20 cm fond de 2 cm toutes les heures.
On l'allume à 6 h du matin.

a. Quelle sera sa taille à 7 h, à 10 h, à 14 h ? ....

b. À quelle heure restera-t-il 1 cm ? ....

GRANDEURS ET MESURES

15 Les mesures de longueurs et le périmètre

LE COIN DES PARENTS
Trouver la mesure exacte d'une longueur ne pose pas de problème si votre enfant sait utiliser sa règle.
Faites-lui également mesurer des longueurs avec un mètre de couturière ou de bricoleur pour qu'il manipule différents outils.

Livret parents → **Corrigés** p. 18

Calcul mental

Trouve le résultat.

- 25 × 12 = ...
- 150 × 12 = ...
- 230 × 12 = ...
- 2 000 × 12 = ...
- 3 100 × 12 = ...

Les unités de mesures

- **L'unité de mesure de longueur** est **le mètre** ainsi que ses **multiples** (le **kilomètre** : km) et ses **sous-multiples** (le **décimètre** : dm, le **centimètre** : cm et le **millimètre** : mm).
- On passe d'une unité à l'autre en multipliant ou en divisant par 10, 100, 1 000, etc.
- On peut utiliser **un tableau de conversion**.

km			m	dm	cm	mm
		1	5	0	0	0
3	0	0	0	0	0	0

15 m = 150 dm = 1 500 cm = 15 000 mm

3 km = 3 000 m = 3 000 000 mm

Le périmètre d'une figure

Le **périmètre** d'une figure est **la longueur du contour** de cette figure.
Pour calculer le périmètre d'un **polygone**, on **additionne** tous ses **côtés**.
Le périmètre s'exprime avec **une unité de longueur** : **m**, **cm**, **km**, etc.
2 + 1 + 2 + 3 = 8 cm

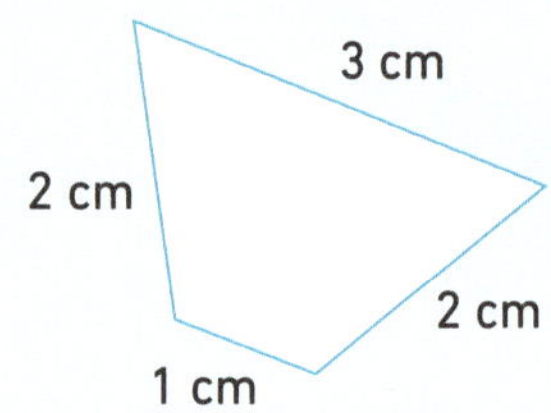

Mesurer des longueurs pour les comparer

1 Utilise un compas.
Écarte le compas de la longueur du segment rouge puis sans bouger l'écartement, positionne-le sur le segment vert puis sur le segment bleu.

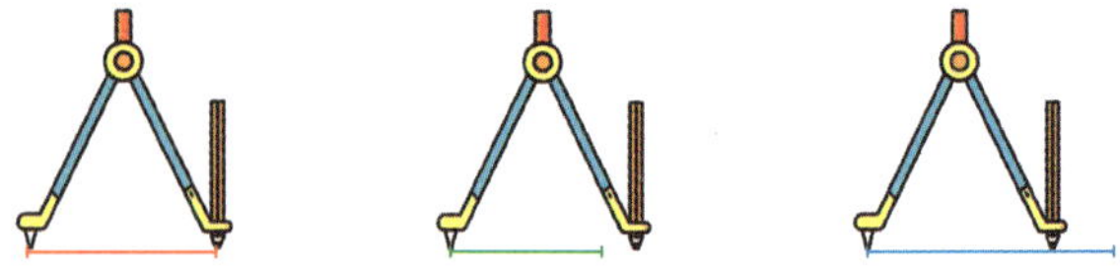

Le segment vert est plus petit que le segment rouge. Le segment bleu est plus grand que le segment rouge .

2 Utilise une règle graduée.

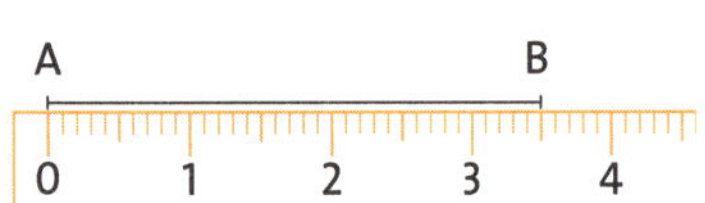

Ce segment mesure 3 cm 5 mm.

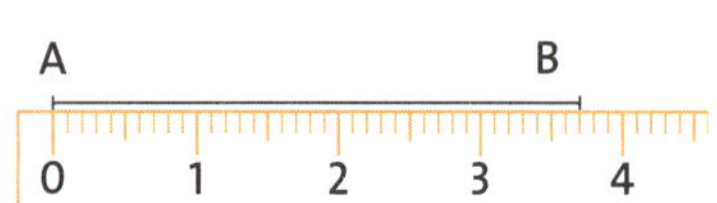

Ce segment mesure 3 cm 7 mm.

1 *

Entoure la bonne mesure.

a. le diamètre de la Terre : 12 756 km • 12 756 m • 12 756 cm

b. un crayon : 9 km • 9 cm • 9 mm

c. la longueur d'une piscine : 25 km • 25 m • 25 cm

d. la distance de la Terre à la Lune : 384 400 km • 384 400 m • 384 400 cm

2 *

Écris l'unité manquante.

a. 500 m = 50 000 ....

b. 300 cm = 30 ....

c. 12 km = 12 000 ....

d. 62 m = 6 200 ....

3 **

Compare ces segments, puis classe-les.

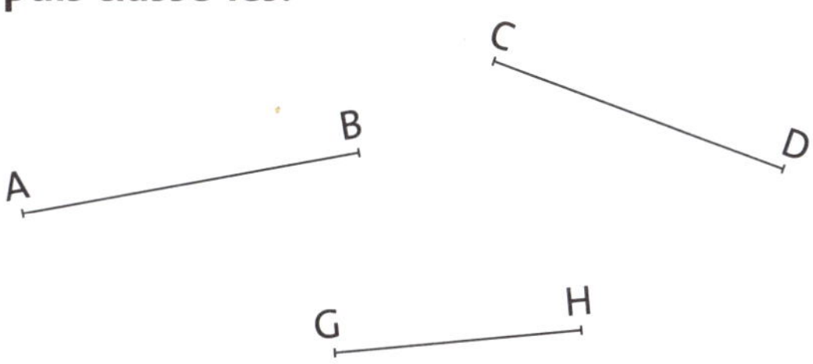

[..............] < [..............] < [..............]

4 ***

Avec ton compas, compare le périmètre de ces trois carrés.

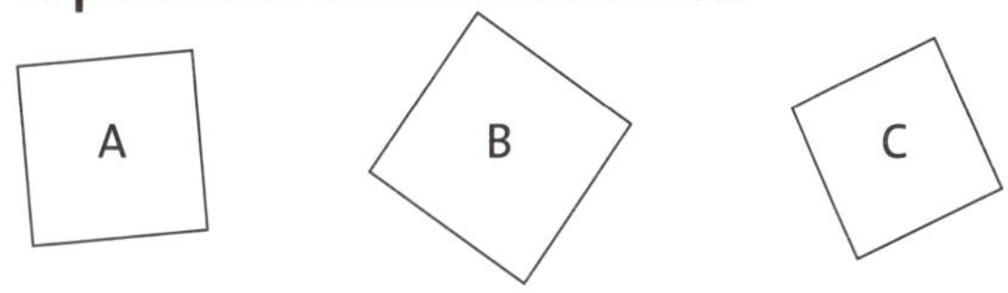

a. Le périmètre le plus petit est celui du carré ....

b. Le périmètre le plus grand est celui du carré ....

5 ***

Mesure le périmètre du tableau de conversion dans la rubrique Savoir et ceux des carrés de l'exercice 4.

a. Périmètre du tableau de conversion : ....

b. Périmètre du carré A : ....

c. Périmètre du carré B : ....

d. Périmètre du carré C : ....

6 ***

Avec ta règle, calcule le périmètre de cette flèche.

Résultat : ....

7 Bilan

Antoine veut clôturer son jardin qui mesure 15 m de large sur 30 m de long. Il veut laisser une ouverture de 2 m de largeur. De quelle longueur de grillage aura-t-il besoin ?

Calculs : ....

....

a. Périmètre du jardin : ....

b. Longueur de grillage nécessaire : ....

GRANDEURS ET MESURES

16 Les mesures de contenances

LE COIN DES PARENTS
Travaillez sur les contenances en inventant avec votre enfant des cocktails. Il écrira et réalisera les recettes pour un verre de 50 cL avec au minimum trois ingrédients. Tous les verres devront être remplis de façon identique.

Livret parents → **Corrigés** p. 18

Calcul mental

Calcule le triple de :

- 33 = ...
- 402 = ...
- 58 = ...
- 150 = ...

Le litre et ses sous-multiples

L'**unité de mesure** de **contenance** est le **litre** (L), ainsi que ses **sous-multiples** : le **décilitre** (dL) et le **centilitre** (cL).

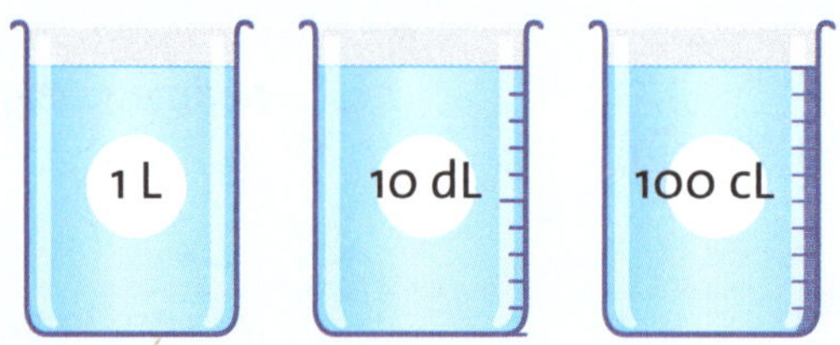

1 L = = 10 dL = 100 cL

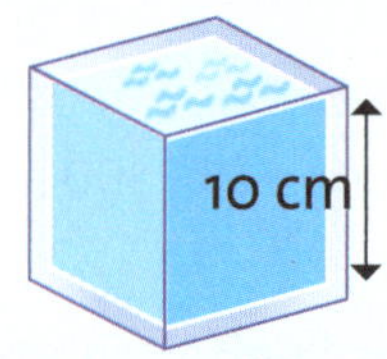

1 L, c'est aussi la contenance d'un cube de 10 cm d'arête.

Convertir des contenances

Passe d'une unité à l'autre en **multipliant** ou en **divisant** par **10, 100, 1 000**, etc. ou en utilisant **un tableau de conversion**.

Pour convertir 3 cL en dL, ajoute une virgule dans la colonne des dL et un zéro → 3 cL = 0,3 dL

Pour convertir 3 cL en L, ajoute une virgule et un zéro dans la colonne des L et un zéro dans la colonne des dL → 3 cL = 0,03 L

Pour convertir 45 dL en L, pose une virgule dans la colonne des L → 45 dL = 4,5 L

Pour convertir 45 dL en cL, ajoute un zéro dans la colonne des cL : 45 dL = 450 cL

L	dL	cL
1	0	0
		3
	0,	3
0,	0	3
4,	5	
4	5	
4	5	0

Comparer des contenances

- Pour comparer des contenances, il faut qu'elles soient toutes exprimées dans la même unité.

5 L < 12 L   7 dL > 5 dL   30 cl > 28 cL

- Tu peux aussi comparer des contenances en utilisant un récipient étalon.

La bouteille A peut contenir 4 verres.

La bouteille B peut contenir 3 verres.

→ La bouteille A peut contenir plus d'eau que la bouteille B ; sa contenance est plus grande.

1 ★ **Complète avec l'unité qui convient.**

a. La carafe contient 1 .... d'eau.

b. Une canette contient 33 ....

c. Une cuillère à café contient 5 .... de sirop.

d. Un bol contient 20 .... de lait.

2 ★ **Convertis.**

a. 55 L = ... dL

b. 71 dL = ... L

c. 41 cL = ... dL

d. 8 L = ... cL

e. 5 cL = ... L

f. 30 dL = ... cL

3 ★★ **Entoure la plus petite contenance, barre la plus grande.**

500 dL • 1 700 cL • 20 L • 20 dL • 5 L

4 ★★ **Classe les contenances de l'exercice précédent dans l'ordre croissant.**

....

....

5 ★★★ **Indique la contenance de chaque cube en dL et L.**

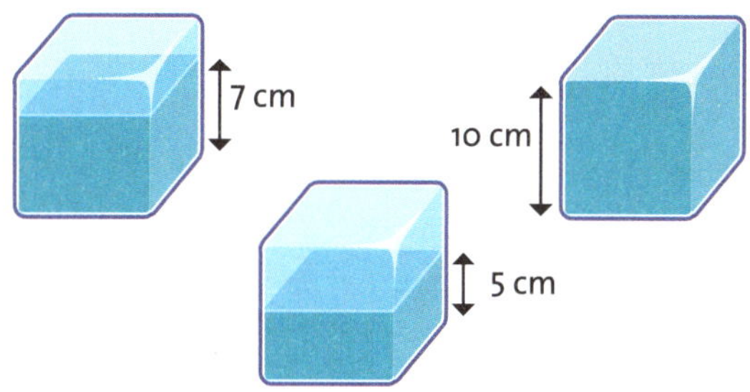

a. .... dL L

b. .... dL L

c. .... dL L

6 ★★★ **Numérote les récipients du plus petit au plus grand.**

Le contenu de chaque bouteille a été vidé dans des verres identiques.

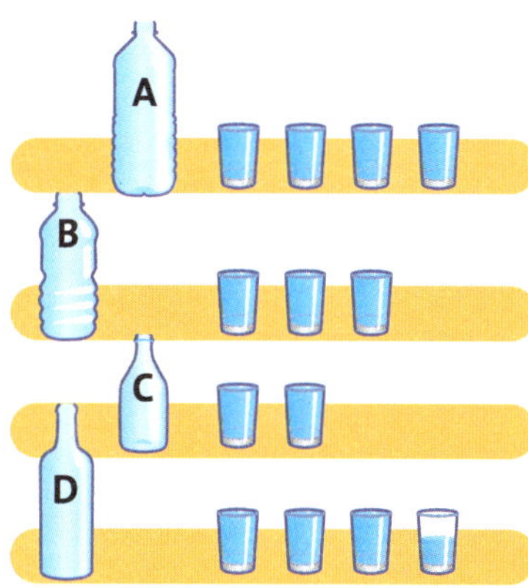

A ....

B ....

C ....

D ....

7 Bilan **Réponds aux questions.**

Théo boit 25 cL de lait tous les matins.

a. Combien boit-il de lait en 2 jours ? 50 cl

b. En 5 jours ? ....

c. Combien de jours mettra-t-il à vider sa bouteille de 1,5 L de lait ? ....

Français
Maths
Hist.-Géo. EMC
Sciences et technologie
Anglais
mon cahier spécial Dictées

GRANDEURS ET MESURES

17 Les angles

LE COIN DES PARENTS
Montrez à votre enfant les portraits d'animaux géométriques de Kerby Rosanes et invitez-le à en faire autant en décalquant le contour de l'animal et en le remplissant en traçant des formes avec des angles.

Livret parents → **Corrigés** p. 18

Calcul mental

Calcule.

- 78 + 99 = ...
- 399 + 99 = ...
- 124 + 99 = ...
- 8 741 + 99 = ...
- 2 354 + 99 = ...
- 12 478 + 99 = ...

Définition

- Un **angle** est une portion du plan formée par **deux demi-droites** qui ont la même **origine**.
- Cette portion, représentée en rouge sur les dessins, peut être plus ou moins importante selon l'ouverture des demi-droites. Elle permet de **marquer l'angle**.

angle $\widehat{ABC}$ ou $\widehat{CBA}$ — angle $\widehat{DEF}$ ou $\widehat{FED}$ — angle $\widehat{GHI}$ ou $\widehat{IHG}$

Remarque L'angle $\widehat{DEF}$ est un angle particulier : c'est un **angle droit**. On le marque avec ce signe ⌝

Vocabulaire

- L'origine se nomme le **sommet de l'angle** : B, E et H sont les **sommets** des angles.
- Les deux demi-droites sont les **côtés de l'angle**.
- Pour nommer un angle, tu utilises le signe $\widehat{\ }$ sur les trois lettres en plaçant toujours la lettre du sommet au milieu des deux autres.

Comparer des angles

1. Découpe un gabarit en papier à partir de l'un des angles à comparer et utilise-le pour déterminer l'angle le plus grand.
2. Superpose ce gabarit en papier sur chacun des angles et observe que $\widehat{TUV} < \widehat{QRS}$.

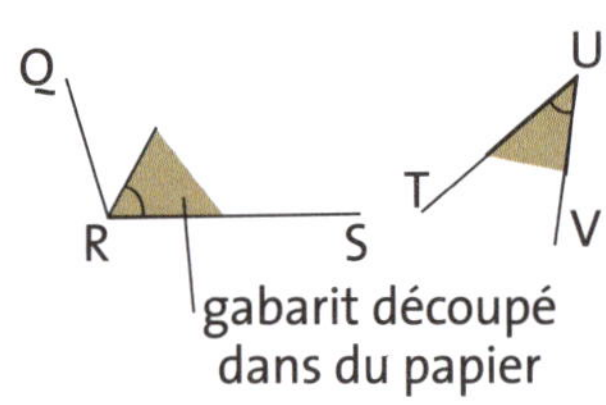

Repérer un angle droit, aigu ou obtus

Utilise une équerre pour repérer par superposition les angles droits d'une figure :

- si l'angle est **plus petit**, il s'agit d'un angle **aigu** ;
- si l'angle est **plus grand**, il s'agit d'un angle **obtus**.

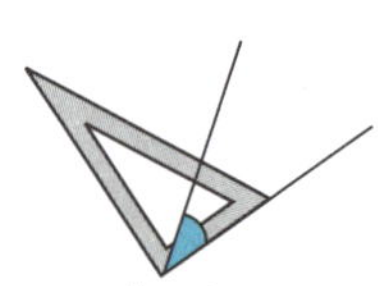
angle aigu

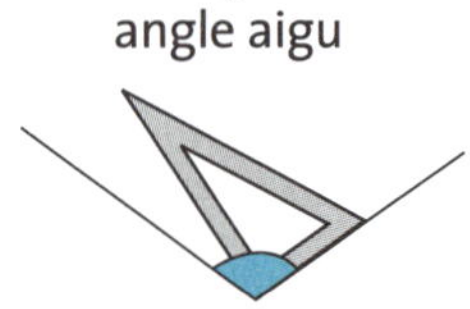
angle obtus

1 ★ Marque les angles de chaque figure.

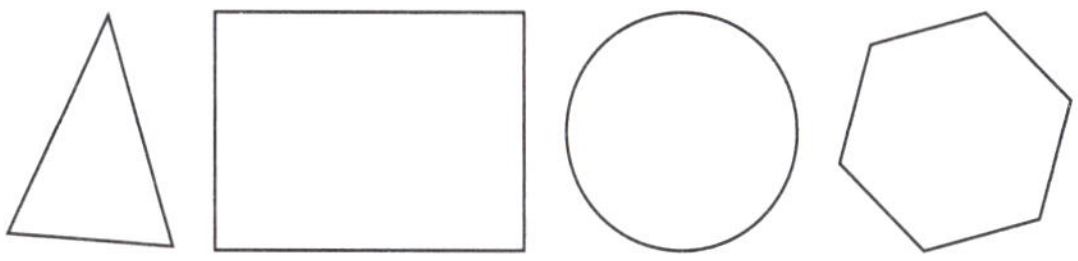

2 ★ Marque l'angle en rouge, nomme le sommet et qualifie l'angle.

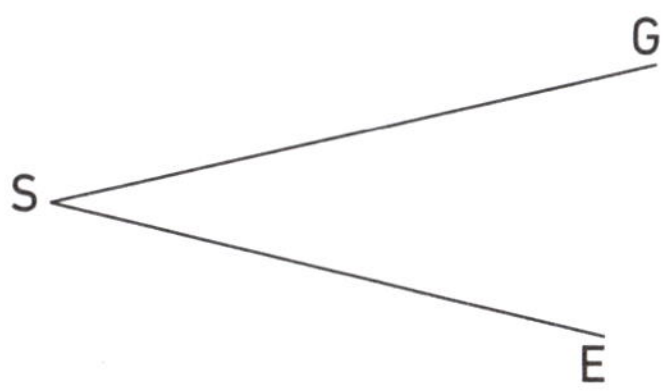

a. sommet : .... angle : ....

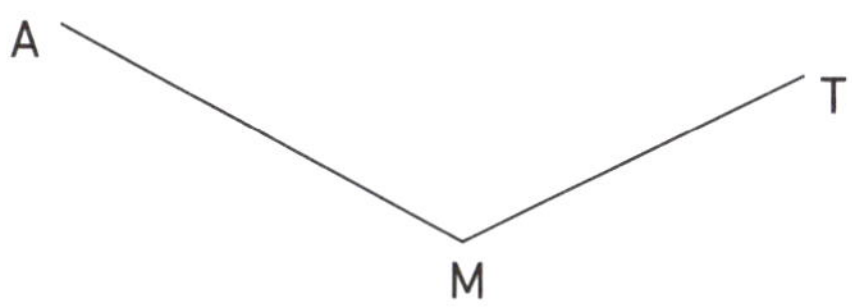

b. sommet : .... angle : ....

3 ★★ À l'aide de ton équerre, trace des angles droits à l'emplacement de la flèche.

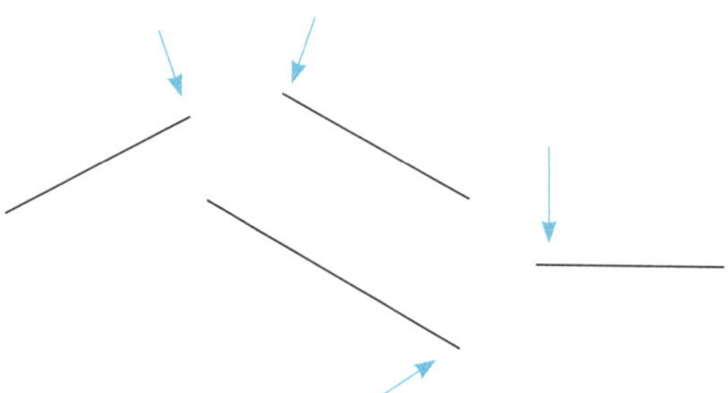

4 ★★ Découpe un gabarit et compare les angles suivants.

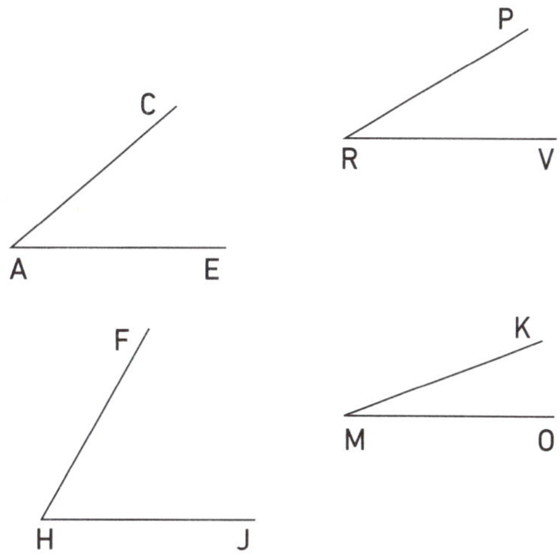

Classe-les : .... < .... < .... < ....

5 ★★ Précise si les angles sont droits, aigus ou obtus.

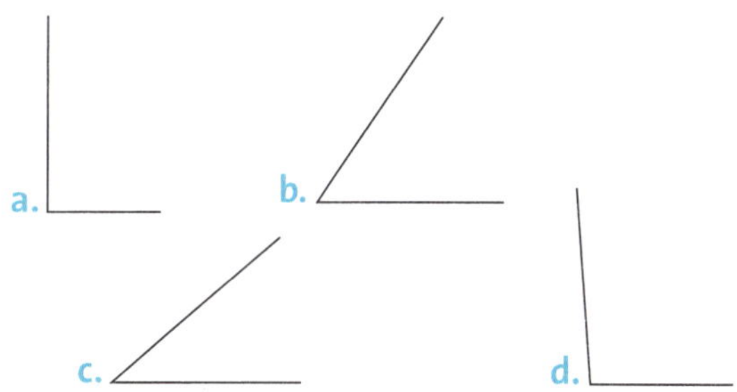

a. angle ....

b. angle ....

c. angle ....

d. angle ....

6 Bilan Marque tous les angles du jeu de Tangram et compte le nombre d'angles aigus, obtus et droits.

a. Nombre d'angles aigus : ....

b. Nombre d'angles obtus : ....

c. Nombre d'angles droits : ....

Je m'évalue

18 Les aires

LE COIN DES PARENTS
Votre enfant peut confondre aire et périmètre. Plus il comparera des aires par superposition, découpage et repositionnement d'une figure par rapport à une autre et mieux il maîtrisera la notion de surface.

Livret parents → **Corrigés** p. 18

Calcul mental

Multiplie par 10.

- 3,2 = ...
- 62,1 = ...
- 4,56 = ...
- 10,02 = ...
- 78,9 = ...
- 325,1 = ...

Définition

- L'**aire** d'une **surface plane** représente l'**espace qu'elle occupe** sur la page.
- Pour la mesurer de façon précise, il faut définir une **surface unité** ou **unité de référence**.

L'aire de ce rectangle est égale à 24 unités car il a 3 rangées de 8 unités ou 3 × 8 = 24.

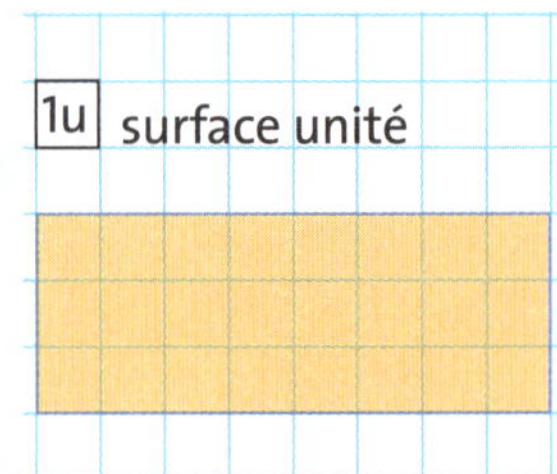

Comparer des aires

- **Technique 1**

Essaie d'estimer visuellement quelle figure est la plus grande.

L'aire de la figure jaune est la plus grande, l'aire de l'étoile est la plus petite.

- **Technique 2**

Découpe une aire pour la superposer sur une autre.

L'aire de la surface mauve est plus grande que l'aire de la surface jaune.

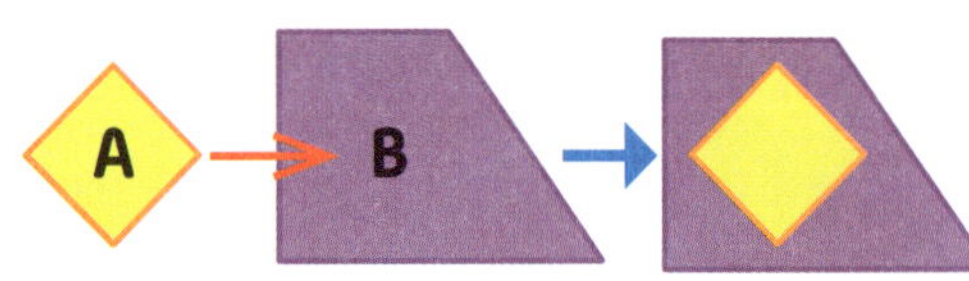

Si nécessaire, découpe et place les morceaux découpés autrement.

L'aire de la surface jaune est plus grande que l'aire de la surface verte.

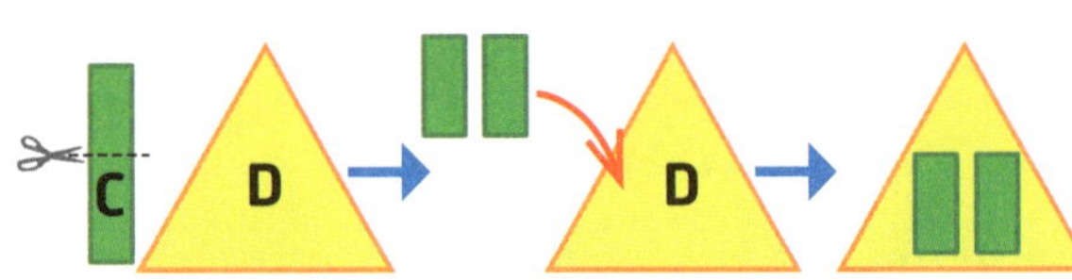

- **Technique 3**

Compte le nombre d'unités quand la figure est quadrillée.

Ces trois figures ont chacune une aire de 6 carreaux.

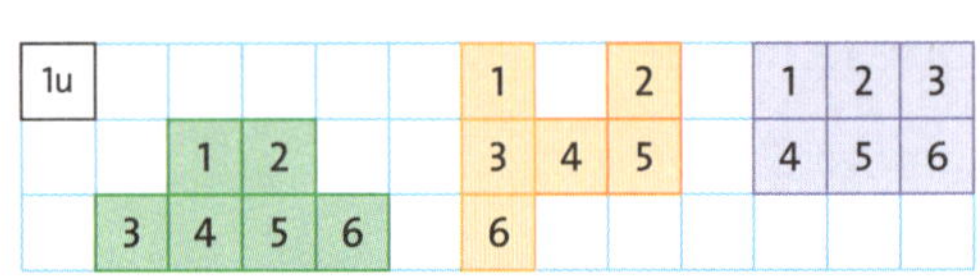

Remarque Des surfaces de formes différentes peuvent avoir la même aire.

1 ★ **Numérote ces figures par ordre croissant d'aire.**

a. ....

b. ....

c. ....

2 ★★ **Compare l'aire de ces figures en les décalquant pour les découper si nécessaire.**

a. La figure .... a la plus grande surface.

b. La figure .... a la plus petite surface.

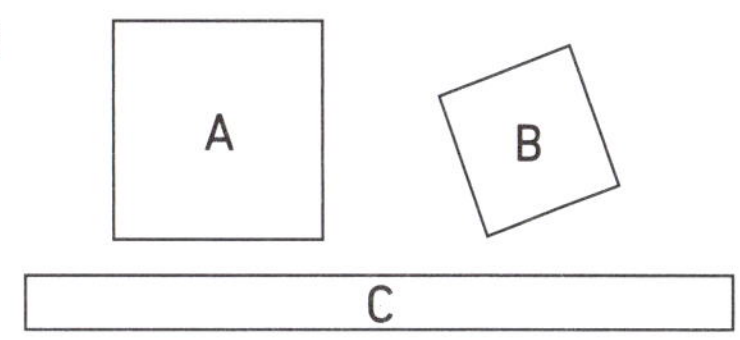

3 ★★ **Trouve l'aire de chaque figure.**

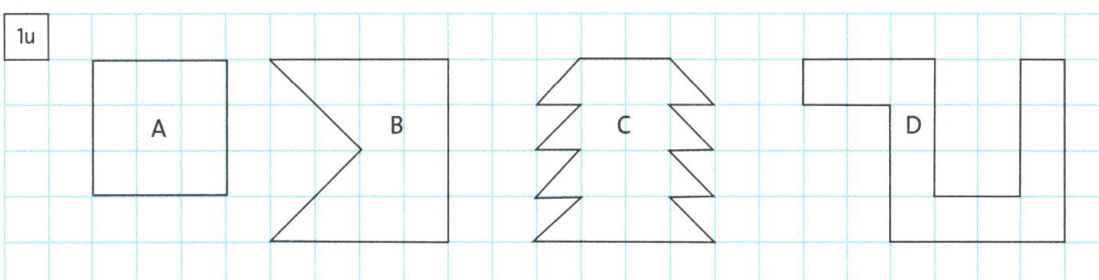

A : .... unités B : .... unités C : .... unités D : .... unités

4 ★★★ **Trouve l'aire de chaque figure de l'exercice 3 en prenant pour unité :** 1u

A : .... unités B : .... unités C : .... unités D : .... unités

5 ★★★ **Colorie d'une même couleur les figures qui ont la même aire.**

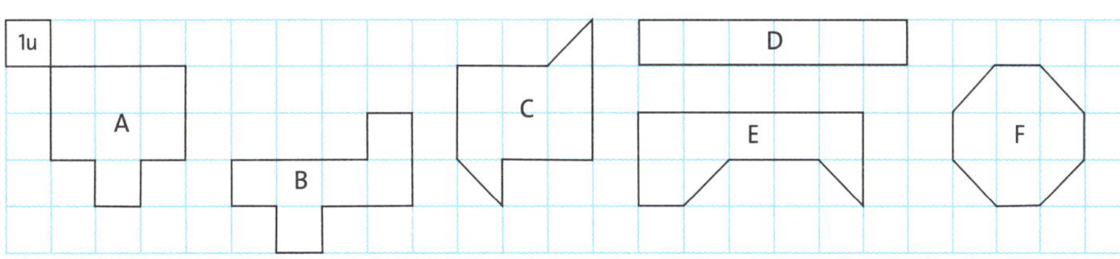

6 **Bilan**

Cette figure a une aire de 8 unités, dessine l'unité de référence choisie.

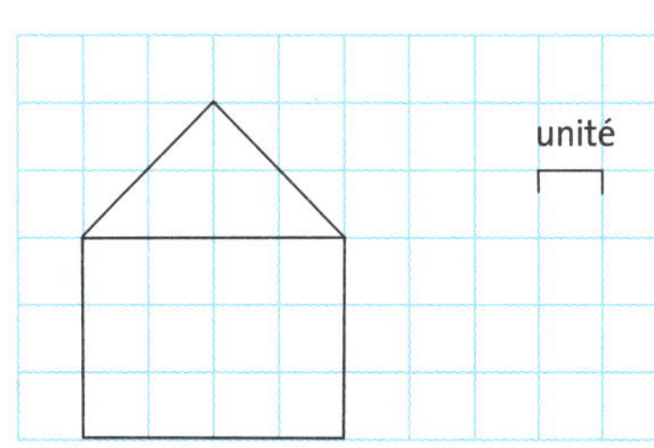

GÉOMÉTRIE

19 Les outils et le vocabulaire de la géométrie

LE COIN DES PARENTS
Réussir en géométrie dépend de deux critères : comprendre le vocabulaire très spécifique à cette matière et utiliser correctement les outils. Soyez exigeant pour que votre enfant produise un travail propre et précis.

Livret parents → **Corrigés** p. 18

Calcul mental

Calcule.

- 48 × 20 = ...
- 145 × 20 = ...
- 99 × 20 = ...
- 1 500 × 20 = ...

Les outils de la géométrie

- **Les outils de tracés et de mesures**

– La règle graduée : pour tracer des segments ou des droites, joindre deux points, mesurer des longueurs.

– L'équerre : pour vérifier si un angle est droit mais aussi tracer des traits.

– Le compas : pour tracer des cercles, comparer ou reporter des longueurs.

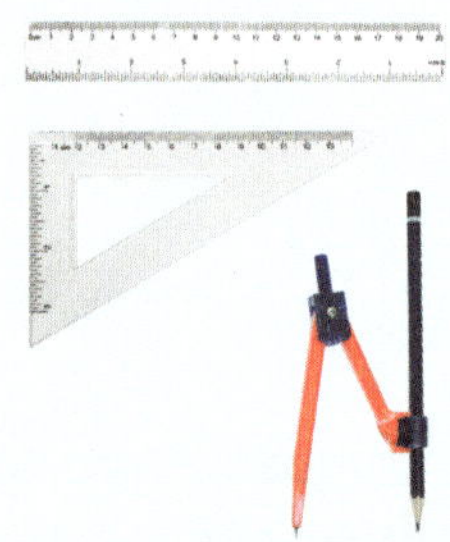

- **Les papiers spéciaux**

– Papier-calque : papier permettant de reproduire des modèles par transparence et de comparer des figures, des angles, etc.

– Quadrillage et papier pointé : ils permettent de réaliser des figures géométriques très précises car ils servent de guide pour tracer des traits rectilignes et des angles droits corrects.

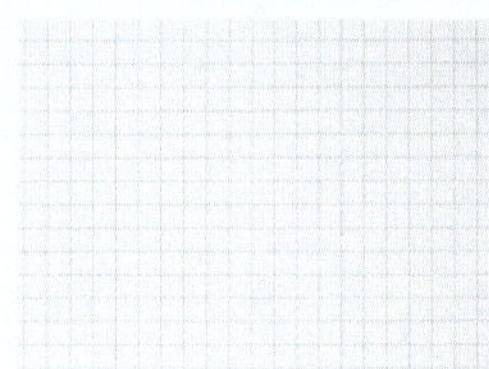

Utiliser le vocabulaire approprié

Pour résoudre les exercices et les problèmes, tu dois connaître un **vocabulaire précis** : le vocabulaire de la géométrie en **deux dimensions** (à plat sur ta feuille de cahier).

A est un point.
C'est un emplacement dans l'espace marqué par une croix.

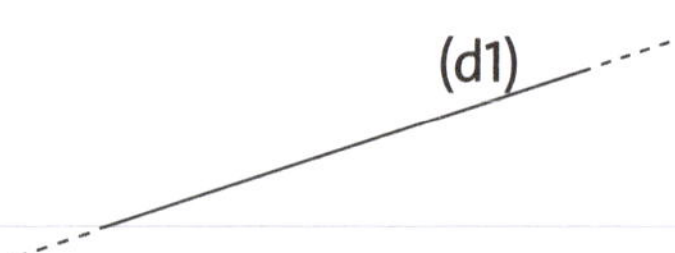

(d1) est une droite.
Elle se prolonge à droite et à gauche à l'infini.

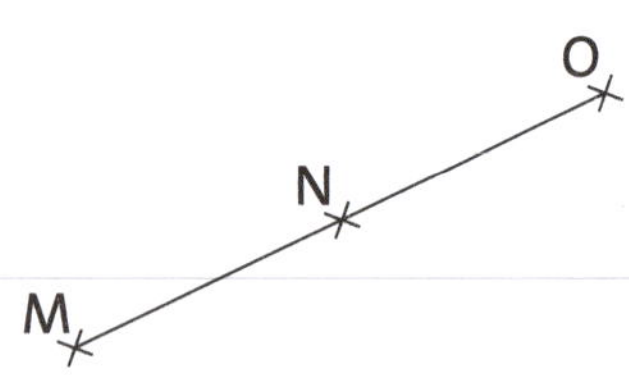

[MO] est un segment.
C'est une portion de droite délimitée par les points M et O.
M, N et O sont alignés et N est le milieu de [MO].

1 ★ **Relie les instruments à leurs fonctions.**

La règle •
Le compas •
L'équerre •

• a. Tracer un carré.
• b. Tracer des cercles.
• c. Vérifier les angles droits.
• d. Reporter des longueurs.
• e. Tracer des segments.
• f. Tracer des arcs de cercle.
• g. Mesurer des longueurs.

2 ★★ **Quel(s) instrument(s) doit-on utiliser pour tracer ces figures ?**

a. ....

b. ....

c. ....
....

d. ....
....

3 ★★ **Utilise le quadrillage pour tracer un carré de 3 carreaux de côté.**

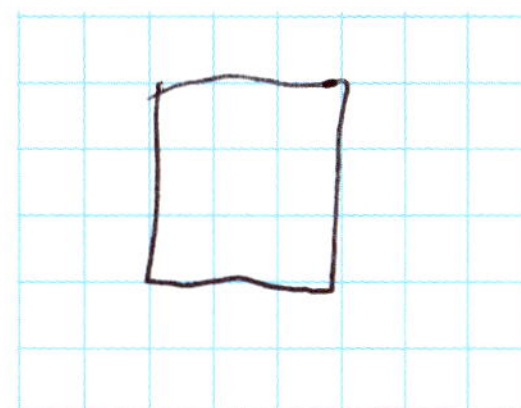

4 ★★ **Reproduis à l'identique avec ta règle.**

5 ★★★ **Trace le segment [RT] et place le point S en son milieu.**

6 Bilan **Regarde la figure et complète les phrases.**

a. (d1) est une ....

b. E est un .... et c'est le milieu du segment ....

c. A, E et B sont ....

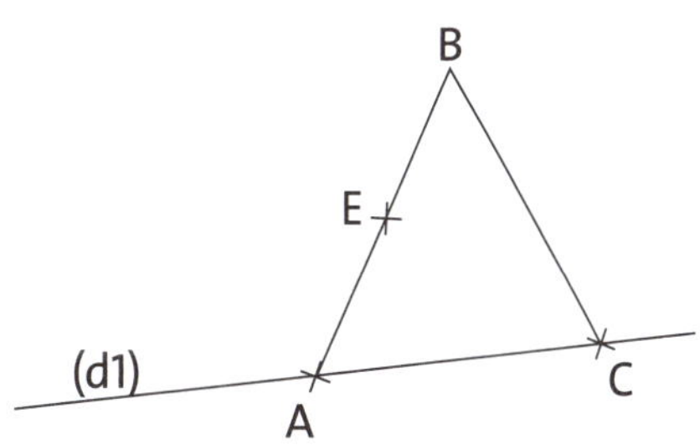

Je m'évalue

Français
Maths
Hist.-Géo. EMC
Sciences et technologie
Anglais
mon cahier spécial Dictées

GÉOMÉTRIE

20 Les droites perpendiculaires

LE COIN DES PARENTS

Avec votre enfant, chacun armé d'une équerre, partez à la chasse aux angles droits dans votre maison. Le défi : en comptabiliser le plus possible !

Livret parents → **Corrigés** p. 18

Calcul mental

Calcule.

- 100 : 5 = ...
- 420 : 5 = ...
- 1 370 : 5 = ...
- 12 980 : 5 = ...
- 150 150 : 5 = ...

Définition

Deux droites sont **perpendiculaires** lorsqu'elles se **coupent** et qu'elles forment un **angle droit**.

Identifier l'angle droit

Pour vérifier que l'angle est bien droit, on utilise une **équerre** et on le marque avec ce signe ⌐.

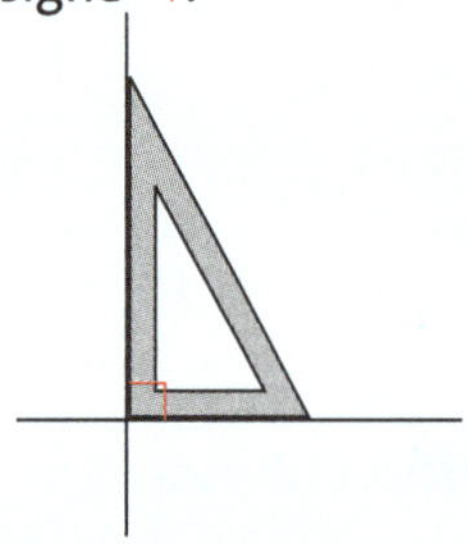

Si tu prends le temps d'observer les deux droites perpendiculaires, tu t'aperçois qu'il y a en réalité **4 angles droits**. Nous sommes entourés de droites perpendiculaires.

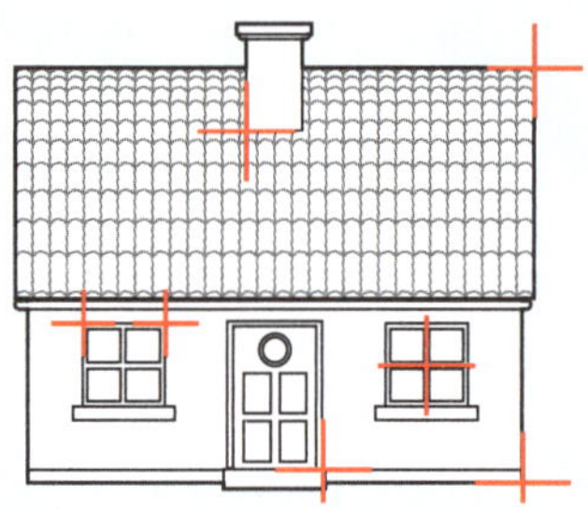

Tracer une droite perpendiculaire à une droite donnée

1. Trace une droite (d) et place un point A sur cette droite.
2. Place l'équerre alignée sur la droite (d) et de façon à ce que le point A soit le sommet de l'angle droit de ton équerre. Commence à tracer la droite (f) qui coupera la droite (d).
3. Avec ton équerre ou une règle, prolonge cette droite (f) afin qu'elle coupe la droite (d).

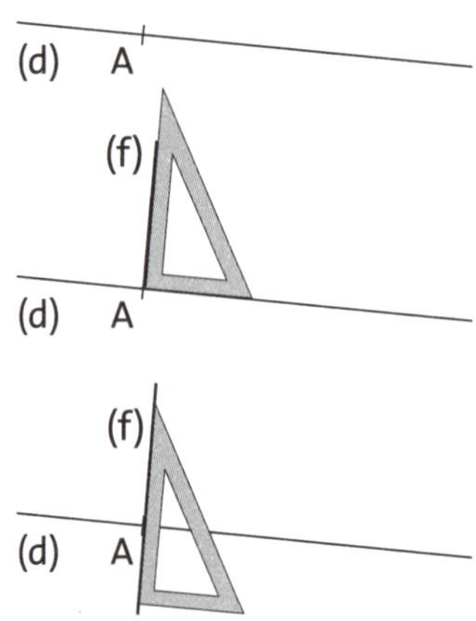

1 ★ Marque les angles droits si les droites sont perpendiculaires.

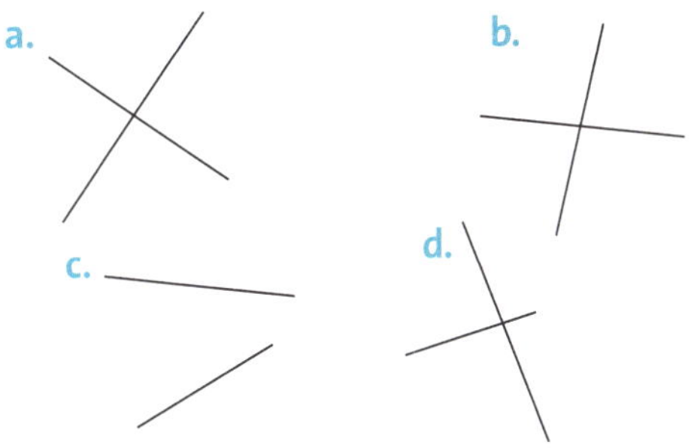

2 ★ Trace une droite (h) perpendiculaire à (g) et passant par le point B.

3 ★ Réponds par vrai ou faux.

Deux droites perpendiculaires :

a. se coupent deux fois. ....

b. forment 4 angles droits. ....

c. se tracent avec un compas. ....

4 ★★ Écris le nom des droites qui sont perpendiculaires à la droite (k).

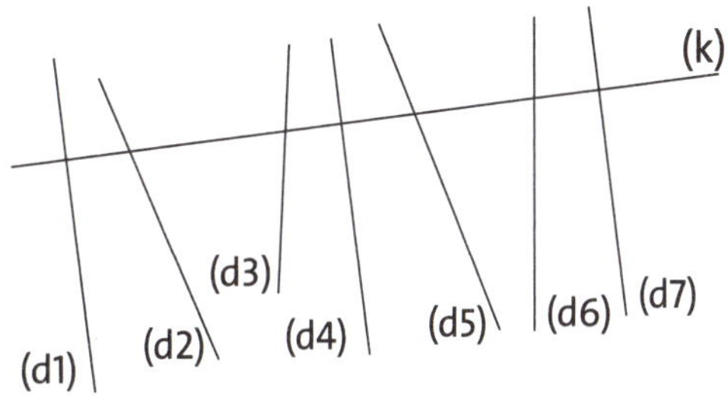

5 ★★★ Trace une droite (m) et un point S appartenant à cette droite. Puis trace une droite (n) perpendiculaire à (m) et passant par le point S.

6 Bilan

Voici le plan d'un jardin. Colorie en bleu toutes les allées perpendiculaires à l'allée principale en rouge.

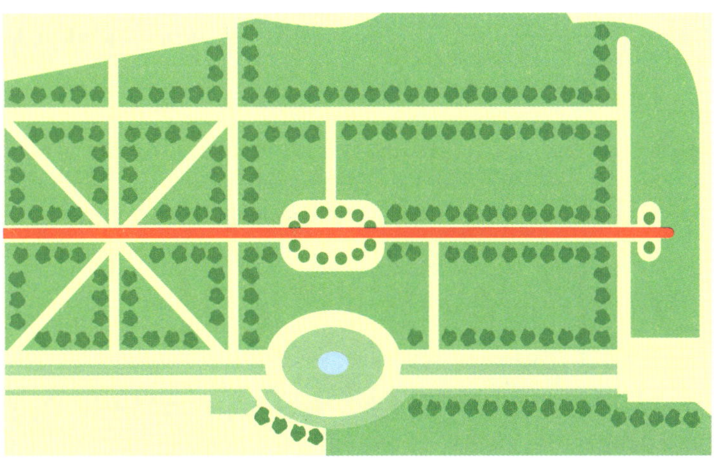

GÉOMÉTRIE

21 Les figures planes

> **LE COIN DES PARENTS**
> La difficulté pour tracer des figures est de produire un travail propre et soigné. Conseillez à votre enfant de ne pas appuyer sur son crayon et de tenir fermement la règle ou l'équerre, sans bouger. Il doit donc être correctement assis sur sa chaise pour avoir une position stable.
>
> Livret parents → **Corrigés** p. 19

Calcul mental

Multiplie par 1000.

- 5,12 = ...
- 78,1 = ...
- 459,45 = ...
- 8,02 = ...
- 6,66 = ...
- 1 000 = ...

Définitions

Une figure plane, formée de lignes droites ou courbes, est une figure géométrique en deux dimensions dont tous les points sont situés dans le plan de la feuille de ton cahier. Il existe des figures géométriques caractéristiques et faciles à reconnaître :

3 côtés	4 côtés Famille des quadrilatères		1 courbe fermée
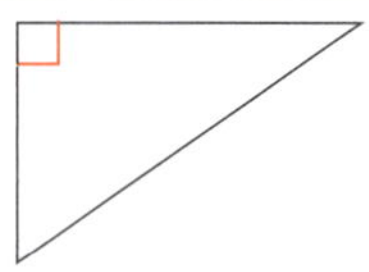	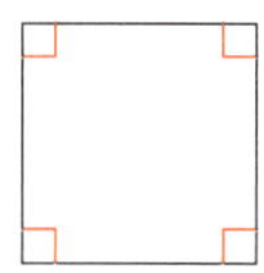	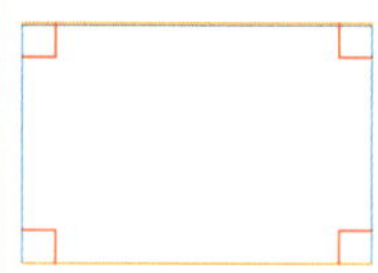	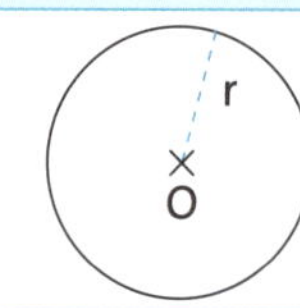 r O
Triangle rectangle	**Carré**	**Rectangle**	**Cercle**
1 angle droit 2 angles aigus	4 côtés égaux 4 angles droits	2 petits côtés (largeurs) 2 grands côtés (longueurs) 4 angles droits	Un centre O et un rayon r. Tous les points sur la courbe sont à la même distance du centre O.

Tracer un triangle rectangle

1 Trace un côté.

2 Trace l'angle droit.

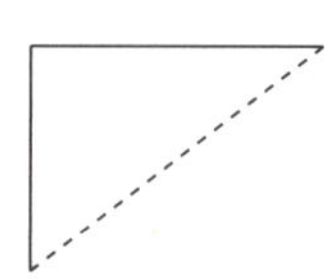

3 Trace le troisième côté.

Conseil Pour tracer les angles droits, tourne la feuille ou le cahier au fur et à mesure.

Tracer un cercle

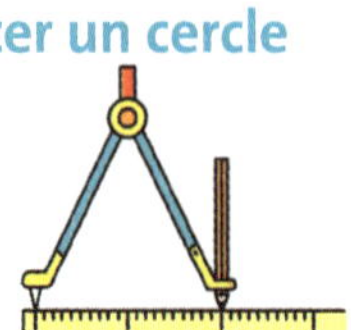

1 Écarte le compas de la longueur du rayon à l'aide d'une règle.

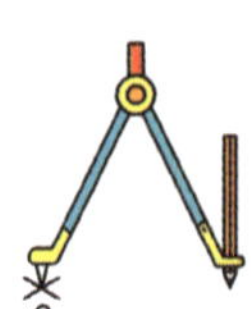

2 Enfonce la pointe sur le point qui sera le centre.

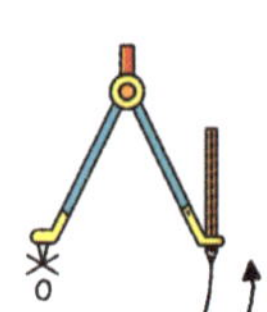

3 Fais pivoter le compas sans t'arrêter.

1 ★ **Colorie les triangles en bleu, les carrés en jaune et les rectangles en vert.**

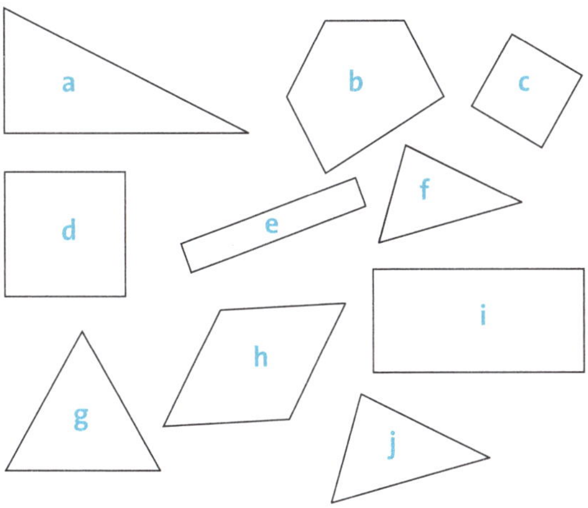

2 ★ **Relie chaque figure aux instruments utilisés pour la tracer.**

rectangle •	• compas
cercle •	• papier-calque
triangle rectangle •	• règle
carré •	• calculatrice
	• équerre

3 ★★ **Voici un morceau de mosaïque. Colorie :**

a. les carrés en bleu ;

b. les triangles rectangles en vert ;

c. les triangles quelconques en rouge ;

d. les autres figures en jaune.

4 ★★ **Nomme les figures en utilisant les lettres des points.**

a. le carré : ....

b. les rectangles : ....

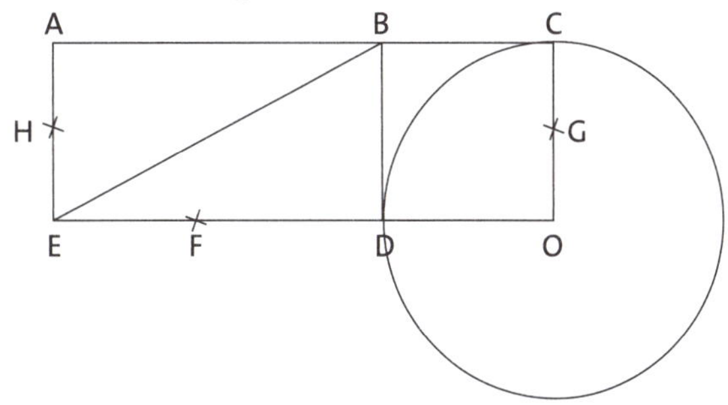

c. les triangles rectangles : ....

d. le cercle de centre .... et de rayon ....

5 ★★ **Finis de tracer un rectangle dont les longueurs mesurent 3 cm.**

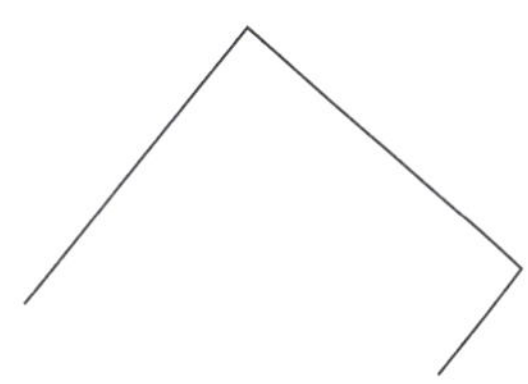

6 Bilan **Continue la frise décorative.**

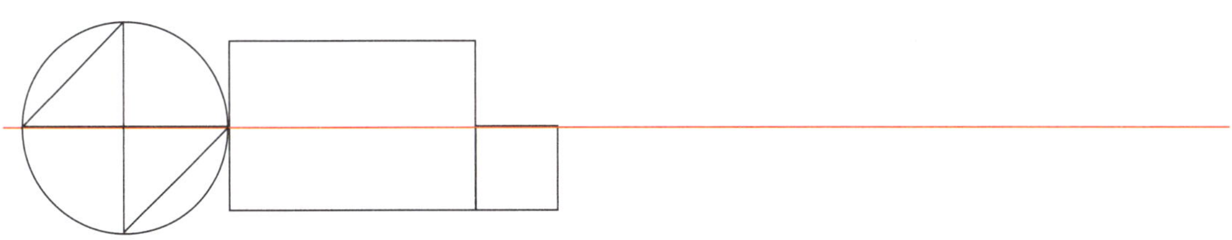

Français
Maths
Hist.-Géo. EMC
Sciences et technologie
Anglais
mon cahier spécial Dictées

GÉOMÉTRIE

22 Les solides

LE COIN DES PARENTS
Manipuler est indispensable pour comprendre la géométrie en volume. Donnez de vrais objets à votre enfant pour qu'il compte les arêtes, les sommets et les faces des différents solides qu'il doit savoir identifier.

Livret parents → **Corrigés** p. 19

Calcul mental

Calcule les doubles.

- 2 500 000 = 5000 000
- 758 = 1 506
- 1 250 = ...

Différents solides

Les **formes géométriques en volume** s'appellent des **solides** classés en deux familles :

– les solides dont **toutes les faces** sont **planes** ;

– les solides dont **certaines surfaces** sont **arrondies**.

Définitions

– La **face**, c'est la surface courbe ou plane d'un objet.

– L'**arête**, c'est le côté commun de deux faces.

– Le **sommet**, c'est le point de rencontre entre au moins trois arêtes.

Prisme droit	Cube	Pyramide	Pavé droit	Cylindre	Cône	Boule
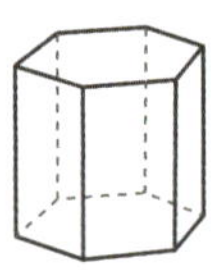	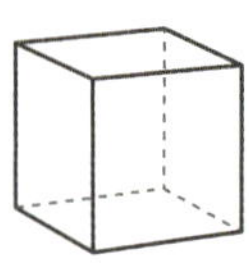	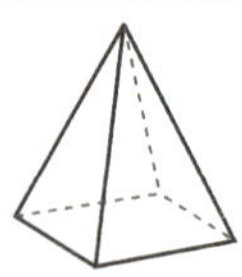	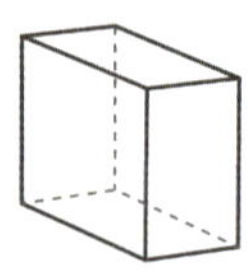	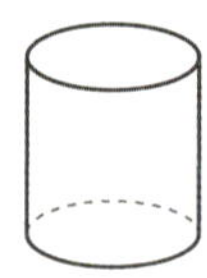	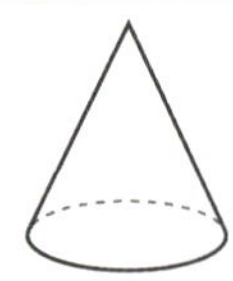	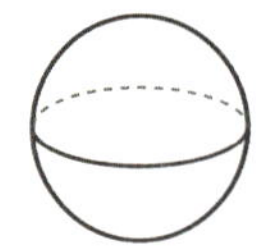
Faces planes				Surfaces arrondies		
2 faces sont des polygones identiques, les autres sont des rectangles	6 faces carrées	1 face carrée, 4 faces triangulaires	6 faces rectangulaires	2 faces planes circulaires, 1 face arrondie	1 surface plane circulaire, 1 face arrondie	1 seule surface arrondie

Construire un solide

1. Identifie le nombre de faces du solide, la forme et la position de ses faces.
2. Trace un patron : c'est une représentation à plat que tu découpes et que tu plies pour reconstituer le solide.

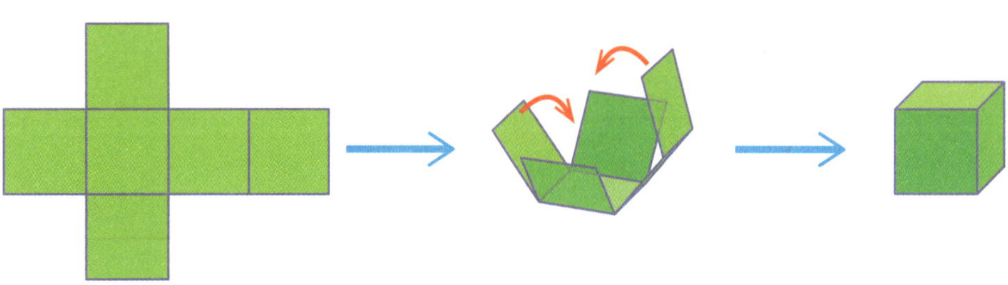

1 ★ À quel solide te fait penser chaque photographie ?

a. .... b. .... c. .... d. .... e. ....

2 ★★ Complète le tableau

	Nombre de faces	Nombre d'arêtes	Nombre de sommets
Cube	....	....	....
Cylindre	....	....	....
Prisme à base triangulaire	....	....	....

3 ★★ Qui suis-je ?

a. Je n'ai qu'une seule face : ....

b. J'ai 2 faces planes circulaires : ....

c. J'ai 5 sommets : ....

4 ★★ Relie chaque solide à ses caractéristiques.

a. cône •	• 6 faces rectangulaires
b. cube •	• sommet pointu
c. pyramide •	• 6 faces carrées
d. pavé droit •	• base ronde

5 ★★★ Reporte les numéros des faces sur le patron de ce pavé droit.

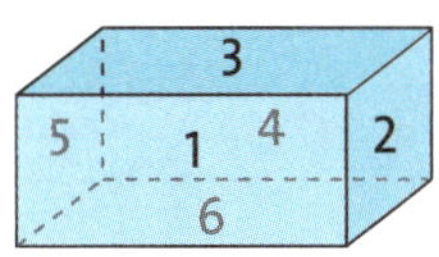

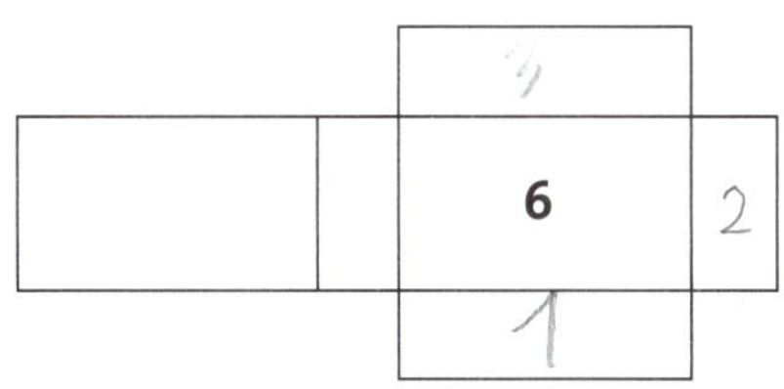

6 Bilan
Colorie d'une même couleur le solide et le patron correspondant.

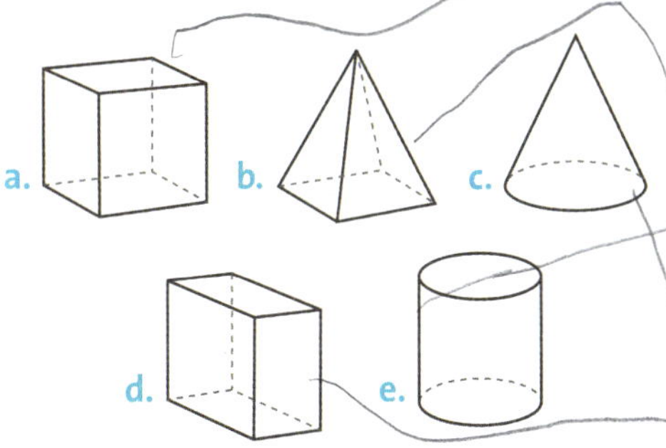

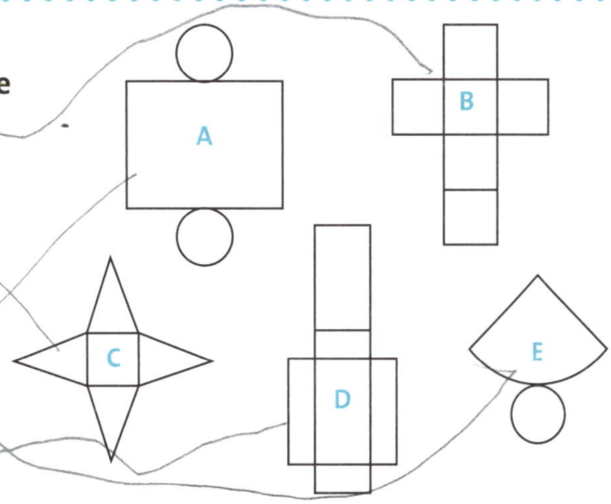

23 La symétrie axiale

LE COIN DES PARENTS
Différentes difficultés freinent la reconnaissance de la symétrie axiale : être incapable d'imaginer dans sa tête les pliages et privilégier les axes verticaux ou horizontaux au détriment des autres.

Livret parents → **Corrigés** p. 19

Savoir

Calcul mental

Cherche le quadruple de :

- 20 = ...
- 50 = ...
- 100 = ...
- 420 = ...

La symétrie par rapport à un axe

- Une figure, une image ou une photographie possède un **axe de symétrie** si, quand tu la plies suivant cet axe, les deux parties se **superposent exactement**.

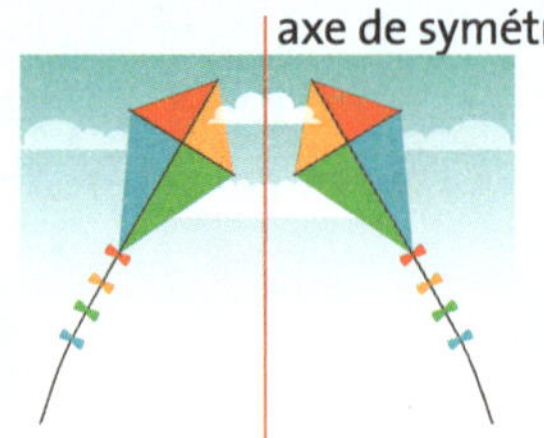

Les deux cerfs-volants sont symétriques par rapport à l'axe qui passe au milieu des deux.

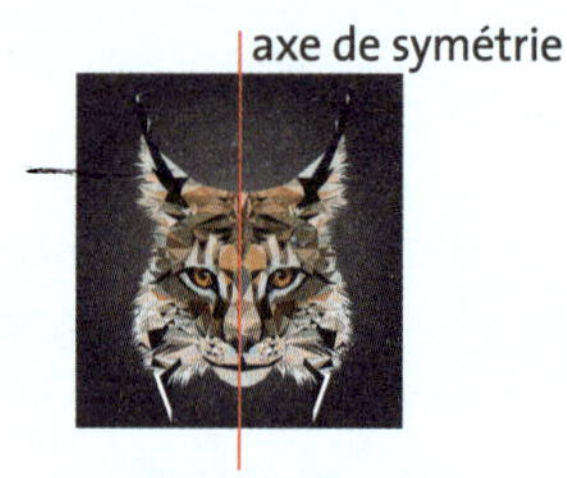

La tête du fauve est symétrique par rapport à l'axe qui passe en son milieu.

- Une figure peut ne pas avoir d'axe de symétrie, en avoir un ou plusieurs.

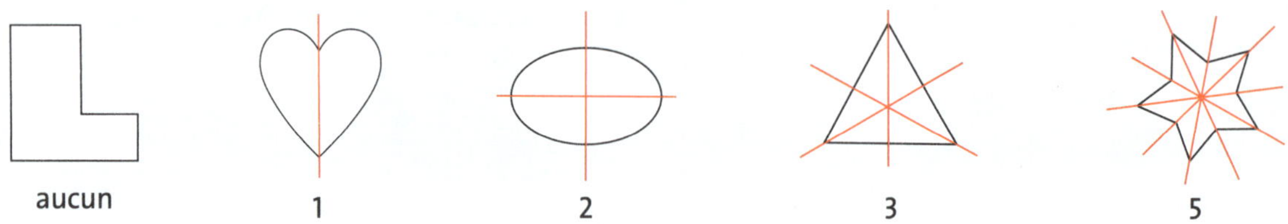

Savoir faire

Construire une figure par symétrie selon deux techniques

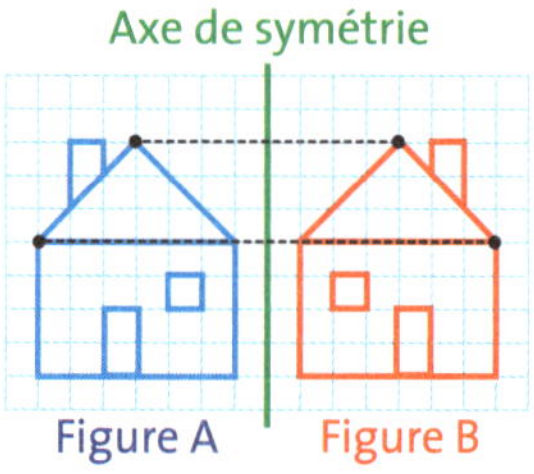

- **Technique 1** Prends des repères sur un quadrillage et compte les carreaux.
- **Technique 2** Dessine la figure à reproduire sur le calque avec un crayon de papier en appuyant bien fort. Retourne ce papier-calque le long de l'axe de symétrie et repasse sur le tracé qui apparaît par transparence. En appuyant avec ton crayon sur le tracé, le graphite laissé par le crayon noir va se déposer sur la feuille et produire une trace symétrique au tracé de départ.

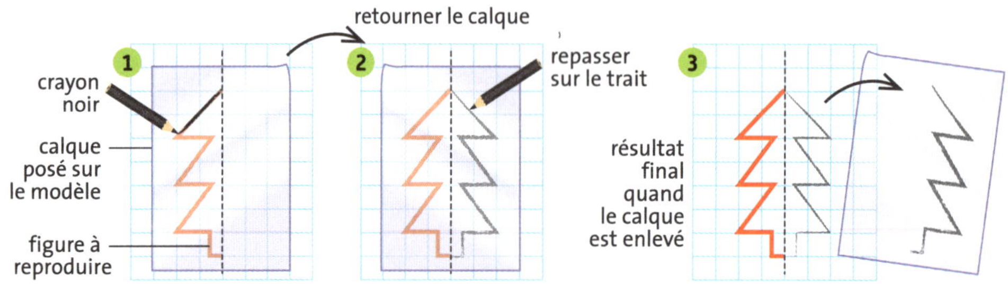

1 ★ Entoure les figures qui ont au moins un axe de symétrie.

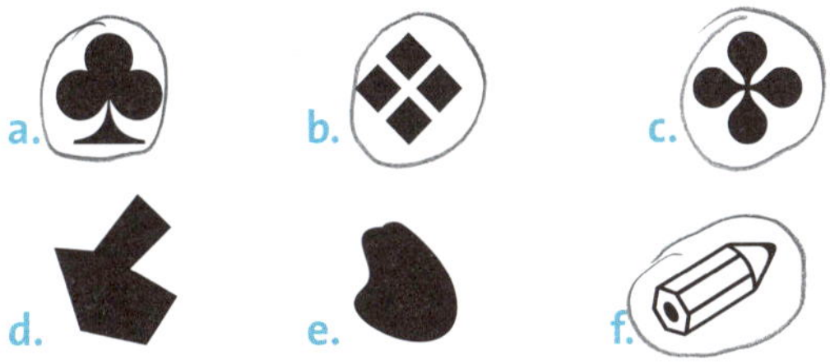

2 ★ Cherche et trace les axes de symétrie des dominos.

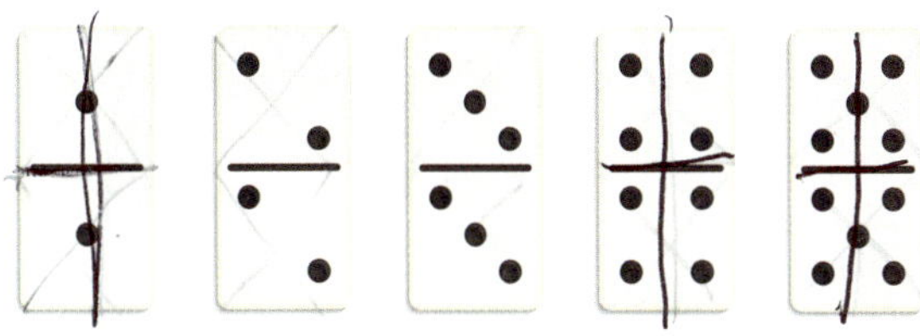

3 ★★ Reproduis une deuxième figure symétrique à la première en utilisant le quadrillage.

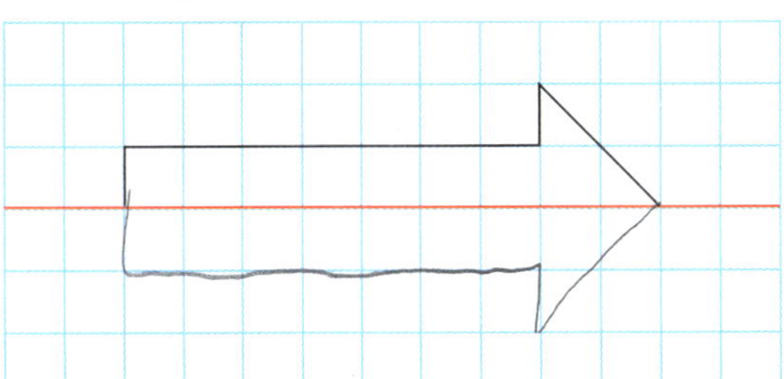

4 ★★ Colorie les deux figures symétriques puis utilise un calque pour vérifier.

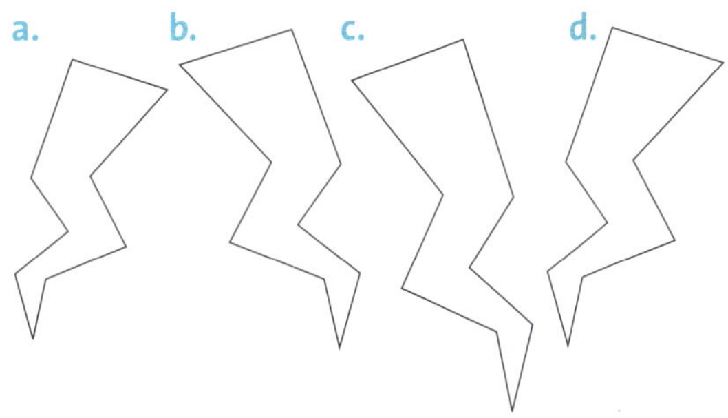

5 ★★★ Avec du papier-calque, trace une figure symétrique.

6 Bilan
Termine la figure pour que les droites rouges soient des axes de symétrie.

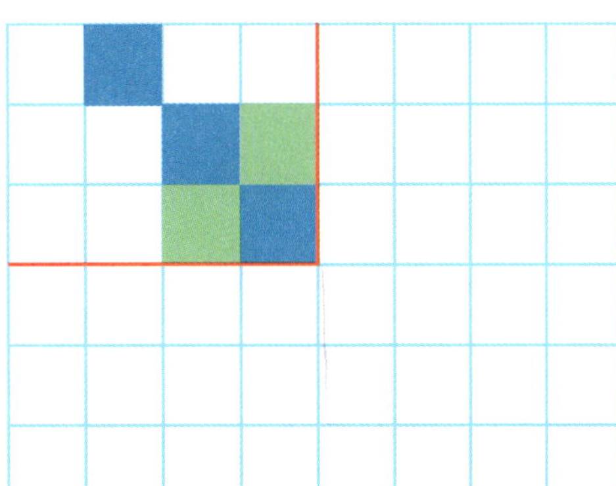

GÉOMÉTRIE

24 Coder et décoder des déplacements

LE COIN DES PARENTS
Aidez votre enfant à visualiser les déplacements et à se repérer dans l'espace en lui conseillant de prendre la place du robot ou du personnage qu'il programme.

Livret parents → **Corrigés** p. 19

Calcul mental

- $14{,}06 + \frac{1}{10} =$ ....
- $0{,}04 + \frac{1}{10} =$ ....
- $2{,}7 + \frac{1}{100} =$ ....
- $0{,}02 + \frac{1}{100} =$ ....

Le déplacement programmé

Pour **déplacer un robot sur le sol** ou un **personnage sur un écran**, on utilise un **programme** constitué d'**instructions** qui donnent deux sortes d'information :

– l'**action** à exécuter : avance, saute, pivote, tourne, faire demi-tour, 2 pas, 10 pas, 100 pas, dis bonjour, chante, présente-toi, etc. ;

– la **direction** à prendre : à gauche, à droite, vers le haut, vers le bas, au nord, au sud, à l'est, à l'ouest.

Coder un programme

- Tu dois écrire un programme pour déplacer le robot jusqu'à la prise électrique afin de recharger ses batteries.

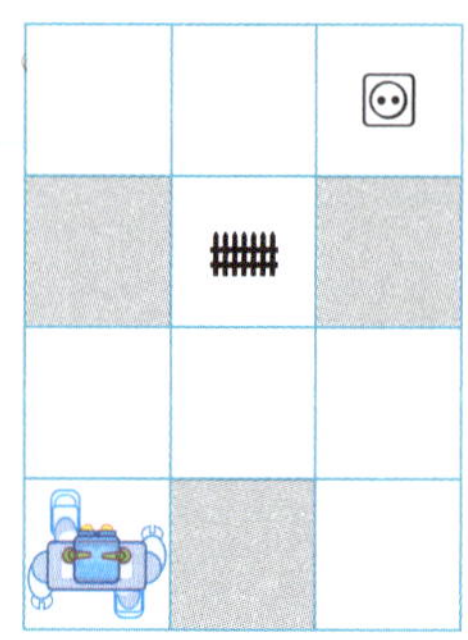

Différents codes utilisés pour programmer le robot.

mots ou phrases	avance	pivote à droite	pivote à gauche	saute
symboles	↑	→	←	↝
lettres	A	D	G	S
chiffres	0	1	2	3

- Les programmes du déplacement du robot aspirateur vers la prise électrique sont donc :

programme 1 : avance pivote à droite avance pivote à gauche saute pivote à droite avance

programme 2 : ↑ → ↑ ← ↝ → ↑

programme 3 : ADAGSDA

programme 4 : 0102310

Les programmes 3 et 4 sont plus courts et donc plus rapides à écrire que les programmes 1 et 2. Le robot exécute le programme s'il connaît le code ou le langage de programmation choisi.

1 ★ Code avec des verbes les huit déplacements du robot jusqu'à la prise électrique.

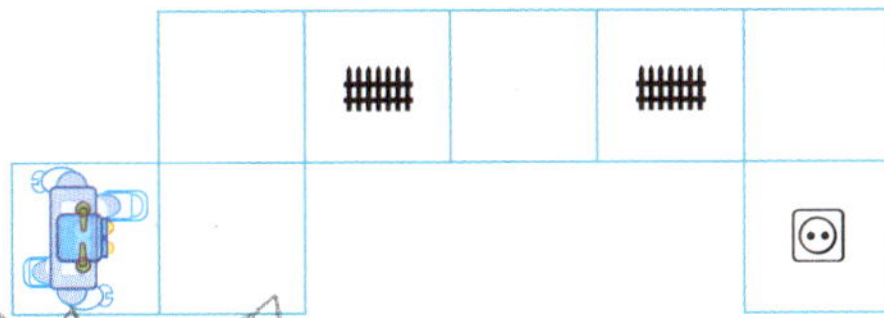

↑ ← ↑ → ↑ ↱ ↑ ↱ ↑ → ↑

2 ★ Où sera placé le robot à la fin de l'exécution du programme ?

avance – pivote à droite – avance – avance – pivote à gauche – avance

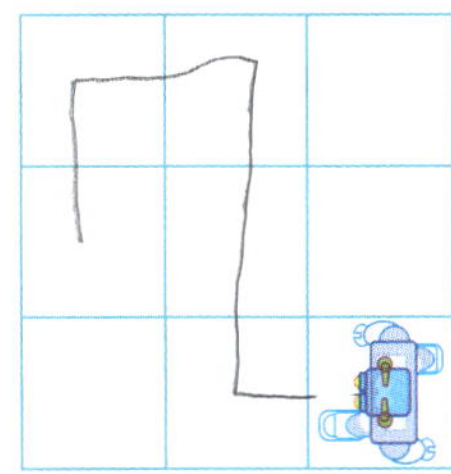

3 ★★ À quels programmes correspondent les déplacements du robot bleu et du robot rouge ?

Programme 1	↑	↑	←	↷	↑	↷
Programme 2	↑	↑	→	↷	↑	↷
Programme 3	↑	↑	←	↑	←	↷

Robot rouge : programme 3

Robot bleu : programme

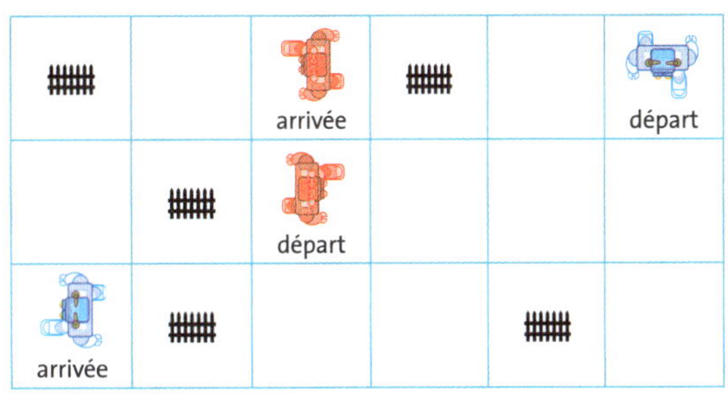

4 ★★ Code le programme de l'exercice 2 en utilisant les codes du Savoir faire.

a. Avec des lettres : ADAAGA

b. Avec des chiffres : 010020

6 Bilan

Pour chaque robot, écris le programme le plus court en utilisant le code en chiffres du Savoir faire pour passer de la position de départ à la position d'arrivée.

Robot bleu :

Robot rouge :

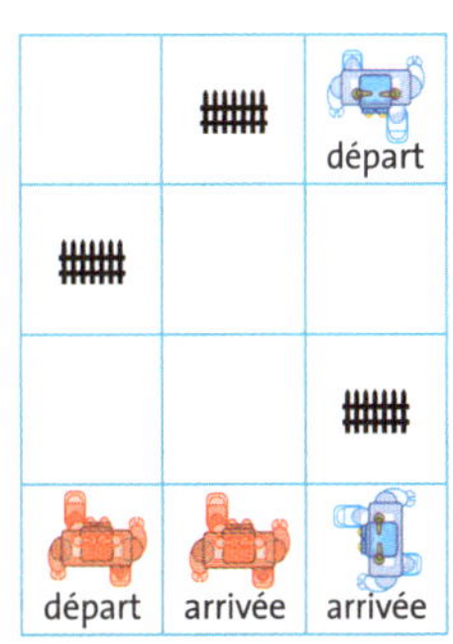

Évaluation de 1re partie d'année

Livret parents → Corrigés p. 19

1. Écris en lettres.

45 687 809 : ....

....

...... 1

2. Décompose.

3 421 856 → .... + ...

+ .... + ... + ... + ... + ...

...... 1

3. À quelle fraction correspond le nombre de billes rouges, le nombre de billes bleues.

a. billes rouges $\frac{\dots}{\dots}$ b. billes bleues $\frac{\dots}{\dots}$

...... 1

4. Sur 100 euros, quel est le résultat de :

a. $\frac{20}{100}$ → .... € b. $\frac{1}{10}$ → .... €

...... 1

5. Décompose comme dans l'exemple.

4,25 → 4 unités et 25 centièmes

a. 1,12 → ....

b. 24,8 → ....

...... 1

6. Entoure les nombres qui se trouvent entre 5 et 6.

6,01 • 5,06 • 6,55 • 5,01 • 5,99 • 6,07 • 5,1 • 6,05

...... 1

7. Construis un tableau pour montrer toutes les combinaisons possibles entre les formes et les couleurs.

...... 1

8. Pose et calcule.

a. 3 954 + 2 988 + 321

b. 12 654 – 7 853

...... 1

9. Calcule le résultat en ligne.

a. 300 + 20,3 = ...

b. 100 + 10,7 + 20,2 = ...

...... 1

10. Calcule le résultat en ligne.

a. 1 452 × 10 = ...

b. 2 × 1 000 = ...

c. 808 × 100 = ...

...... 1

11. Entoure les nombres divisibles par 5.

12 • 100 • 991 • 55 • 22 • 1 054

...... 1

12. Complète les phrases pour obtenir une situation de proportionnalité.

Un lapin mange 12 carottes en 6 jours.

Il en mange donc 6 en ...... jours, ... en 1 jour et 8 en ...... jours.

...... 1

13. Complète le tableau pour obtenir une situation de proportionnalité.

Prix du gazole				
Nombre de litres (L)	1	2	....	30
Prix à payer (€)	....	3	9	....

...... 1

14. **Calcule les durées entre chaque intervalle.**

a. 8 h 05 → 10 h

....

b. lundi 16 h → mardi 12 h

....

...... | 1

15. **Calcule le périmètre du tableau de l'exercice 13.**

....

...... | 1

16. **Compare les contenances (<, >, =).**

a. 1 L ...... 10 cL   b. 78 dL ...... 8 L

c. 236 dL ...... 2360 cL

...... | 1

17. **Pour chaque angle, précise s'il est aigu, obtus ou droit.**

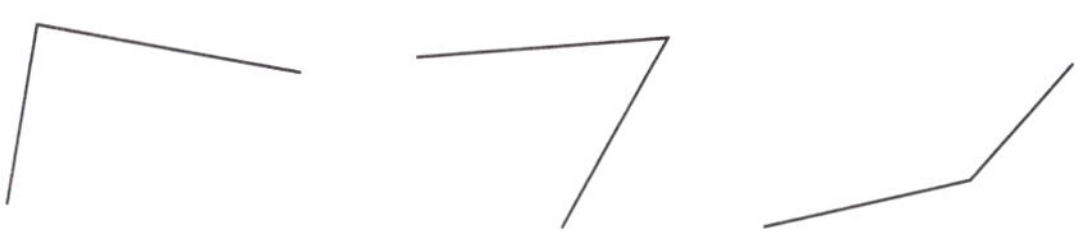

a. .... b. .... c. ....

...... | 1

18. **Calcule l'aire de ces figures.**

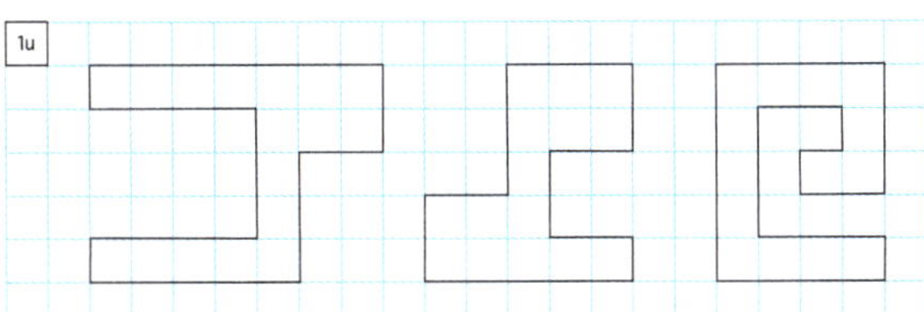

a. .... u   b. .... u   c. .... u

...... | 1

19. **Place 3 points alignés A, B et C et trace un segment [EF].**

...... | 1

20. **Réponds par vrai ou faux.**

a. Deux droites perpendiculaires se coupent deux fois. ....

b. Je trace des droites perpendiculaires avec un compas. ....

...... | 1

21. **Complète les définitions**

a. Le triangle rectangle a .... angle .... et .... aigus.

b. Le cercle est une .... fermée de centre O et de ....

...... | 1

22. **Nomme ces solides.**

a. ....   b. ....

...... | 1

23. **Trace les axes de symétrie des lettres ci-dessous.**

A C E H X

...... | 1

24. **Code, avec des chiffres, le programme pour aller croquer la pomme dans le labyrinthe en sautant par-dessus les buissons.**

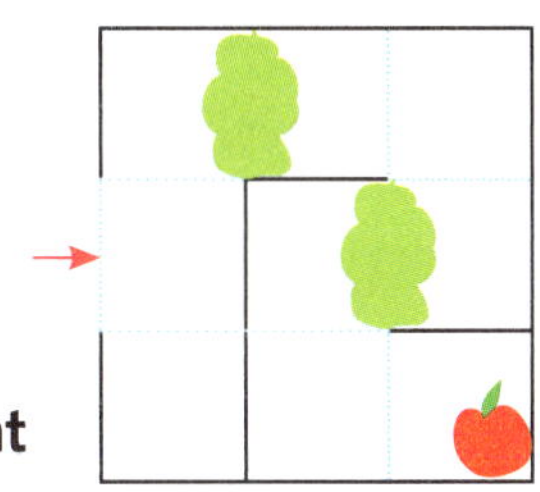

Avance = 0 • Pivote à droite = 1 • Pivote à gauche = 2 • Saute = 3

Programme : ....

....

...... | 1

TOTAL : ...... | 24

Évaluation de fin d'année

Livret parents → Corrigés p. 20

1. Écris ces nombres en chiffres.

a. vingt millions cent vingt-huit mille deux cents : ……………………

b. cent millions quatorze mille six cent trente-huit : ……………………

…… | 1

2. Entoure la décomposition qui représente le plus grand nombre.

a. (45 × 1 000 000) + (45 × 1 000) + 45

b. (4 × 5 000 000) + (45 × 1 000) + 45

…… | 1

3. Colorie les deux cinquièmes de la bande.

…… | 1

4. Barre les égalités fausses.

a. $\frac{10}{10} = 1$

b. $\frac{300}{100} = 20 + \frac{100}{100}$

c. $\frac{28}{10} = 2 + \frac{8}{10}$

…… | 1

5. Calcule le résultat sous forme d'un nombre décimal. $2 + \frac{54}{100} = 2,54$

a. $4 + \frac{25}{100} =$ ……

b. $32 + \frac{2}{10} =$ ……

…… | 1

6. Encadre chaque nombre décimal par un nombre entier.

a. …… < 3,79 < ……

b. …… < 14,01 < ……

…… | 1

7. Réponds aux questions.

a. Combien de visiteurs sont-ils venus au Louvre en 2014 ?

……………………

b. Combien de visiteurs ont visité le Louvre depuis 2016 ?

……………………

Évolution de la fréquentation du musée du Louvre

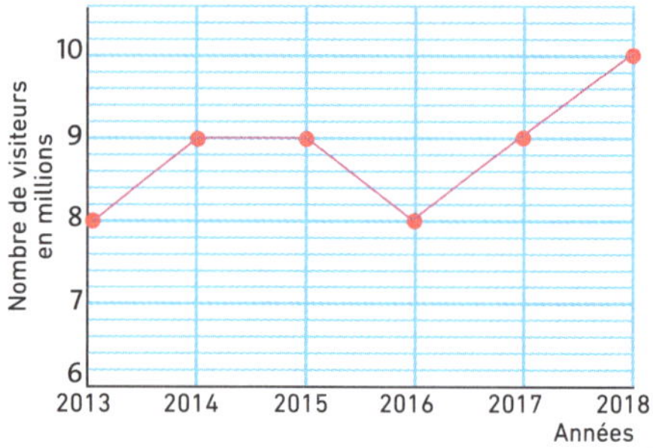

…… | 1

8. Résous le problème.

Louis XVI est né en 1754 et a été décapité en 1793. À quel âge est-il mort ? ……………………

…… | 1

9. Pose et calcule.

398,45 – 205,82

…… | 1

10. Pose et calcule.

421 × 45

…… | 1

11. Pose et calcule.

2 765 : 4

…… | 1

12. Un boulanger vend 3 600 baguettes en 6 jours. Combien en vendra-t-il en 8 jours ?

……………………

…… | 1

13. **Dix meules de gruyère pèsent 400 kg. Quelle sera la masse de 5 meules ? d'une moitié de meule ?**

a. 5 meules pèsent : .... kg

b. une moitié pèse : .... kg

...... | 1

14. **Les cours commencent à 8 h 30 et Théo est arrivé à 9 h 10.**

a. De combien de temps Théo est-il en retard ? ....

b. Il est parti à 8 h de chez lui. À quelle heure aurait-il dû partir pour être à l'heure ? ....

...... | 1

15. **Un athlète parcourt 1,5 km à la nage, 40 km à vélo et 10 000 m à pied. Quelle distance totale a-t-il parcourue ?**

....

...... | 1

16. **Réponds aux questions. Pour remplir un seau de 2 litres :**

a. combien faut-il de bols de 40 cL ? ....

b. combien faut-il de verres de 2 dL ? ....

...... | 1

17. **Dans cette flèche, il y a :**

a. .... angle(s) droit(s),

b. .... angle(s) aigu(s),

c. .... angle(s) obtus.

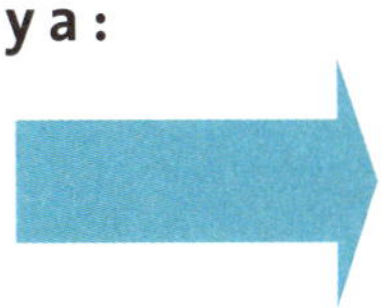

...... | 1

18. **Calcule l'aire de cette figure.**

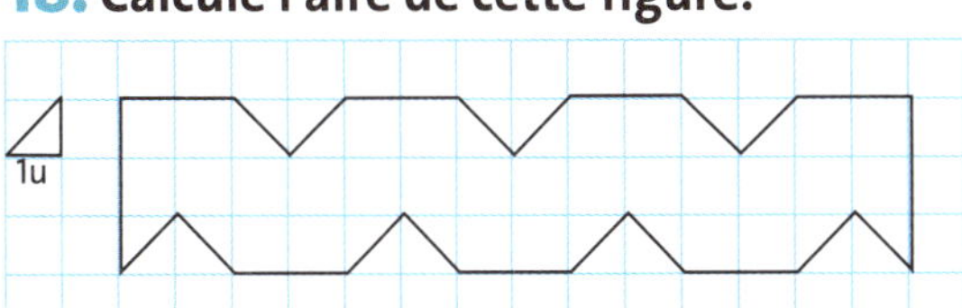

.... unités

...... | 1

19. **Réponds par vrai ou faux.**

a. J'utilise ma règle pour vérifier qu'un angle est droit. ....

b. Deux points situés sur la même droite sont affinés. ....

...... | 1

20. **Trace une droite (d3) perpendiculaire à la droite (d2) et passant par le point F.**

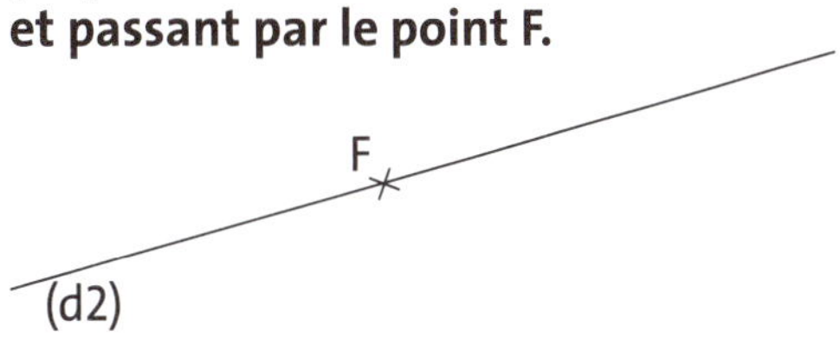

...... | 1

21. **Trace un cercle. À l'intérieur, dessine un triangle rectangle dont l'angle droit est le centre du cercle.**

...... | 1

22. **Pour construire un cube de 10 cm de côté, combien faut-il utiliser de cubes qui ont une arête de 2 cm ?**

....

...... | 1

23. **Finis de dessiner la figure par symétrie.**

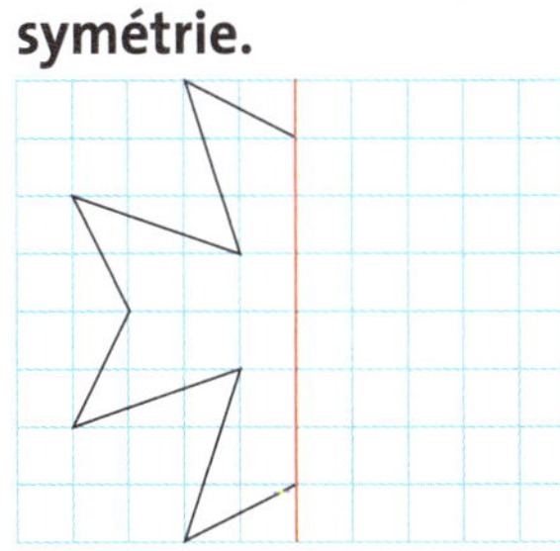

...... | 1

24. **En utilisant les instructions « avance », « pivote à droite » ou « pivote à gauche », écris le programme pour représenter un carré.**

....

....

....

...... | 1

TOTAL : ...... | 24

Histoire

HISTOIRE

1 La Préhistoire

LE COIN DES PARENTS

Pensez aux visites de sites préhistoriques pour immerger votre enfant dans cette période et lui faire découvrir l'archéologie. Expliquez-lui qu'à l'échelle du temps la Préhistoire est très longue, et que la frise chronologique ne peut pas être à l'échelle.

Livret parents → Corrigés p. 20

Savoir

Je démarre !

Coche le nom de l'homme qui n'a pas vécu à la Préhistoire.

- [ ] *Homo sapiens*
- [ ] Wisigoth
- [ ] Homme de Néandertal
- [ ] Australopithèque

La Préhistoire

- La **Préhistoire** s'étend de – 6 millions d'années, avec l'apparition des hominidés, à 3000 avant J.-C. avec l'apparition de l'écriture.

Une succession de périodes

- Au **Paléolithique**, les hommes vivent de la **chasse**, de la **pêche** et de la **cueillette**. Ce sont des **nomades** : ils se déplacent pour trouver de la nourriture. Ils peignent sur les parois des grottes, commencent à enterrer leurs morts et découvrent le **feu**.
- Au **Néolithique**, les hommes **se sédentarisent** et vivent dans des villages. Ils développent l'**agriculture** et l'**élevage**. La **poterie**, le **tissage** et la **métallurgie** apparaissent : les bijoux, outils et armes sont désormais en métal (cuivre, bronze et fer).

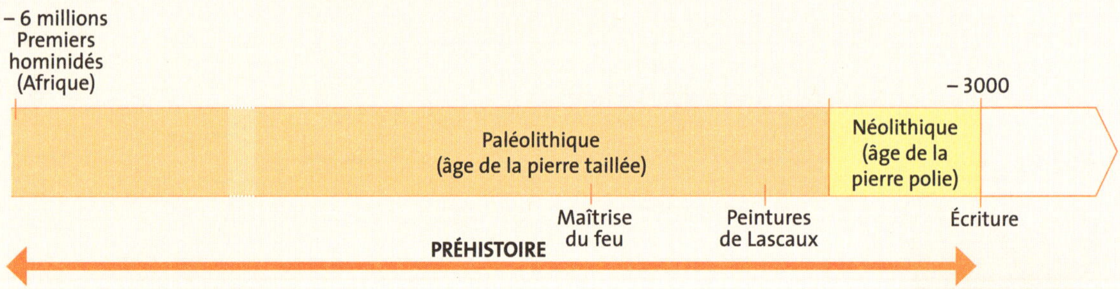

Savoir faire

Comparer des outils pour comprendre l'évolution des modes de vie

1 Décris les outils.

– Au **Paléolithique**, les outils sont fabriqués en **silex** ou en **os** taillé. Le **biface** sert à découper et le **racloir** à préparer la viande et les peaux des animaux chassés, le **harpon** sert à pêcher.

– Au **Néolithique**, de nouveaux outils sont fabriqués en **pierre polie**, en **terre** puis en **métal**. La **faucille** sert à récolter les céréales, la **meule** à faire de la farine et les **récipients** permettent de conserver les aliments.

2 Conclus.

L'archéologie, en étudiant les traces laissées par nos ancêtres, permet de comprendre leur mode de vie. Au **Paléolithique**, les hommes sont **nomades** et se déplacent pour chasser et pêcher. Au **Néolithique**, les hommes développent l'agriculture, la poterie, et deviennent **sédentaires**.

Biface

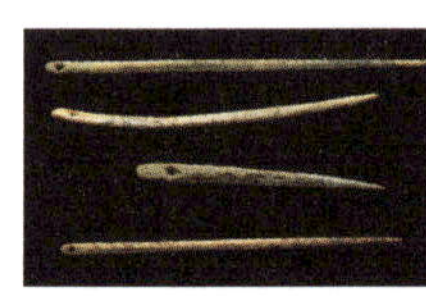

Aiguilles en os

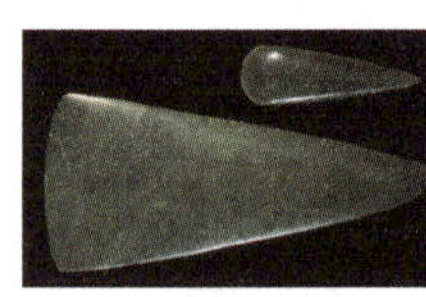

Haches polies

Vase en bronze

1 ★ Numérote les événements dans l'ordre chronologique.

a. Apparition de la métallurgie ....
b. Découverte du feu ....
c. Apparition des premiers hominidés ....
d. Découverte de l'écriture ....

2 ★ Associe les noms à leur définition.

silex – métallurgie – sédentarisation – Paléolithique – Néolithique

a. L'âge de la pierre taillée : ....
b. Le contraire du mode de vie nomade : ....
c. Une roche très dure : ....
d. L'âge de la pierre polie : ....
e. La technique de fabrication à partir de métaux : ....

3 ★★ Entoure les outils du Néolithique.

a. hache polie

b. récipient en terre

c. perçoir en silex

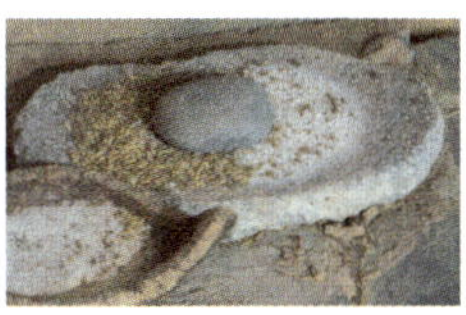
d. meule en pierre

4 ★★ Complète le texte avec les mots en gras du Savoir faire.

a. Les hommes du Paléolithique utilisent des .... et du .... pour fabriquer des outils. Le .... sert à préparer la peau des animaux, ... à découper les animaux.

b. Au Néolithique, les matériaux utilisés sont en ...., en .... et en .... Le blé est récolté avec .... et transformé en farine grâce à ....

5 ★★ Réponds par vrai ou faux.

a. La Préhistoire débute par la période du Néolithique. ☐ Vrai ☐ Faux
b. Au Paléolithique, les hommes sont des nomades. ☐ Vrai ☐ Faux
c. Les outils du Néolithique sont tous en terre. ☐ Vrai ☐ Faux
d. Les villages apparaissent au Néolithique. ☐ Vrai ☐ Faux

6 ★★★ Par quelle découverte s'achève la Préhistoire ?

....
....

5 Bilan
Coche les phrases exactes.

a. L'archéologie permet d'avoir des connaissances sur la Préhistoire. ☐
b. Les villages et l'agriculture apparaissent à la même époque. ☐
c. Les outils se perfectionnent avec la sédentarisation. ☐
d. Les premiers hommes pratiquaient l'élevage. ☐
e. Le Néolithique précède le Paléolithique. ☐

HISTOIRE

2 Celtes, Gaulois, Grecs et Romains

LE COIN DES PARENTS
Vérifiez que votre enfant associe bien chaque chapitre à l'une des cinq grandes périodes : la Préhistoire, l'Antiquité, le Moyen Âge, les Temps modernes, l'époque contemporaine.

Livret parents → **Corrigés** p. 20

Savoir

Je démarre !

Coche la période historique à laquelle correspond ce chapitre.

- Les Temps modernes
- Le Moyen Âge
- L'époque contemporaine
- L'Antiquité

Les premiers habitants de la Gaule

- Pendant l'Antiquité, les Romains appellent notre territoire la Gaule et ses habitants les **Gaulois** (des **Celtes**, venus du centre de l'Europe vers l'an 1000 av. J.-C.). Les Gaulois sont divisés en de **nombreuses tribus rivales**.
- Ce sont des **agriculteurs** ou des **artisans**. Ils sont **polythéistes** : ils croient en plusieurs dieux.

L'installation de nouvelles populations

- À partir du VIIe siècle av. J.-C., Grecs et Romains s'installent en Gaule.
- De 58 à 52 av. J.-C., le général romain **Jules César** mène la conquête de la Gaule.

Les Romains construisent alors des villes et des édifices (routes, aqueducs, ports, amphithéâtres, etc.), développent le commerce et font de la Gaule une province romaine. On parle alors de **civilisation gallo-romaine**.

- Le **christianisme**, religion monothéiste (un seul dieu), se développe avec l'arrivée des Romains.

Pont du Gard

Savoir faire

Analyser un document d'époque

Nous empereur Constantin, [...] nous permettons aux chrétiens et à toutes sortes de personnes de suivre telle religion qui leur plaira, afin que la Divinité qui préside dans le ciel, soit à jamais propice et à nous, et à nos sujets. Nous avons pensé qu'il était conforme à la sagesse et à la raison de ne refuser à personne la liberté de professer, soit la religion chrétienne, soit toute autre religion qu'il jugerait mieux lui convenir.

D'après l'édit de Milan, 313.

1. **Lis le texte.**
2. **Repère la date et l'auteur.**

L'**édit** date du IVe **siècle** et a été rédigé par l'empereur romain Constantin.

3. **Résume.**

En 313, les chrétiens sont autorisés à **pratiquer librement** leur religion.

4. **Conclus.**

Le **christianisme** s'est **répandu** en Gaule grâce à la liberté de culte accordée par l'édit de Milan.

1 ★ Relie chaque illustration à sa légende.

casque celte •
arènes romaines •
amphore grecque •
tonneau gaulois •

• a. 

• b. 

• c. 

• d. 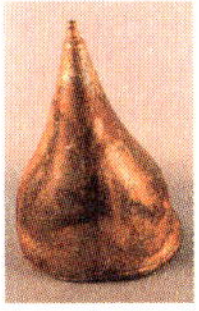

2 ★★ Cite quatre édifices érigés par les Romains.

....

....

3 ★★★ Lis le texte et réponds aux questions.

En Gaule, il y a deux classes d'hommes importantes : celle des druides et celle des chevaliers. Les druides s'occupent des affaires religieuses. Ils instruisent les jeunes. Si un meurtre est commis, s'il y a une dispute au sujet d'un héritage ou des limites d'un terrain, ils jugent et fixent les amendes.
Les druides ne vont pas à la guerre et ne paient pas d'impôts.
Les chevaliers participent à la guerre. Chacun, en fonction de sa richesse, rassemble autour de lui un nombre plus ou moins grand de compagnons.
Les gens du peuple sont presque des esclaves. On ne leur demande jamais leur avis. Ils sont parfois écrasés par leurs dettes ou par les impôts.

Jules César, *La Guerre des Gaules*, Ier s. av. J.-C.

a. Qui a écrit ce texte et à quelle date ?

....

b. Combien y a-t-il de catégories de personnes dans la société gauloise ? ....

c. Quel est le rôle de chacun ? ....

....

....

....

....

d. Quelle catégorie n'a aucun droit ni pouvoir ?

....

4 Bilan Observe la carte et réponds aux questions.

a. Dans quelles villes s'installent les premiers chrétiens ? ....

b. Combien la Gaule compte-t-elle d'églises chrétiennes ? ....

c. Autour de quelle ville y a-t-il le plus d'églises ?

....

d. Entre 350 et 420, combien y a-t-il de monastères fondés ? ....

e. Que peux-tu en conclure sur l'expansion du christianisme en Gaule au Ve siècle ?

....

La Gaule chrétienne

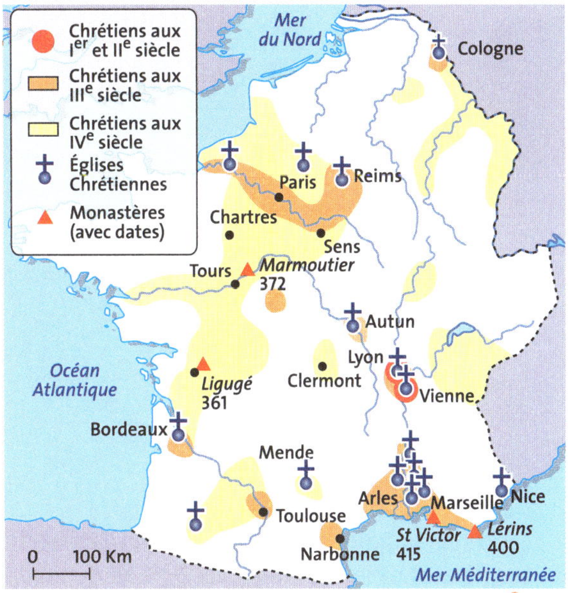

HISTOIRE

3 Mérovingiens et Carolingiens

LE COIN DES PARENTS
L'actualité autour des migrants fait écho aux vagues de migrations des peuples du nord et de l'est de l'Europe depuis les Gaulois. En échangeant sur ce sujet avec votre enfant, vous le sensibiliserez à cette question contemporaine.

Livret parents → Corrigés p. 20

Savoir

Je démarre !

Barre l'intrus (le roi qui n'est ni carolingien, ni mérovingien).
- Clovis
- Pépin le Bref
- Charlemagne
- Louis XVI
- Dagobert

La diversité du peuplement

Du IVe au VIIIe siècle après J.-C., de nouvelles populations arrivent en Gaule lors de **grandes migrations** (ou invasions barbares).

- Les **Germains** venus de l'est de l'Europe s'installent à partir de 352 : les **Francs**, au nord, les **Wisigoths**, au sud-ouest, les **Burgondes** à l'est.
- Les **Huns** pénètrent en Gaule à partir de 451. Ils sont repoussés par les Germains et l'armée romaine.
- Les **Arabes** sont repoussés par Charles Martel à Poitiers en 732.

Clovis (466-511) et l'unification du royaume

Clovis, roi franc, crée le **royaume franc** au nord de la Gaule et l'étend au centre et à l'ouest après avoir renforcé son pouvoir en se convertissant au **catholicisme** (baptême en 496). Ses successeurs fondent la **dynastie mérovingienne**.

L'empire de Charlemagne (vers 742-814)

Le premier roi carolingien est Pépin le Bref. Son fils, **Charlemagne**, est sacré **empereur** en **800**. Il agrandit le royaume par de nouvelles conquêtes et christianise les populations.

Savoir faire

Comprendre et interpréter la succession des trois dynasties royales

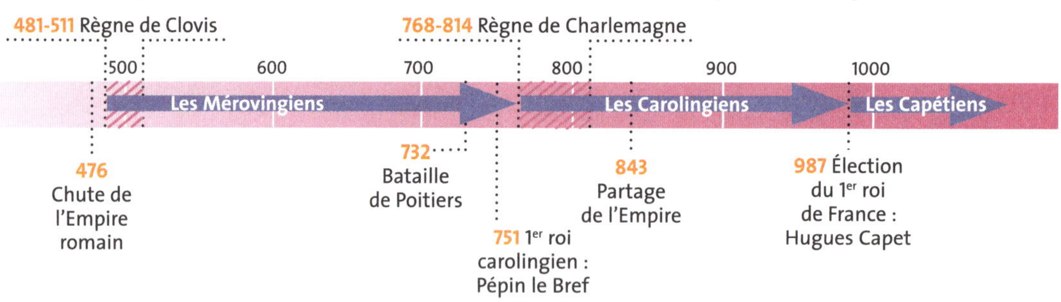

1 Observe la frise chronologique.

Les **dates** indiquent des événements. Les **hachures** indiquent la durée des règnes royaux. Les **flèches** montrent la totalité d'une dynastie royale.

2 Déduis des informations.

Les dynasties mérovingienne et carolingienne se situent au **Moyen Âge**.
Le règne de Charlemagne (46 ans) est plus long que celui de Clovis (30 ans).

1 ★ Légende les illustrations.

Le sacre de Charlemagne – La bataille de Poitiers – Le baptême de Clovis

a. ....

b. ....

c. ....

2 ★ Numérote les événements dans l'ordre chronologique.

a. La fin de l'Empire romain ....
b. La bataille de Poitiers ....
c. Le sacre de Charlemagne ....
d. L'arrivée des Germains ....
e. Le baptême de Clovis ....
f. Le règne de Pépin le Bref ....

3 ★★ À l'aide de la leçon, complète le texte sur l'empire de Charlemagne.

a. Charlemagne règne à partir de ...., à la mort de son père ....
b. Il est sacré .... en 800.
c. Il agrandit son empire en faisant de nombreuses .... et il .... les populations.

4 ★★ Observe les cartes et réponds.

a. Où se situe le royaume franc avant Clovis ? ....
b. Quels royaumes ont été conquis sous le règne de Clovis ? ....
....
....
c. Quelles tribus conservent encore des territoires en Gaule ? ....
....
....

La Gaule avant Clovis

Le royaume franc

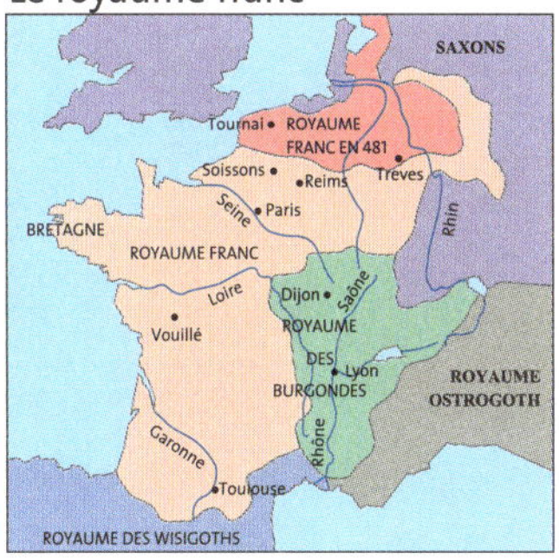

5 Bilan — Relie les événements aux dates correspondantes.

a. Début du règne de Clovis •
b. Bataille de Poitiers •
c. Partage de l'Empire carolingien •
d. Sacre de Charlemagne •
e. Élection d'Hugues Capet •

• 732
• 481
• 987
• 800
• 843

4 De Louis IX à François Ier

LE COIN DES PARENTS
Évoquez la dimension artistique de cette période en faisant écouter de la musique médiévale (chants grégoriens et de troubadours) et admirer les chefs-d'œuvre de la Renaissance (Léonard de Vinci, Michel-Ange, les châteaux de la Loire, et bien d'autres).

Livret parents → Corrigés p. 21

Savoir

Je démarre !

Coche l'événement qui débute la période du Moyen Âge.

- ☐ La chute de l'Empire romain d'Occident
- ☐ La découverte de l'Amérique
- ☐ L'invention de l'écriture
- ☐ La mort de Louis XIV
- ☐ Le sacre de Charlemagne

La construction du royaume

- **Hugues Capet** est élu roi de France en **987**. Il règne sur Paris et sa région et rend le **pouvoir héréditaire** (transmis de père en fils).
- À partir du XIe siècle, les rois de France mènent des **guerres de conquête**, agrandissent le territoire et développent le **pouvoir royal**.

Louis IX (1214-1270) et les croisades

Louis IX est un **souverain législateur** et **justicier**. C'est également un roi chrétien très pieux et charitable, surnommé **Saint Louis**. Il mène deux **croisades** pour libérer le tombeau du Christ à Jérusalem.

François Ier (1494-1547) et La Renaissance

- François Ier est un roi **guerrier**, il mène des guerres en Italie, intègre la Bretagne à la France.
- C'est également un **grand chef d'État**. En 1539, par l'ordonnance de Villers-Cotterêts, il impose que tous les actes administratifs soient rédigés en français et non plus en latin.
- François Ier est un roi amateur d'arts, **mécène** de grands artistes (Léonard de Vinci). Il fait construire de **somptueux châteaux** le long de la Loire et mène une **vie de cour fastueuse**.

Savoir faire

Comprendre l'expansion du territoire français entre le XIe et le XVIe siècle

1 Analyse la carte.

En **987**, le domaine royal est réduit à la **région parisienne**. En **1547**, la France a presque les **frontières actuelles** : quelques régions du sud-est et du sud-ouest ne font pas partie du domaine royal.

2 Conclus.

En cinq siècles, le territoire français s'est étendu grâce à la **volonté d'unification** des différents rois qui se sont succédé. Cette expansion territoriale révèle un **pouvoir royal centralisé et fort**.

La France au XVIe siècle

- Domaine royal en 987 (Hugues Capet)
- Domaine royal avant le règne de François Ier
- Acquisitions de François Ier 1515-1547

1 ★ Écris le nom du roi représenté sous chaque portrait.

Hugues Capet – Louis IX – François Ier

a. .... b. .... c. ....

2 ★ Associe les mots à leur définition.

héréditaire – un législateur – pieux – un mécène – les croisades – la cour

a. Qui éprouve un amour respectueux pour Dieu. ....

b. L'ensemble des personnes vivant dans l'entourage des rois. ....

c. Transmis de père en fils. ....

d. Des expéditions militaires autorisées par le Pape en Terre Sainte. ....

e. Un protecteur des artistes. ....

f. Personne qui fait les lois. ....

3 ★★ Observe la carte du Savoir faire et réponds aux consignes.

a. Autour de quelles grandes villes s'étend le royaume d'Hugues Capet, en 987 ? ....

b. Quelles sont les 3 régions qui n'appartiennent pas à la France au début du règne de François Ier ? ....

c. Cite une ville qui n'est pas française à la fin du règne de François Ier. ....

d. Cite 3 régions qui ne sont pas françaises en 987. ....

4 ★★★ Complète le texte sur François Ier.

a. François Ier règne au .... siècle. Il agrandit .... en menant des guerres, en particulier contre ....

b. Le roi rapporte de ces conquêtes un goût pour l'............ italien de la Renaissance, devient un ...., protecteur des artistes, et fait construire des châteaux en bord de ....

c. François Ier impose le .... à la place du latin comme langue officielle par l'............ en 1539.

5 ★★★ Cite deux artistes de la Renaissance. (Aide-toi d'une encyclopédie ou d'Internet.)

....

5 Bilan Complète la frise chronologique avec trois noms de rois et une date.

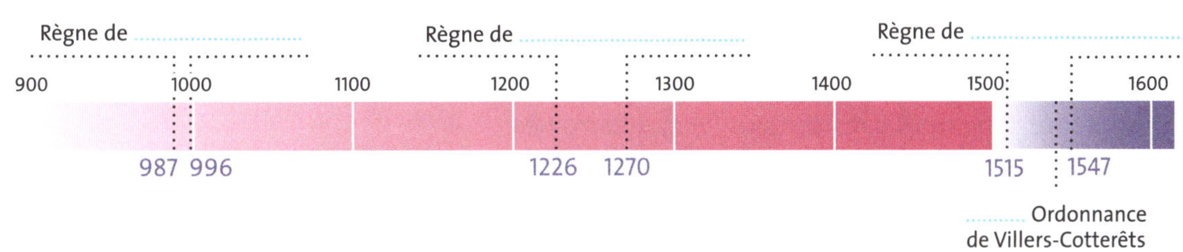

Je m'évalue

Français
Maths
Histoire
Sciences et technologie
Anglais

HISTOIRE

5 Henri IV et l'édit de Nantes

LE COIN DES PARENTS

Pensez à mettre en regard la tolérance religieuse de l'édit de Nantes avec la charte de la laïcité affichée dans toutes les classes, aujourd'hui (vous la trouverez sur Internet). Vous montrerez ainsi à votre enfant combien la question religieuse traverse notre histoire.

Livret parents → **Corrigés** p. 21

Les guerres de religion

- Au XVIe siècle, la religion catholique et l'Église règlent la vie des Français.
- En 1517, un moine allemand, **Martin Luther**, demande que l'Église soit réformée mais le pape refuse. Il fonde alors une nouvelle religion : le **protestantisme** diffusé en France par **Jean Calvin**.
- L'Europe se divise alors entre catholiques et protestants, aussi appelés **huguenots** en France.
- De 1562 à 1598, des **guerres civiles** commencent dans certains pays d'Europe.
- En 1572, le **massacre de la Saint-Barthélemy**, au cours duquel les catholiques massacrent les protestants, symbolise cette violence extrême.

Je démarre !

Relie chaque date au siècle correspondant.

1598 •	• XIVe siècle
1499 •	• XVe siècle
1633 •	• XVIe siècle
1600 •	• XVIIe siècle
1501 •	• XVIIIe siècle

Henri IV et l'édit de Nantes

- **Henri IV**, le futur roi, est **protestant**. Pour faire reconnaître son autorité et ramener la paix dans le royaume, il **se convertit** au catholicisme en 1593 puis est sacré roi en 1594.
- Henri IV signe l'**édit de Nantes** en avril 1598, loi royale qui établit la **tolérance religieuse** en France.

Comprendre le sens général d'un document d'époque : l'édit de Nantes articles 9 et 22.

Article 9 – Nous permettons aussi à ceux de ladite religion réformée (c'est-à-dire le protestantisme) de faire et continuer l'exercice de leur religion en toutes les villes et lieux de notre obéissance telle qu'elle l'était en 1597.

Article 22 – Nous Ordonnons qu'il ne soit fait aucune différence ni distinction, pour le fait de ladite religion, entre les étudiants et les écoliers qui seront instruits dans les universités, collèges et écoles, ni entre les malades et les pauvres dans les hôpitaux, maladreries et aumônes publiques.

1 Lis les deux articles extraits de l'édit de Nantes.

2 Déduis-en des informations.

– L'article 9 étend **la liberté de culte** tout en la réglementant : les protestants ont le droit de pratiquer leur religion mais dans certains lieux déterminés.

– L'article 22 instaure **l'égalité civile** entre protestants et catholiques. Les huguenots ont accès à l'éducation et aux soins comme les catholiques.

3 Conclus.

La religion du roi n'est plus imposée. Chaque Français est **libre de choisir et pratiquer sa religion**.

1 ★ Associe les noms à leur définition.

une guerre civile – un édit – le protestantisme – se convertir

a. La religion pratiquée par des chrétiens remettant en cause l'autorité du pape. ....

b. Une guerre entre les habitants d'un pays. ....

c. Changer de religion. ....

d. Une loi décidée par le Roi. ....

2 ★★ Réponds par vrai ou faux.

a. Luther et Calvin sont catholiques. ☐ Vrai ☐ Faux

b. Henri IV était protestant. ☐ Vrai ☐ Faux

c. Les huguenots sont des protestants. ☐ Vrai ☐ Faux

d. La guerre civile a duré plus de 30 ans. ☐ Vrai ☐ Faux

e. L'édit de Nantes s'applique dans toute l'Europe. ☐ Vrai ☐ Faux

3 ★★★ Lis cet article de l'édit de Nantes et réponds aux questions.

Article 6 – Nous avons permis et permettons à ceux de ladite religion réformée de vivre et demeurer par toutes les villes et lieux de notre royaume et pays de notre obéissance, sans être enquis, vexés, molestés ni obligés à faire des choses contre leur religion ou recherchés à cause de celle-ci.

a. Donne un synonyme de « religion réformée ».

....

b. Souligne dans le texte les brimades contre les protestants désormais interdites.

c. Quel droit cet article accorde-t-il aux protestants ? ....

4 ★★★ Comment Henri IV est-il mort ?

(Aide-toi d'une encyclopédie ou d'Internet.)

....

....

5 Bilan Complète les phrases.

a. En 1517, ... fonde le ....

b. Entre 1562 et 1598, une .... oppose .... et ....

c. Le 24 août 1572, a lieu ....

d. En 1593, ...

e. Le 13 avril 1598, ...

6 Louis XIV et la monarchie absolue

LE COIN DES PARENTS
Votre enfant revivra les fastes du Grand Siècle en assistant à une pièce de Molière (*Le Malade imaginaire*, *Le bourgeois gentilhomme*) ou en visitant le château de Versailles.

Livret parents → **Corrigés** p. 21

Je démarre !

Entoure le surnom de Louis XIV.
- le Roi-Jupiter
- Le Roi-Lune
- Le Roi des astres
- Le Roi-Soleil
- Le Roi-Neptune

Une société d'ordres et son caractère inégalitaire

- Au XVIIe siècle, la société française compte 20 millions d'habitants et est organisée en trois ordres :
– le **Tiers État** (paysans, marchands, artisans, etc.) ;
– le **clergé** (hommes d'Église) ;
– la **noblesse**.
- Le clergé et la noblesse sont **privilégiés**, ils ne paient pas d'impôts.

La monarchie absolue

- Le roi Louis XIV règne sur la France pendant 72 ans (de 1643 à 1715). Il gouverne en **monarque absolu** à partir de 1661 : il dit tenir son pouvoir de Dieu, n'a pas de Premier ministre, soumet les nobles et **supprime l'édit de Nantes** en 1685.
- Louis XIV encourage le commerce avec les pays étrangers et crée des colonies aux Antilles. Il développe la **traite des Noirs** en envoyant travailler en Martinique et en Guadeloupe des esclaves capturés et vendus en Afrique.
- Le **château de Versailles** symbolise le pouvoir du roi : Louis XIV y mène une vie fastueuse avec sa cour.

Repérer les symboles du pouvoir absolu de Louis XIV à partir de son portrait

1 Décris les symboles du pouvoir.
Lis les légendes du portrait.

2 Conclus.
Ce portrait affirme la grandeur du roi et son autorité toute puissante née du droit divin. Les différents symboles représentent son pouvoir militaire (l'épée), judiciaire (la main de la justice) et politique (le sceptre). Le manteau et la couronne sont des symboles royaux et le collier un symbole de droit divin.

Louis XIV, roi de France, portrait en pied en costume royal. *Rigaud Hyacinthe (1659-1743), Paris, musée du Louvre*

1 ★ **Associe chaque symbole du portrait du Savoir faire à sa signification.**

pouvoir judiciaire – pouvoir militaire – pouvoir royal – pouvoir politique – droit divin

a. le manteau : ....

b. le sceptre : ....

c. la main de la justice : ....

d. l'épée : ....

e. la couronne : ....

f. le collier : ....

2 ★★ **Classe les informations.**

suppression de l'édit de Nantes – construction du château de Versailles – pouvoir divin – trois ordres – noblesse de cour – création de colonies antillaises

a. Construction du territoire français : ....

b. Religion : ....

c. Arts et culture : ....

d. Société : ....

3 ★★★ **Observe la carte et réponds.**

a. Cite les territoires conquis par Louis XIV pendant son règne ? ....

b. Sur quelle frontière se situent-ils ? ....

c. Cite 2 territoires qui ne sont toujours pas français à la fin du règne de Louis XIV.

....

La France de Louis XIV

Limite du royaume de France en 1610 — Acquisitions de Louis XIV de 1648 à 1678

4 **Bilan** **Complète le texte avec les mots proposés.**

puissant – nobles – le château de Versailles – monarque absolu – le Roi-Soleil – l'édit de Nantes – la traite des Noirs

Louis XIV règne en .... jusqu'en 1715. C'est un roi tout ...., surnommé .... Il fait construire .... et s'entoure d'une cour de .... En 1685, Louis XIV révoque .... Il développe le commerce et en particulier ....

HISTOIRE

7 La Révolution française : les principes démocratiques

LE COIN DES PARENTS
Vous pouvez faire le lien avec les chapitres 2 et 3 de la partie EMC afin que votre enfant comprenne bien l'importance des acquis révolutionnaires dans notre société actuelle.

Livret parents → **Corrigés** p. 21

Savoir

Je démarre !

Coche la période historique qui démarre en 1789.

- Les Temps modernes
- Le Moyen Âge
- L'époque contemporaine
- L'Antiquité
- La Préhistoire

Les origines de la Révolution

- En 1789, la société française, divisée en **trois ordres**, est inégalitaire et injuste. Le tiers état réclame plus de justice, en particulier sur le paiement de l'impôt.
- Les **philosophes des Lumières** répandent l'idée d'une société plus juste, avec une égalité des droits et la liberté pour tous.
- Le pouvoir du roi **Louis XVI** est affaibli : les caisses de l'État sont vides et il doit faire face à de nombreuses oppositions et révoltes.

1789 : une année particulière

- 5 mai : ouverture des **états généraux**. Louis XVI les a convoqués pour voter de nouveaux impôts mais les députés du tiers état veulent examiner les revendications écrites par les Français dans les **cahiers de doléances**. Le roi refuse.
- 20 juin : **serment du Jeu de paume**. Des députés du peuple se réunissent et promettent de ne se séparer qu'une fois une nouvelle constitution donnée à la France.
- 9 juillet : déclaration de l'**Assemblée nationale constituante**. C'est la fin de la monarchie absolue, le pouvoir appartient à la Nation.
- 14 juillet : **prise de la Bastille**. Le roi menace de faire venir des troupes autour de Paris. Les Parisiens se révoltent et s'emparent de la prison de la Bastille.
- 4 août : **abolition des privilèges**. Les Français deviennent égaux avec les mêmes droits et lois pour tous. Ils paieront tous des impôts.
- 26 août : vote de la **Déclaration des droits de l'homme et du citoyen**.

Savoir faire

Comprendre les symboles représentés sur la Déclaration des droits de l'homme et du citoyen

1 ★ Écris la légende de chaque illustration.

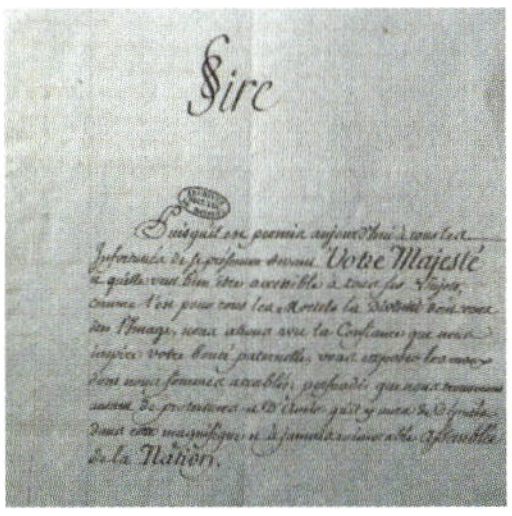

a. ....

b. ....

c. ....

d. ....

2 ★★ Associe chaque mot à sa définition.

une constitution – les états généraux – une doléance – un serment

a. Une plainte consignée par les députés : ....

b. Un ensemble de règles pour gouverner un pays : ....

c. Une promesse solennelle : ....

d. Les assemblées convoquées par le Roi : ....

3 ★★ Numérote les événements dans l'ordre chronologique.

a. Prise de la Bastille ....

b. Ouverture des états généraux ....

c. Vote de la Déclaration des droits de l'homme et du citoyen ....

d. Serment du Jeu de paume ....

e. Abolition des privilèges ....

4 ★★★ Coche uniquement les symboles républicains, entoure le symbole qui appartient aussi à la royauté.

a. Marianne ☐

b. Sceptre ☐

c. Bleu, blanc, rouge ☐

d. Fleurs de lys ☐

e. Triangle isocèle ☐

f. Bonnet phrygien ☐

5 ★★★ Quel sport pratiquait-on dans la salle du Jeu de paume ? (Aide-toi d'une encyclopédie ou d'Internet.)

....

....

6 Bilan Réponds aux consignes.

a. Cite les trois ordres : ....

b. Quelle assemblée examine les cahiers de doléances ? ....

c. Où les députés se réunissent-ils le 20 juin ? ....

d. Qui s'empare de la Bastille le 14 juillet 1789 ? ....

e. Cite deux conséquences de l'abolition des privilèges : ....

....

HISTOIRE

8 La Révolution française : instabilité et héritage

LE COIN DES PARENTS

Faites prendre conscience à votre enfant que le temps de la Révolution ne se limite pas à la prise de la Bastille, le 14 juillet 1789. Contextualisez l'événement en insistant sur ses causes et ses prolongements.

Livret parents → Corrigés p. 21

Savoir

Je démarre !

Entoure le nom de la reine exécutée pendant la Révolution française.

- Marie-Louise
- Anne d'Autriche
- Aliénor d'Aquitaine
- Joséphine de Beauharnais
- Marie-Antoinette

L'instabilité politique

- 21 juin 1791 : tentative de **fuite du roi** à l'étranger et emprisonnement (1792).
- 1792 : **guerre** opposant la France à la Prusse et à l'Autriche.
- 21 septembre 1792 : les Autrichiens et les Prussiens sont repoussés à Valmy. **La Première République** est proclamée. La **Convention** dirige la France à la place du roi.
- Septembre 1793-juillet 1794 : les révolutionnaires sont divisés et s'opposent. C'est la période sanguinaire de la **Terreur**.
- 21 janvier 1793 : **exécution** de **Louis XVI**.

L'héritage de la Révolution

- La république démocratique et laïque dans laquelle nous vivons aujourd'hui est héritée de la Révolution de 1789.
- Nos **symboles républicains** : la fête nationale du 14 juillet, le drapeau tricolore, *la Marseillaise*, l'**état civil** et le **mariage civil** ont également été créés pendant cette période.

Savoir faire

Analyser une frise chronologique

Les principaux événements de la Révolution française

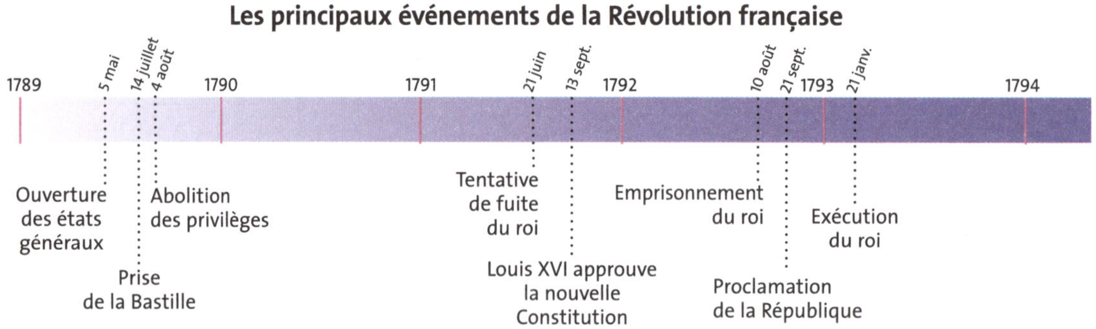

1 Observe l'enchaînement des événements.

2 Conclus.

La **Révolution française** ne se limite pas à l'année 1789, elle a duré **plusieurs années**.
C'est une **période troublée** et riche en événements qui a profondément modifié le mode de vie des Français.

1 ★ Relie chaque date à l'événement correspondant.

a. 21 septembre 1792 •	• 1. Fin de la Terreur
b. 21 janvier 1793 •	• 2. Arrestation de Louis XVI
c. Juillet 1794 •	• 3. Proclamation de la Ire République
d. 21 juin 1791 •	• 4. Exécution de Louis XVI
e. Septembre 1793 •	• 5. Début de la Terreur

2 ★★ Réponds par vrai ou faux.

a. En 1792, la France a mené la guerre contre la Prusse et l'Autriche. ☐ Vrai ☐ Faux

b. Louis XVI a adhéré aux idées révolutionnaires. ☐ Vrai ☐ Faux

c. La Révolution française s'achève à la fin de l'année 1789. ☐ Vrai ☐ Faux

d. La Terreur est une période sanguinaire et violente. ☐ Vrai ☐ Faux

e. Louis XVI a été guillotiné. ☐ Vrai ☐ Faux

f. Nos symboles républicains ont été créés pendant la Révolution. ☐ Vrai ☐ Faux

3 ★★ Cite quatre héritages de la Révolution française.

....

....

....

....

....

4 ★★★ Complète le texte sur le rôle de Louis XVI pendant la Révolution.

En 1791, après sa tentative de fuite ratée, Louis XVI approuve .... Il est finalement .... en 1792 puis .... le 21 janvier 1793.

5 ★★★ Écris le nom des mois révolutionnaires à côté des dates qui conviennent. (Aide-toi d'une encyclopédie ou d'Internet.)

brumaire – pluviôse – floréal – messidor – fructidor

a. Du 20 avril au 19 mai : ....

b. Du 22 octobre au 20 novembre : ....

c. Du 19 juin au 18 juillet : ....

d. Du 20 janvier au 18 février : ....

e. Du 18 août au 16 septembre : ....

6 Bilan Réponds aux questions à partir de la frise chronologique du Savoir faire.

a. Quel événement déclenche la Révolution française ? ....

b. Quel événement de 1792 entraîne la proclamation de la Ire République ? ....

c. Que s'est-il passé entre septembre 1793 et juillet 1794 ? ....

d. Quelle nouvelle période historique commence en 1789 ? ....

HISTOIRE

9 De la Révolution à l'Empire

LE COIN DES PARENTS
L'héritage napoléonien est présent dans notre quotidien (en particulier dans l'organisation de l'école), insistez davantage sur cet aspect que sur la mémorisation de la suite des guerres napoléoniennes.

Livret parents → Corrigés p. 21

Savoir

Je démarre !

Coche le régime politique qui précède l'arrivée de Napoléon au pouvoir.

- La République
- Le Directoire
- La Royauté
- L'Empire

Le Consulat : Napoléon au pouvoir (1799-1804)

Le 9 novembre 1799, le général Napoléon Bonaparte met fin à la période révolutionnaire par le **coup d'État du 18 brumaire**. Il installe le **Consulat**, un régime politique autoritaire.

Le Premier Empire (1804-1815) et les guerres napoléoniennes

- Le 2 décembre 1804, Napoléon Bonaparte est sacré **empereur** sous le nom de **Napoléon Ier**. Il détient tous les pouvoirs : les libertés sont supprimées, la police et l'administration surveillent les Français.
- L'empereur étend sa **domination sur toute l'Europe** en menant de nombreuses batailles. Napoléon Ier abdique en 1814 puis revient en mars 1815 et pendant **Cent jours** au pouvoir, avant d'être exilé sur l'île de Sainte-Hélène par les Anglais.

L'héritage napoléonien

Napoléon Bonaparte a maintenu les acquis de la Révolution et a instauré de **nombreuses réformes** qui rythment encore aujourd'hui notre vie quotidienne : instauration du système métrique, création de la Banque de France, des lycées et du baccalauréat, mise en place du Code civil, de la Légion d'honneur, etc.

Savoir faire

Comprendre l'extension du territoire français en 1811

1 Lis la légende pour comprendre la chronologie de l'extension du territoire français.

– En 1789, les **frontières françaises** sont **les mêmes** qu'aujourd'hui.

– Napoléon administre les provinces conquises soit en les intégrant directement à la France (départements supplémentaires), soit en créant des **royaumes** pour les membres de sa famille, soit en influençant la politique de ces nouveaux territoires.

2 Interprète les informations données par la carte.

En 1811, Napoléon domine presque toute l'Europe.

L'Europe en 1811

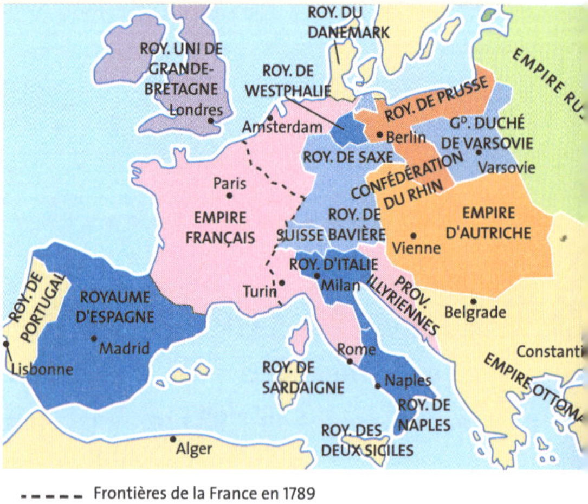

- - - - Frontières de la France en 1789
- Zone d'influence française
- Pays non soumis à Napoléon Ier
- Les 130 départements français
- Royaumes de la famille de Napoléon Ier

1 ★ Écris le titre de chaque invention napoléonienne.

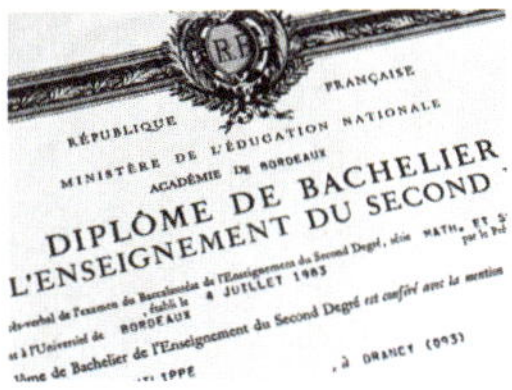

a. .... b. .... c. .... d. ....

2 ★ Barre les propositions fausses.

a. Napoléon Bonaparte était général pendant la Révolution française.

b. Napoléon a été empereur puis consul.

c. Napoléon Ier a installé un régime autoritaire en France.

d. La Banque de France a été créée sous le Premier Empire.

e. Les Allemands ont exilé Napoléon à Sainte-Hélène.

3 ★★ Numérote dans l'ordre chronologique les événements suivants.

a. Sacre de Napoléon Ier ....

b. Abdication de l'Empereur ....

c. Consulat ....

d. Cent Jours ....

e. Exil à Sainte-Hélène ....

f. Victoires napoléoniennes ....

g. Coup d'État du 18 brumaire ....

4 ★★ Réponds aux questions en observant la carte du Savoir faire.

a. Quel pays n'est pas soumis à Napoléon Ier ?

....

b. Quels royaumes étaient gouvernés par un membre de la famille impériale ? ....

....

....

....

c. Combien de départements compte la France en 1811 ? ....

d. Cite deux royaumes soumis à l'influence napoléonienne. ....

....

5 ★★★ Entoure les victoires napoléoniennes.

(Aide-toi d'une encyclopédie ou d'Internet.)

1805 : Austerlitz – 1805 : Trafalgar – 1806 : Iéna – 1809 : Wagram – 1812 : Bérézina – 1815 : Waterloo

6 Bilan Complète les phrases pour définir chaque date.

a. Le 18 brumaire, ...

b. Le 2 décembre 1804, ...

c. En 1811, ...

d. En mars 1815, ...

e. Le 18 juin 1815, ...

Géographie
EMC

Géographie

EMC

GÉOGRAPHIE

1 Les caractéristiques des paysages ruraux

LE COIN DES PARENTS

Proposez à votre enfant de caractériser les paysages ruraux en lui expliquant la provenance des aliments : les fruits et légumes qui ont besoin de soleil viennent du sud de la France, région de cultures délicates, etc.

Livret parents → **Corrigés** p. 21

Des espaces variés

Les paysages ruraux sont des **paysages de campagne**. Ils changent selon la localisation et les saisons. Un paysage rural comporte des éléments naturels (forêts, prés, collines, montagnes, etc.). Il est souvent modifié par l'ajout de constructions humaines (villages, cultures, routes, exploitations agricoles, etc.).

- **Les paysages d'openfield** sont composés de **grands champs** pour cultiver des céréales.
- **Les paysages de bocage** comportent de nombreux **petits champs** propices à l'élevage, **fermés** par des haies ou des clôtures.
- **Les paysages de cultures délicates** sont les **vergers**, les **serres** et les **vignes**, dans lesquels on cultive les fruits, les légumes et les fleurs.

Je démarre !

Coche le contraire de rural.

- ☐ campagnard
- ☐ champêtre
- ☐ urbain
- ☐ agricole

Openfield

Bocage

Cultures délicates

Réaliser un croquis simplifié

Un paysage de cultures délicates

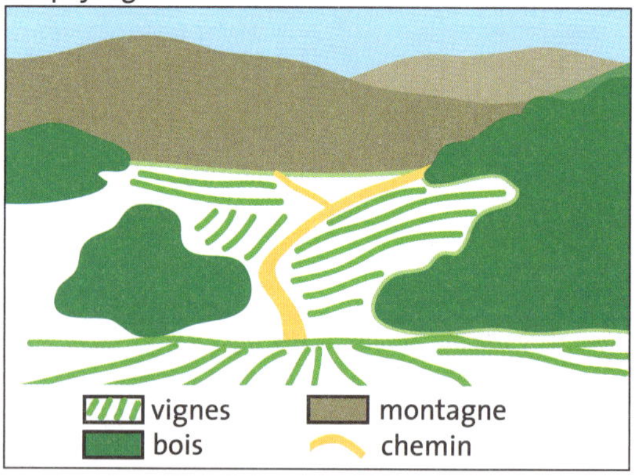

1. Dessine de façon simplifiée ce que tu vois sur la photo. Colorie les différents lieux avec des couleurs distinctes (cultures, forêts, haies). Hachure les champs, trace les routes.
2. Ajoute une légende.
3. Donne un titre à ton croquis.

1 ★ **Entoure les paysages ruraux.**

a.

b.

c.

2 ★ **Coche les éléments que l'on peut trouver dans un paysage rural.**

☐ des prés ☐ des banlieues ☐ des fermes
☐ des éoliennes ☐ des champs ☐ des routes

3 ★★ **Souligne en vert les cultures ou élevages liés aux paysages de bocages, en bleu ceux des paysages de cultures délicates, en rouge ceux d'openfields.**

blé – moutons – maïs – tomates – vaches – tournesol – roses – choux fleurs – pommes – chèvres

4 ★★★ **Réponds en t'aidant d'une encyclopédie ou d'Internet.**

a. Cite une région de bocages. ....

....

b. Cite deux régions de cultures délicates.

....

....

c. Cite une région d'openfields. ....

....

Tu apprends rapidement

5 Bilan **Réalise le croquis de ce paysage.**

Titre : ....

Légende : ....

....

Je m'évalue ☐ ☐ ☐

GÉOGRAPHIE

2 Les lieux de vie en France

LE COIN DES PARENTS

Aidez votre enfant à se repérer sur des cartes locales, départementales et nationales (plans locaux, cartes IGN, cartes routières, sites de géolocalisation) de différentes échelles.

Livret parents → **Corrigés** p. 22

Savoir

Je démarre !

Barre l'intrus.

Le Rhône • Le Rhin • La Loire • Le Danube • La Seine

• La population française

Aujourd'hui, la France compte **66 millions d'habitants** vivant dans des **communes** (villes ou villages). La population se concentre principalement dans les **grandes régions urbaines** (la région parisienne, la région lyonnaise, etc.), le long des **grandes vallées** (Rhône, Rhin, Seine) et sur les **littoraux** (côtes atlantique et méditerranéenne).

La densité de population selon les régions

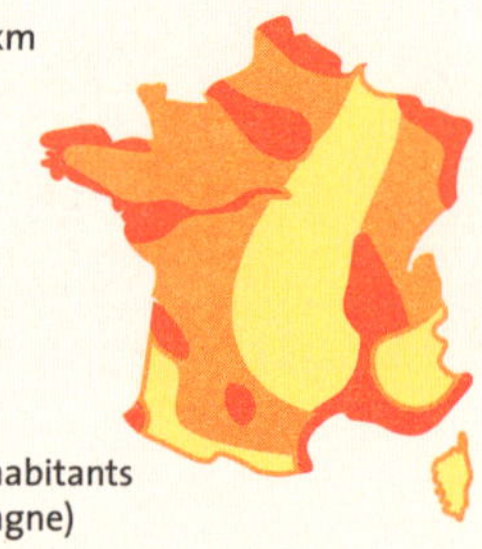

• Les lieux de vie

- Dans les **villes**, la population est dense, l'habitat est regroupé. Les espaces urbains rassemblent plus de 75 % des Français.
- À la **campagne**, la population vit dans des habitats dispersés (fermes) ou dans des villages.
- Sur les **littoraux**, constitués par la mer du Nord, la Manche, l'océan Atlantique et la mer Méditerranée (2000 km de côtes), la population vit dans des villes ou des villages.
- À la **montagne**, une faible part de la population vit à plus de 600 mètres d'altitude, le plus souvent dans des villages.

Savoir faire

Comprendre l'organisation territoriale de nos lieux de vie

- **Les communes.**

Sur la carte, seules les grandes villes sont indiquées en rouge.

- **Les départements.**

Il y en a 101 : 96 en métropole et 5 dans l'outre-mer.

- **Les régions.**

La France compte 13 régions métropolitaines et 5 régions ultramarines.

Remarque Une région regroupe plusieurs départements, sauf les 5 régions d'outre-mer qui n'en comptent qu'un chacune. C'est pourquoi on les appelle départements et régions d'outre-mer (DROM).

L'organisation territoriale de la France

1 ★ **Complète le schéma de l'organisation territoriale avec les mots suivants : département – commune – région.**

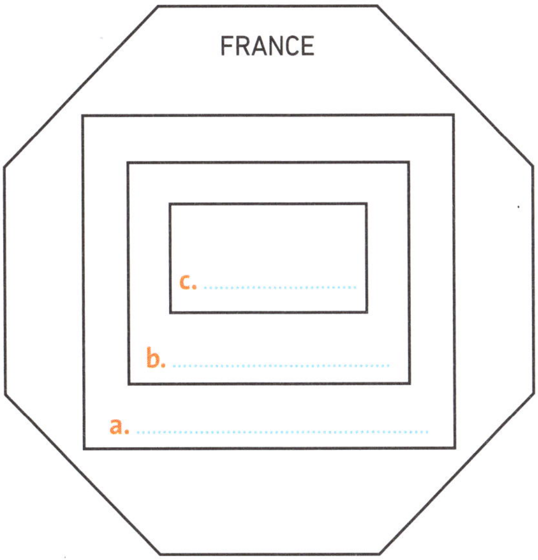

2 ★★ **Regarde bien la carte du Savoir puis entoure les lieux de vie les plus peuplés.**

La côte atlantique – La vallée du Rhône – Le Massif central – Paris – La côte méditerranéenne – Lyon – La vallée de la Seine – La vallée du Rhin

3 ★★★ **Réponds par vrai ou faux.**

a. La plupart des Français vivent en ville.
☐ Vrai ☐ Faux

b. La population est dense à la montagne.
☐ Vrai ☐ Faux

c. Les littoraux attirent de nombreux habitants.
☐ Vrai ☐ Faux

d. Il y a 50 millions d'habitants en France.
☐ Vrai ☐ Faux

e. La vallée de la Seine est très peu peuplée.
☐ Vrai ☐ Faux

4 ★★★ **Écris les informations sur ton propre lieu de vie.**

Nom de ta commune : ....

Nom de ton département : ....

....

Nom de ta région : ....

....

Type de lieu de vie : ....

....

5 ★★★ **Combien y a-t-il de communes en France ?** (Aide-toi d'une encyclopédie ou d'Internet.)

....

6 **Bilan**
Utilise la carte du Savoir faire pour répondre.

a. Combien y a t-il de régions en France ? ....

b. Combien y a t-il de départements ? ....

c. Quels départements sont aussi des régions ? ....

d. Quelle ville est aussi un département ? ....

e. Cite 2 régions du sud de la France. ....

....

GÉOGRAPHIE

3 Logement, travail, culture et loisirs en milieu urbain

LE COIN DES PARENTS

Naviguez avec votre enfant sur le site internet de la grande ville proche de chez vous et apprenez-lui à repérer les différents services présents en milieu urbain.

Livret parents → **Corrigés** p. 22

Savoir

Je démarre !

Coche les grandes villes françaises.

- Marseille
- Lyon
- Bruxelles
- Paris
- Nantes

Les milieux urbains

En s'éloignant du centre-ville, avant l'espace rural, on trouve la banlieue, puis la zone périurbaine.

Le logement en milieu urbain

Il peut être constitué d'immeubles (le plus souvent en centre-ville et en banlieue) ou de maisons individuelles (le plus souvent en centre-ville et en zone périurbaine).

Les activités productives et commerciales

Les **entreprises**, les **bureaux** et les **magasins** peuvent se trouver en centre-ville, dans des quartiers d'affaires ou dans des zones d'activités commerciales en périphérie des villes.

Les activités de loisirs et de culture

De nombreux espaces sont consacrés à la détente en ville : théâtres, médiathèques et cinémas pour **se cultiver** ; équipements sportifs pour **faire du sport** ; parcs, zoos, parcs d'attraction pour **se promener** et **s'amuser**.

Savoir faire

Lire un paysage urbain

1 Repère les différents bâtiments et leurs fonctions.

Les hautes tours sont des immeubles de bureau et d'habitations.
Au premier plan, il y a un centre commercial.

2 Décris l'environnement.

On voit de nombreux piétons, des vélos, des voitures et des transports en commun (arrêt de bus).

3 Conclus.

Il s'agit d'un quartier urbain neuf regroupant des activités productives (bureaux) et commerciales (magasins).

Quartier Euralille (Lille)

1 ★ Écris le nom de l'espace urbain représenté.

a. ....

b. ....

c. ....

2 ★ Entoure les bâtiments que l'on ne peut pas trouver en centre-ville.

un immeuble – un parc d'attractions – une ferme – une mairie – un centre commercial – un pavillon

3 ★★ Cite un avantage et un inconvénient à habiter en ville.

....

....

....

....

4 ★★ Observe le panneau, à droite, et liste les activités.

a. Activités de loisirs et culture : ....

....

....

b. Activités productives et commerciales : ....

....

....

c. Autres : ....

....

....

....

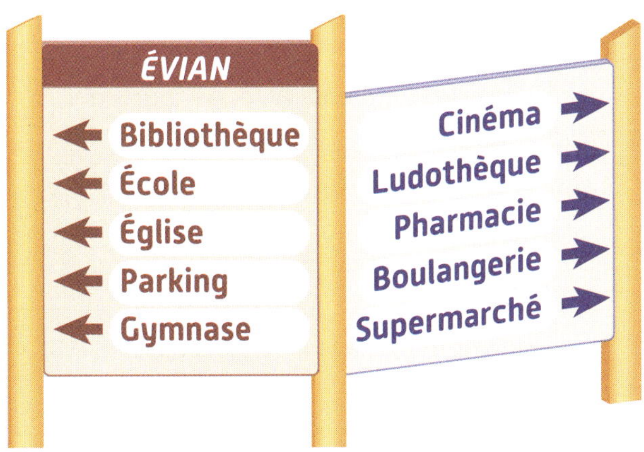

5 Bilan
Réponds par vrai ou faux.

a. Les banlieues ne font pas partie du milieu urbain. ☐ Vrai ☐ Faux
b. On trouve plus d'activités en milieu urbain qu'en milieu rural. ☐ Vrai ☐ Faux
c. Les médiathèques et les théâtres proposent des activités culturelles. ☐ Vrai ☐ Faux
d. Les centres-villes regroupent plusieurs types d'activités. ☐ Vrai ☐ Faux
e. Les zones périurbaines se situent entre les milieux urbain et rural. ☐ Vrai ☐ Faux

GÉOGRAPHIE

4 Les espaces touristiques

LE COIN DES PARENTS

Demandez à votre enfant de classer vos photos de vacances par sites et lieux visités en famille. Faites-lui remarquer que la vie des locaux diffère de celle des touristes.

Livret parents → **Corrigés** p. 22

Je démarre !

Entoure les parcs de loisirs.

- Disneyland
- Le Puy du Fou
- Le Mont-Saint-Michel
- Les châteaux de la Loire
- Le Futuroscope

Les différents tourismes

- Le tourisme **montagnard** se pratique surtout l'hiver (sports de neige) et l'été (escalade ou randonnée).
- Le tourisme **balnéaire** (bains de mer, sports aquatiques) a lieu sur les côtes et les plages de l'**océan Atlantique**, de la **Manche** et de la **Méditerranée**, principalement l'été.
- Le tourisme **culturel** (visites de musées, églises, châteaux) permet de découvrir le **patrimoine** d'une ville ou d'une région.
- Le tourisme **vert** (découvertes de la nature, visites de fermes et de productions locales) a lieu à la campagne.
- Le tourisme **récréatif** (parcs animaliers, aquatiques ou d'attractions) permet de se divertir.

Lire la carte de la France touristique

1 Localise les différents types de tourisme.

– Le **tourisme balnéaire** se développe sur toutes les côtes françaises et les îles.

– Le **tourisme montagnard hivernal** concerne principalement les massifs des Alpes et des Pyrénées. Il y a également quelques stations dans le Jura, le Massif Central et les Vosges.

– Le **tourisme culturel** se développe autour des grandes villes ou des régions riches sur le plan historique.

– Le **tourisme vert** concerne à la fois la campagne et la montagne.

– Le **tourisme récréatif** se développe dans tous les milieux.

2 Conclus.

Certaines régions sont très touristiques (région parisienne, Bretagne, Côte d'Azur), alors que d'autres sont moins attractives (nord et centre de la France).

La France touristique

1 **Relie chaque lieu à son ou ses type(s) de tourisme.** (Aide-toi d'une encyclopédie ou d'Internet, si nécessaire.)

Les châteaux de la Loire •	• Tourisme vert •	• Le Mont-Saint-Michel
Le Futuroscope •	• Tourisme culturel •	• Le parc national de la Vanoise
Les volcans d'Auvergne •	• Tourisme balnéaire •	• Le cap d'Agde
La station de ski des Arcs •	• Tourisme récréatif •	• Disneyland
La plage d'Hossegor •	• Tourisme montagnard •	• Le musée du Louvre

2 ✱✱ **Complète le texte.**

les parcs animaliers – tourisme – Disneyland – se divertir – Astérix

a. Le tourisme récréatif regroupe les visites dans …………………………, les centres aquatiques et les parcs d'attractions.

b. Les touristes viennent dans un parc d'attractions pour ………………… . Les plus connus sont ………………… et le parc ………………… .

c. Les parcs de loisirs peuvent se trouver près de toutes les zones de ………………… .

3 ✱✱✱ **Cite deux activités touristiques possibles pour chaque lieu.**

a. En ville : …………………………

…………………………

b. À la mer : …………………………

…………………………

4 ✱✱✱ **Lis le texte et réponds aux questions.**

> LOISIRS NATURE
> Hérault le Languedoc vous offre une terre d'aventure et une mer de loisirs.
> La montagne, la mer, les lacs, les rivières, les gorges ou la campagne, etc. font du Languedoc votre terrain de jeux.
> Office du tourisme de l'Hérault

a. Qui a écrit ce texte ? …………………………

…………………………

b. À qui est-il destiné ? …………………………

…………………………

c. Quelles formes de tourisme ce texte met-il en avant ? …………………………

…………………………

5 ✱✱✱ **Quel est le site touristique le plus visité en France ?** (Aide-toi d'une encyclopédie ou d'Internet.)

…………………………

6 Bilan **Observe la carte du Savoir faire pour répondre.**

a. Cite 2 régions attirant du tourisme culturel. …………………………

b. Dans quelles régions pratique-t-on le tourisme montagnard ? …………………………

…………………………

c. Cite 2 régions pratiquant le tourisme vert. …………………………

GÉOGRAPHIE

5 Les besoins en eau

LE COIN DES PARENTS

Initiez votre enfant aux gestes d'économie d'eau afin qu'il comprenne la nécessité de préserver cette ressource naturelle : prendre des douches plutôt que des bains, arrêter l'eau pendant le brossage des dents, récupérer l'eau de pluie pour arroser, etc.

Livret parents → **Corrigés** p. 22

Je démarre !

Entoure l'instrument qui sert à mesurer la consommation d'eau.

a.

b.

d.

c.

L'utilisation de l'eau

- **Les ménages.** 93 % de l'eau utilisée par les familles sert à l'hygiène, au nettoyage et à divers usages, les 7 % restants sont utilisés pour l'alimentation (cuisine et boisson).
- **L'agriculture.** Les cultures de céréales, l'irrigation (l'arrosage), l'alimentation du bétail et l'entretien des locaux nécessitent une très grande quantité d'eau.
- **L'industrie.** Les usines ont besoin d'un approvisionnement en eau important pour fabriquer des objets, refroidir les machines et laver ou évacuer les déchets.

L'eau est également nécessaire pour produire de l'énergie : les centrales hydrauliques fabriquent de l'électricité.

- **Les entreprises et collectivités.** La consommation d'eau au travail (dans les écoles, les hôpitaux, les bureaux) représente environ 210 litres d'eau par personne et par jour.

Comprendre le circuit de l'eau potable

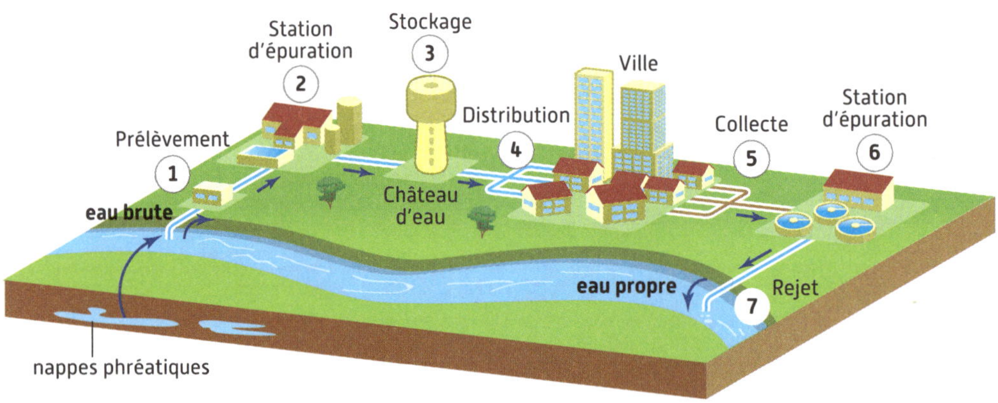

❶ Le **prélèvement** d'eau est réalisé par pompage dans les **nappes phréatiques** souterraines ou les cours d'eau. ❷ Le **traitement** de l'eau est effectué dans des usines, l'eau devient **potable**. ❸ et ❹ Elle est stockée dans un **réservoir** ou **château d'eau** puis **distribuée** par des **tuyaux souterrains** jusqu'aux habitations. ❺ et ❻ Les **eaux usées** sont évacuées par le réseau d'**égouts** jusqu'à des **stations d'épuration** (assainissement) dans lesquelles l'eau est nettoyée. ❼ L'**eau propre** est rejetée dans le milieu naturel (rivières ou fleuves).

1 ★ Relie chaque mot à sa définition.

a. Une nappe phréatique •
b. Les eaux usées •
c. Une station d'épuration •
d. L'irrigation •
e. Hydraulique •

• 1. Les eaux sales des toilettes, de la cuisine et de la salle de bain.
• 2. L'arrosage artificiel des terres.
• 3. Un réservoir naturel souterrain d'eau.
• 4. Qui utilise l'énergie de l'eau.
• 5. Une usine de traitement de l'eau.

2 ★★ Observe le schéma et réponds aux questions.

boisson	cuisine	divers	voiture jardin	vaisselle	linge	sanitaires	bains douches
1 %	6 %	6 %	6 %	10 %	12 %	20 %	39 %

a. Quelle action consomme le plus d'eau ? ……………………………………

b. Quelle consommation d'eau est la plus faible ? ……………………………………

c. Quelles actions utilisent la même quantité d'eau ? ……………………………………

3 ★★★ Numérote le circuit de l'eau de 1 à 6 dans l'ordre chronologique.

Traitement ………… – Évacuation ………… – pompage ………… – Rejet dans la nature ………… – Assainissement ………… – Distribution …………

4 ★★★ Réponds par vrai ou faux.

a. On consomme peu d'eau pour la boisson. ☐ Vrai ☐ Faux

b. On peut produire de l'eau potable à partir de l'eau d'une rivière. ☐ Vrai ☐ Faux

c. On ne peut pas produire d'électricité avec de l'eau. ☐ Vrai ☐ Faux

d. L'eau des égouts est rejetée directement dans les fleuves. ☐ Vrai ☐ Faux

e. L'eau potable et les eaux usées utilisent les mêmes canalisations. ☐ Vrai ☐ Faux

5 ★★★ Combien de litres d'eau potable consomme en moyenne un Français par jour ? (Aide-toi d'une encyclopédie ou d'Internet.)

……………………………………

……………………………………

6 Bilan Réponds aux questions.

a. À quoi sert l'eau dans le secteur de l'agriculture ? ……………………………………

……………………………………

b. Pourquoi a t-on besoin d'eau dans l'industrie ? ……………………………………

……………………………………

c. À quoi sert un château d'eau ? ……………………………………

d. Quels gestes simples permettent d'économiser l'eau ? (Cites-en deux.) ……………………………………

……………………………………

GÉOGRAPHIE

6 Les besoins en alimentation

LE COIN DES PARENTS

Montrez à votre enfant comment pratiquer le développement durable en étudiant la provenance des produits alimentaires consommés : il est préférable d'acheter des produits locaux de saison.

Livret parents → **Corrigés** p. 22

Savoir

Je démarre !

Coche le département français producteur de bananes.

- Les Bouches-du-Rhône
- La Guadeloupe
- Le Nord
- Le Jura
- La Vendée

Les circuits courts

Les produits alimentaires sont issus de la **production agricole locale**. Il y a **peu de transport** et d'**intermédiaires** avant la consommation. Le circuit court privilégie les **produits frais de saison**, vendus à la ferme, sur les marchés locaux et dans certains supermarchés.

Les circuits longs

Les aliments sont produits **à l'étranger** puis **importés** en France. On compte plusieurs **intermédiaires** (transporteurs, grossistes, centrales d'achat, distributeurs) avant le consommateur. Le circuit long permet d'avoir des produits toute l'année, quelle que soit la saison.

Le développement durable

Pour respecter l'environnement et rester en bonne santé, il est préférable de **favoriser** le plus possible les **circuits courts** et si possible les produits **biologiques** (qui n'utilisent pas de produits chimiques).

Savoir faire

Identifier quelques régions productrices de fruits

1 Observe la carte.

– Les **fruits à pépins** sont cultivés dans **l'ouest et le centre de la France**.
pommes, poires

– Les **agrumes** et les **fruits à noyaux** sont cultivés dans **le sud** de la France.
citrons, oranges, prunes, pêches, nectarines

– Les **fruits exotiques** sont cultivés dans **les départements d'outre-mer**.
bananes et ananas

2 Conclus.

Ce sont les conditions climatiques (l'ensoleillement en particulier) qui déterminent la production de fruits en France.

Quelques régions productrices de fruits

1 ★ Lis les informations concernant les produits et entoure les aliments importés.

a.

b.

c.

d.

2 ★★ Complète le texte avec les mots suivants.

consommateurs – circuit long – distributeurs – directe – grossistes

Un circuit de consommation indique les intermédiaires entre les producteurs et les .... Dans un circuit court, la vente est .... Dans un ...., il y a des .... et des .... avant le consommateur.

3 ★★ Associe chaque terme à sa définition.

produits locaux – produits de saison – produits importés – produits biologiques

a. Produits achetés dans un pays étranger : ....

b. Produits fabriqués dans un rayon de 250 km autour de chez soi : ....

c. Aliments fabriqués sans produits chimiques : ....

d. Aliments arrivés naturellement à maturité avant d'être consommés : ....

4 ★★★ Coche les propositions qui favorisent le développement durable.

a. Je mange des produits locaux. ☐
b. J'achète des fraises en hiver. ☐
c. J'installe un potager sur mon balcon. ☐
d. J'achète des plats préparés surgelés. ☐
e. Je mange des légumes bio à la cantine. ☐

5 ★★★ Cite 2 fruits produits en Corse. (Aide-toi d'une encyclopédie ou d'Internet.)

....

....

6 Bilan Observe la carte du Savoir faire et réponds aux questions.

a. Quels fruits sont cultivés dans les Pays de la Loire et le Centre-Val de Loire ? ....

b. Dans quelle région produit-on des pêches ? ....

c. Quel fruit local puis-je consommer si j'habite à Marseille ? ....

d. Quels fruits subiront le moins de transport jusqu'à Paris ? ....

EMC

7 Reconnaître un danger

LE COIN DES PARENTS
Votre enfant a appris les numéros d'urgence au cycle 2. Vérifiez qu'il les connaît bien par cœur : le 15 pour appeler le SAMU, le 18 pour les pompiers, le 112 est le numéro d'urgence européen.

Livret parents → **Corrigés** p. 22

Savoir

Je démarre !

Coche le document à connaître pour te protéger à l'école.

- Le code de la route
- Le règlement intérieur de l'école
- L'emploi du temps

Les dangers domestiques

- Les sources de **feu** : les objets électriques, allumettes, briquets, pétards peuvent entraîner des départs de feu et des **brûlures** ou **électrocutions**. Ils ne sont à utiliser qu'en présence d'un adulte.
- Les **produits toxiques** : les médicaments, les produits ménagers, les cosmétiques peuvent être mortels ou provoquer des **intoxications** si on les avale. Repérables grâce à des pictogrammes, ils ne doivent pas être accessibles aux enfants.

Dangereux, nocif et irritant

Les dangers sur la voie publique

- Dans la rue, les cyclistes et les personnes en trottinette doivent porter des **protections**. Ils doivent être vus et bien regarder autour d'eux pour ne pas avoir d'accident.
- Les **panneaux** de signalisation routière, **feux tricolores** et **règles de sécurité** doivent impérativement être respectés.

Savoir faire

Savoir porter secours en cas de danger

En présence d'un danger, tu dois respecter et suivre la procédure suivante.

1. **(Se) protéger.** Pour éviter le suraccident, il est important de mettre hors de danger les personnes blessées : utiliser le triangle de signalisation en cas d'accident de la route, évacuer si possible les lieux en cas d'incendie, etc.
2. **Alerter.** Il faut ensuite prévenir les secours et décrire la situation en restant calme, en répondant aux questions et sans raccrocher tant que les secours ne l'ont pas demandé.
3. **Intervenir.** Enfin, il faut rassurer et réconforter la victime en lui précisant ce qui a été fait. Il ne faut pas bouger la victime, s'assurer qu'elle respire bien, vérifier son état de conscience, et la mettre en position latérale de sécurité si cette technique est maîtrisée.

1 ★★★ **Indique sous chaque pictogramme le danger : toxique, irritant, explosif, inflammable.**

a. ……………………

c. ……………………

b. ……………………

d. ……………………

2 ★★ **Relie le panneau à ce qu'il représente.**

1 2 3 4

a. Sens interdit b. Danger école c. Piste cyclable d. Interdit à tout véhicule

3 **En Europe, quel numéro d'urgence composes-tu pour appeler les secours ?**

……………………………………………

4 ★★★ **Deux enfants s'amusaient et l'un est tombé d'un lit superposé. Il pleure et se tient le bras. Joue le rôle de l'enfant qui appelle les secours. Le blessé est ta sœur.**

– Bonjour, je m'appelle …………………… .
J'appelle du numéro de téléphone : ……………
…………………… . J'habite ……………………
…………………………………………… .

Ma sœur pleure beaucoup.

– Où a-t-elle mal ?

– ……………………………………

– Est-ce que ta sœur a perdu connaissance ?

– ……………………………………

– Est-ce qu'elle respire ?

– ……………………………………

– Ne t'inquiète pas, un médecin arrive dans 10 minutes. Tu ne bouges pas ta sœur mais tu restes à côté d'elle. Tu lui dis que le médecin arrive et qu'on va s'occuper d'elle. Tu peux raccrocher maintenant.

5 Bilan **Complète la carte mentale avec les mots suivants : panneaux de signalisation, produits toxiques, règlement intérieur, protections, objets électriques.**

Conseils de prévention

À l'école
- Ne pas utiliser d'objets dangereux
- Respecter le ……………………

À la maison
- Ne pas utiliser de ……………………
……………………
- Faire attention aux ……………………
……………………

Dans la rue
- Porter des …………………… à vélo
- Respecter les ……………………

EMC

8 Les valeurs de la République

LE COIN DES PARENTS

Montrez à votre enfant que les symboles républicains sont représentés sur de nombreux objets usuels : pièces, timbres, courriers officiels, frontons de bâtiments publics, etc.

Livret parents → **Corrigés** p. 22

Je démarre !

Entoure les symboles républicains.

La France est une **République**.

La devise républicaine

– **La liberté** : chacun peut vivre comme il veut mais sans nuire aux autres.

– **L'égalité** : tous les Français ont les mêmes droits et devoirs.

– **La fraternité** : chacun fait attention à l'autre comme à son frère. L'État aide également les plus démunis.

Les autres valeurs de la République

Ce sont celles de la **Déclaration des droits de l'homme**.

- **Le refus des discriminations** : chacun est différent mais bénéficie des mêmes droits et ne peut être rejeté parce qu'il est handicapé, immigré ou homosexuel, par exemple.
- **La liberté d'expression** : chaque individu ou organisme (presse, télévision, radio, Internet, etc.) est libre d'exprimer ses idées et opinions et de les transmettre. Cependant, cette liberté ne doit pas inciter à la haine ou porter atteinte à la vie privée d'autrui.

La laïcité

La France est un **pays laïc** : chacun est libre de choisir sa religion et de la pratiquer. On peut aussi ne pas avoir de religion.

Comprendre la Convention internationale des droits de l'enfant (CIDE)

- **Connaître le contexte de la création de la CIDE**

La CIDE est un **traité international** adopté par les Nations Unies en 1989. Son objectif est d'**améliorer** et de **protéger la vie des enfants** dans le monde. Elle a la même valeur qu'une loi et doit donc être respectée.

- **Identifier les principes fondamentaux**

– **L'intérêt supérieur de l'enfant** : toutes les décisions prises doivent l'être pour le bien de l'enfant.

– **L'égalité** : tous les enfants ont les mêmes droits, quels que soient leur sexe, leur culture, leur religion, leur richesse, leur santé, etc.

– **La participation** : les enfants doivent être associés aux décisions car leurs idées sont respectables.

Unicef France

1 ★ **Indique sous chaque document la valeur qu'il représente.**

a. .... c. ....

b. .... d. ....

2 ★★ **Indique quelle valeur républicaine respecte chaque situation.**

a. Les Restos du Cœur servent des repas chauds l'hiver : ....

b. Tous les Français majeurs et non condamnés peuvent voter : ....

c. Je ne publie pas d'insultes ou de moqueries sur les réseaux sociaux : ....

3 ★★★ **Classe les droits des enfants.**

recevoir un enseignement (1) – être protégé contre les violences (2) – être soigné (3) – avoir une nationalité (4) – ne pas être obligé de travailler (5) – poursuivre des études (6) – avoir accès à l'eau potable (7) – être déclaré à la naissance (8)

a. Droit à l'identité : ....

b. Droit à la santé : ....

c. Droit à l'éducation : ....

d. Droit à la protection : ....

4 ★★★ **Lis les phrases suivantes et écris quel droit cité dans l'exercice 3 n'est pas respecté.**

a. En France, 15 000 enfants vivent sans domicile fixe avec leur famille : ....

b. Dans le monde, 100 millions d'enfants ne sont pas scolarisés : ....

c. Chaque année, 150 000 enfants français sortent de l'école sans diplôme : ....

5 ★★★ **Quel régime politique existait en France avant la République ?** (Aide-toi d'une encyclopédie ou d'Internet.)

....

6 Bilan **Complète les phrases avec les mots suivants :**

égalité – des droits de l'homme – fraternité – La laïcité – la liberté d'expression

a. La France est le pays ....

b. .... permet à chacun de choisir et pratiquer sa religion.

c. Grâce à ...., chacun peut exprimer ses idées.

d. En aidant les autres, chacun fait preuve de ....

e. Chacun a les mêmes droits et les mêmes devoirs grâce au principe d'..................... .

EMC

9 La démocratie représentative

LE COIN DES PARENTS
Ce chapitre aborde des notions complexes et abstraites.
Vous pouvez utiliser les sites officiels destinés aux enfants pour les clarifier : *Sénat junior*, *Parlement des enfants*, etc.

Livret parents → **Corrigés** p. 22

Je démarre !

Barre le personnage qui n'est pas élu grâce à un vote.
- Un député
- Le président de la République
- Un juge
- Un sénateur

La France est une **démocratie représentative**, c'est-à-dire que le peuple exerce le pouvoir par l'intermédiaire des représentants qu'il a élus.

Le suffrage universel

Les **44 millions de citoyens** français femmes et hommes peuvent voter aux différentes élections. Ils votent soit au **suffrage direct** (les électeurs élisent directement le ou les élus) soit au **suffrage indirect** (les électeurs votent pour des grands électeurs qui élisent ensuite les élus).

La séparation des pouvoirs

Les **trois pouvoirs** sont séparés et indépendants :
- le **pouvoir législatif** (discuter et voter les lois, contrôler le gouvernement) est détenu par le **Parlement**, qui siège à l'Assemblée nationale et au Sénat ;
- le **pouvoir exécutif** (gouverner le pays et exécuter les lois) revient au **président de la République** (Palais de l'Élysée) et à son **gouvernement** (ministères) ;
- le **pouvoir judiciaire** (faire appliquer la loi, arbitrer et sanctionner) est détenu par la **justice**.

Connaître les différentes élections et leur mode de scrutin

- Les élections européennes, présidentielles et législatives sont réalisées au **suffrage universel direct**.
- Pour les élections régionales, départementales et municipales, les citoyens élisent des grands électeurs qui voteront ensuite pour les conseillers régionaux, généraux (ou départementaux) et municipaux. C'est un **suffrage universel indirect**.

	Élus	Élections	Lieu d'exercice
Suffrage universel direct	députés européens	européennes	Parlement européen
	président de la République	présidentielles	Palais de l'Élysée
	députés	législatives	Assemblée nationale
Suffrage universel indirect	sénateurs	sénatoriales	Sénat
	conseillers régionaux	régionales	conseil régional
	conseillers départementaux	départementales	conseil départemental
	conseillers municipaux	municipales	mairie

1 ★ Barre les propositions fausses.

a. Dans une démocratie, le pouvoir est détenu par : un seul homme / le peuple.

b. En France, les 44 millions d'électeurs peuvent voter pour : une seule / plusieurs élections.

c. Le pouvoir législatif est détenu par : le président de la République / le Parlement.

d. Les conseillers municipaux sont élus au suffrage universel : direct / indirect.

2 ★★ Associe chaque lieu de pouvoir à ses élus.

le conseil municipal – le président de la République – les députés – les conseillers régionaux – les députés européens – les sénateurs

a. L'Assemblée nationale : ……………………

……………………

b. La mairie : ……………………

c. Le Palais de l'Élysée : ……………………

……………………

d. Le Parlement européen : ……………………

……………………

e. Le Sénat : ……………………

f. Le conseil régional : ……………………

……………………

3 ★★ Complète le texte.

Les députés sont élus au suffrage universel ……………………, les sénateurs au suffrage universel …………………… . Ils sont chargés de …………………… et de …………………… les lois. Ils contrôlent aussi …………………… . Les députés siègent à ……………………

…………………… .

4 ★★ Réponds par vrai ou faux.

a. La France est une démocratie représentative. ☐ Vrai ☐ Faux

b. En France, il y a 65 millions d'électeurs. ☐ Vrai ☐ Faux

c. Le président de la République est élu au suffrage universel direct. ☐ Vrai ☐ Faux

d. La justice est indépendante des pouvoirs législatif et exécutif. ☐ Vrai ☐ Faux

5 ★★★ Cite le nom du président de la République, du Premier ministre et du maire de ta commune.

……………………

……………………

6 Bilan Complète le tableau.

Nom des élections	Élu(s)
présidentielles	……………
……………	conseillers municipaux
……………	députés européens
……………	sénateurs
législatives	……………

EMC

10 L'égalité filles-garçons

LE COIN DES PARENTS
Pour susciter l'échange avec votre enfant, vous pouvez regarder ensemble des films autour des stéréotypes et du sexisme : *Billy Eliott* de Stephen Daldry ou *Wadja* d'Haifaa Al Mansour.

Livret parents → **Corrigés** p. 23

Je démarre !

Coche les métiers interdits aux femmes en France.

- ☐ Conducteur de poids lourds
- ☐ Président de la République
- ☐ Pompier
- ☐ Ingénieur
- ☐ Chef de chantier

Les stéréotypes

Un stéréotype est une idée préconçue sur un groupe de personnes. Cette idée est déterminée par certaines caractéristiques caricaturales (les garçons sont courageux et les filles peureuses). Les stéréotypes conduisent à des **discriminations** : on (se) refuse à faire certaines activités ou métiers à cause de son sexe. Ils divisent et partagent. C'est aussi parce qu'ils reposent souvent sur des idées fausses qu'ils doivent être combattus.

La loi

Elle prévoit l'**égalité des droits** et l'**égalité de traitement** des hommes et des femmes.

- **La Déclaration des droits de l'homme et du citoyen de 1789 :**

Les hommes naissent et demeurent libres et égaux en droit.

- **La constitution de la Ve République de 1958 :**

Elle (La France) assure l'égalité devant la loi de tous les citoyens sans distinction d'origine, de race ou de religion.

- **La Convention internationale des droits de l'enfant de 1989 :**

Les États parties prennent toutes les mesures appropriées pour que l'enfant soit effectivement protégé contre toutes formes de discrimination ou de sanction [...].

- À l'école, **la charte de la laïcité** rappelle le principe d'égalité entre les filles et les garçons.

Comment lutter contre les stéréotypes et développer l'égalité entre les filles et les garçons ?

- **Partager** les jeux dans la cour (le foot n'est pas réservé aux garçons).
- Développer la **mixité** en classe, dans les rangs et en EPS.
- Partager les tâches ménagères (la cuisine n'est pas réservée aux filles).
- Apprendre à **penser par soi-même** et ne pas répéter des idées toutes faites. Tu peux échanger avec tes parents, ton professeur, tes camarades autour de cette question, lire des livres et regarder des films pour développer tes propres idées.
- S'autoriser à **faire ce que l'on aime vraiment** tout en respectant les choix des autres. Toutes les activités et métiers sont accessibles aux filles comme aux garçons.

1 ★ Coche les stéréotypes.

a. Les garçons sont meilleurs en maths. ☐
b. Les garçons ne sont pas coquets. ☐
c. Les filles sont plus soigneuses. ☐
d. Filles et garçons sont aussi bavards. ☐
e. Les filles aiment les histoires de fées. ☐

2 ★ Associe chaque mot à sa définition.

sexisme – préjugé – mixité – stéréotype

a. Représentation préconçue et caricaturale d'un groupe : ....

b. Jugement porté par avance sans connaître le sujet : ....

c. Discrimination fondée sur le sexe : ....

....

d. Cohabitation des deux sexes : ....

3 ★★ Indique sous chaque photo le stéréotype combattu.

a. ....

....

....

b. ....

....

....

4 ★★★ Lis le tableau et réponds aux questions.

Qui s'occupe de quoi, le plus souvent ?

Femmes	Tâches	Hommes
83 %	Trier le linge et mettre le lave-linge en route	21 %
81 %	Repasser	20 %
78 %	Laver les sanitaires	22 %
11 %	Bricoler	71 %
21 %	Sortir les poubelles	55 %

Source : Ipsos 2018

a. Quelles activités sont réalisées :

– principalement par les femmes? ....

....

....

– principalement par les hommes ? ....

....

b. Qui s'occupe du repassage le plus souvent ?

....

c. Que peux-tu conclure de ce tableau ? ....

....

....

5 ★★★ Cherche le nom de la première femme française qui est allée dans l'espace et du premier homme français devenu danseur étoile.

....

....

6 Bilan Cite :

a. un préjugé sur les filles. → ....

b. un stéréotype concernant les garçons. → ....

c. une discrimination sexiste. → ....

d. deux textes légaux sur l'égalité entre les hommes et les femmes. → ....

....

Sciences

SCIENCES

1 La diversité de la matière

LE COIN DES PARENTS

Les enfants sont très impliqués dans la défense de l'environnement. En triant et recyclant les déchets ménagers, votre enfant appliquera concrètement les notions apprises dans ce chapitre.

Livret parents → **Corrigés** p. 23

Je démarre !

Coche ce qui n'est pas de la matière.

☐ L'eau
☐ L'air
☐ La lumière
☐ La terre
☐ Le sucre

La composition de notre environnement

Notre environnement est composé de matières naturelles et artificielles.

- Les **matières naturelles** sont :
  – les matières **organiques**, qui constituent les êtres vivants ;
  – les matières **minérales**, qui constituent les roches et l'eau.
- Les **matières artificielles**, fabriquées par l'homme, sont :
  – les matériaux **minéraux** à base de matière naturelle ; ciment, brique
  – les matériaux **organiques** provenant des animaux ou des végétaux ; cuir, laine
  – les matériaux **métalliques** fabriqués à partir de minerais ; fer, cuivre
  – les matériaux **composites** alliant plusieurs matériaux. béton armé, fil électrique

Comprendre le recyclage des matériaux

1 Observe le schéma et comprends.

Il présente les **quatre familles de matériaux** : les aliments et le papier sont faits de matière organique, le verre est un matériau minéral, l'aluminium et l'acier sont des matériaux métalliques et le plastique est un matériau composite.

Chaque cercle avec une flèche indique le **procédé de recyclage**. Les seconds cercles donnent des **exemples de nouveaux objets** fabriqués à partir des matériaux recyclés.

2 Conclus.

La plupart des matériaux utilisés dans la vie courante se recyclent. Il est donc indispensable de les **trier**.

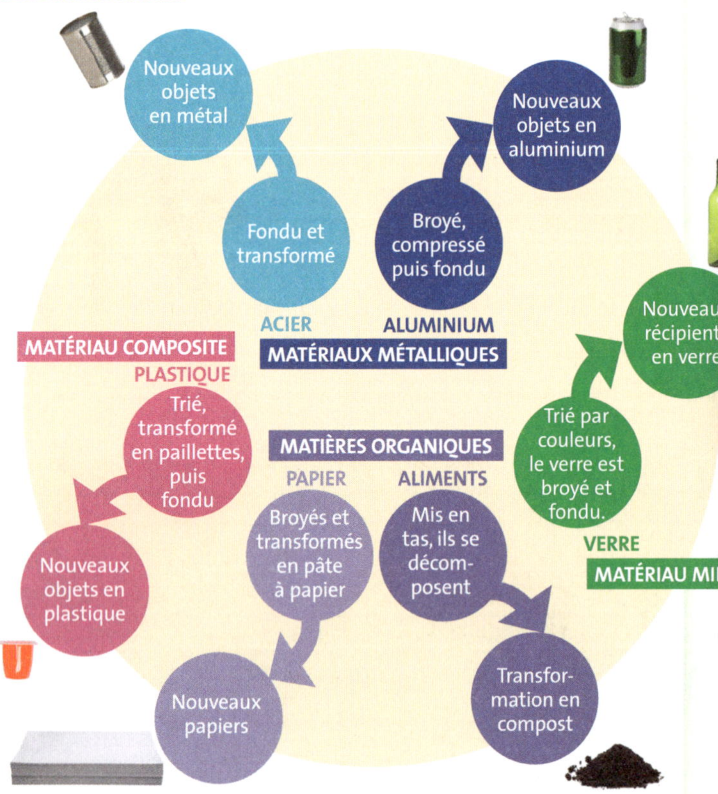

1 ★ Entoure les matières minérales.

2 ★★ Écris le nom en face de sa définition.

la matière – les matériaux – le recyclage

a. La technique pour récupérer des objets et en fabriquer de nouveaux : ....

b. Les matières utilisées pour fabriquer des objets : ....

c. Ce qui constitue l'ensemble des objets et des êtres vivants : ....

3 ★★★ Cite :

a. deux types de matières naturelles.

→ ....

b. deux matériaux métalliques.

→ ....

c. un matériau composite.

→ ....

4 ★★★ Observe le schéma du Savoir faire et réponds aux questions.

a. Que fabrique-t-on avec l'acier recyclé ?

....

b. Quelles transformations subissent les canettes de soda pour être recyclées ?

....

c. À quelle famille de matériaux appartient le verre ? ....

5 Bilan Complète le cycle de recyclage du plastique avec les mots suivants :

Ramassage et tri – Fabrication de nouveaux produits – Transformation de la matière

Recyclage du plastique

6. Utilisation du produit

1. ....

2. Compression

3. Broyage, lavage et mise en poudre ou granulés

4. ....

5. ....

Je m'évalue ☐ ☐ ☐

SCIENCES

2 Les mouvements simples

LE COIN DES PARENTS
Pour illustrer les différentes étapes d'un mouvement, montrez à votre enfant des chronophotographies (images réalisées avec des capteurs pour le cinéma d'animation).

Livret parents → **Corrigés** p. 23

Je démarre !

Relie chacun à sa vitesse maximale.

a. Le guépard •	• 574 km/h
b. Un TGV •	• 112 km/h
c. Usain Bolt •	• 44 km/h
d. Un cheval •	• 88 km/h

Les mouvements des objets

Le mouvement d'un objet quand il se déplace dans l'espace peut être :
– **rectiligne** (la trajectoire de l'objet suit une ligne) ; train sur les rails
– **circulaire** (la trajectoire de l'objet suit un cercle ou un arc de cercle). pales d'une éolienne

La vitesse d'un mouvement

Elle peut être :
– **uniforme** (la vitesse reste constante) ; lame d'un robot ménager
– **accélérée** (la vitesse augmente) ; sprinteur à la fin de la course
– **décélérée** (la vitesse est ralentie). entrée en gare d'un train

Décrire le mouvement d'un objet par rapport à un observateur

– Pour la **vache**, les personnages A et B sont en mouvement.
– Pour le **personnage A**, la vache est en mouvement, le personnage B est immobile.
– Pour le **personnage B**, la vache est en mouvement, le personnage A est immobile.
– Pour **nous** qui regardons la scène, la vache est immobile, les personnages A et B sont en mouvement.

1 * Trace une flèche qui indique le mouvement de l'enfant sur le jeu.

2 ** Associe chaque objet à son type de trajectoire.

trajectoire rectiligne (1) – trajectoire circulaire (2)

a. un ascenseur : .... – b. une hélice d'avion : .... – c. un escalator : .... – d. une roue de vélo : .... – e. une grande roue : .... – f. une toupie : ....

3 *** Réponds par vrai ou faux.

a. Un objet en mouvement décrit toujours une trajectoire. ☐ Vrai ☐ Faux

b. La perception du mouvement est différente selon l'observateur. ☐ Vrai ☐ Faux

c. Un mouvement est toujours rectiligne. ☐ Vrai ☐ Faux

d. La vitesse d'un objet peut changer. ☐ Vrai ☐ Faux

4 *** Quel est le mouvement de la Terre autour du Soleil ? (Reporte-toi page 170.)

....

....

5 Bilan Relis la rubrique Savoir et réponds aux consignes.

a. Dessine des flèches rouges pour indiquer les mouvements rectilignes et des flèches vertes pour indiquer les mouvements circulaires des objets et des personnes.

b. Le personnage sans valise reste immobile sur le tapis roulant. Sa vitesse est ....

c. Au décollage, l'avion a une vitesse ....

d. Cite un objet de l'illustration ayant une vitesse uniforme : ....

SCIENCES

3 Le classement des animaux

LE COIN DES PARENTS

La classification phylogénétique simplifiée présentée est celle utilisée par les scientifiques : elle adopte une démarche qui va de l'observation vers la classification.

Livret parents → **Corrigés** p. 23

Savoir

Je démarre !

Entoure les êtres vivants.

un champignon • un arbre • une pierre • une fourmi

Les êtres vivants

Ils sont très nombreux sur notre planète et très différents les uns des autres. Animaux, végétaux, champignons, etc.

La classification des animaux selon leurs caractères observables

Les scientifiques ont classé les animaux selon leurs caractères observables dans un système de « boîtes » ou sous forme d'arbre.

- **Bouche, yeux** – Animaux
  - **Squelette interne, 4 membres** – Vertébrés tétrapodes
    - **Poils, mamelles** – Mammifères : homme, cerf, éléphant
    - **Plumes** – Oiseaux : hirondelle, moineau, chouette
  - **Squelette externe, pattes articulées** – Arthropodes
    - **6 pattes** – Insectes : fourmi, coccinelle
    - **8 pattes** – Arachnides : mygale, scorpion
    - **Nombreuses pattes** – Myriapodes : lithobie, iule
  - **Corps mou, coquille** – Mollusques : escargot, limace

Savoir faire

Identifier les caractères d'un animal

Suis les branches de la classification. La coccinelle a une **bouche** et des **yeux**, c'est donc un animal. Son **squelette** est **externe** et ses **pattes articulées**, elle fait partie des **arthropodes**. Elle a **6 pattes**, c'est un **insecte**.

1 ★ Entoure les caractères qui permettent de classer les animaux.

a. la nourriture – b. la forme du squelette – c. le nombre de membres – d. la présence de mamelles – e. le mode de déplacement – f. la présence de plumes ou de poils – g. le milieu de vie

2 ★★ Écris trois caractères des animaux suivants.

a. ....

b. ....

c. ....

3 ★★ Observe la classification du Savoir et trouve les réponses.

a. Cite deux autres animaux proches de l'hirondelle : ....

b. Quels caractères communs ont la mygale et le scorpion ? ....

c. Quels caractères communs ont l'éléphant et le moineau ? ....

4 ★★★ Donne deux exemples d'animaux pour chaque niveau de la classification.

a. Yeux et bouche : ....

b. Squelette interne, 4 membres, mamelles, poils : ....

c. Squelette externe, 8 pattes : ....

5 Bilan Complète l'arbre de classification en t'aidant des boîtes du Savoir.

- Yeux, ... 1
  - Squelette interne 2
    - Poils et 4
      - Homme
      - 6
    - 5
      - Hirondelle
      - 7
  - Squelette .... 3 Pattes articulées
    - 6 pattes : 8
      - 9
      - 10
    - 8 pattes → 11
    - Nombreuses pattes → 12

Je m'évalue

SCIENCES

4 Les besoins nutritionnels de l'être humain

LE COIN DES PARENTS

Utilisez le carnet de santé de votre enfant pour illustrer concrètement ce chapitre. Il comprendra ainsi le message de santé publique et les bienfaits d'une alimentation équilibrée.

Livret parents → **Corrigés** p. 23

Je démarre !

Entoure les bonnes pratiques pour être en forme.

a. Pratiquer une activité physique régulière.

b. Boire de l'eau.

d. Réduire les matières grasses.

e. Limiter les gâteaux et les sodas.

Les besoins qualitatifs

L'alimentation apporte des **éléments nutritifs** à l'organisme pour **grandir, assurer son fonctionnement** et **lutter contre les infections**.

Les besoins quantitatifs

Ils varient en fonction de :
- l'**âge** (les besoins augmentent pendant l'enfance et l'adolescence puis diminuent à l'âge adulte) ;
- l'**activité physique** (plus l'effort physique est important, plus on a besoin d'énergie) ;
- l'**environnement climatique** (le corps a besoin d'énergie pour réguler sa température).

Remarque Les besoins qualitatifs et quantitatifs doivent être respectés pour ne pas créer de **carence** (manque d'éléments nutritifs).

Lire et interpréter un tableau pour comprendre les besoins nutritionnels

Besoins nutritionnels journaliers exprimés en kilocalories (kcal) femmes hommes

	Niveau d'activité					
Âges	**Sédentaire**		**Peu actif**		**Actif**	
3 ans	1 100	1 100	1 250	1 350	1 400	1 500
10 ans	1 500	1 700	1 800	2 000	2 050	2 300
18 ans	1 750	2 450	2 100	2 900	2 400	3 300
Entre 30 et 50 ans	1 800	2 350	2 000	2 600	2 250	2 900
+ de 70 ans	1 550	2 000	1 750	2 200	2 000	2 500

1 Observe le tableau.

– Les **âges** sont indiqués dans la colonne de gauche.

– Le **niveau d'activité** est classé en trois catégories : sédentaire (pas de sport, uniquement marche lente de la vie quotidienne), peu actif (30 à 60 minutes de sport modéré quotidien), actif (30 à 60 minutes de sport intensif quotidien).

– Les besoins des **hommes** se lisent dans les colonnes orange, ceux des **femmes** dans les bleues.

– L'unité pour mesurer les besoins nutritionnels est le **kilocalorie (kcal)**.

2 Conclus.

– Les besoins nutritionnels sont **moins importants pour les femmes** que pour les hommes.

– Les besoins nutritionnels **augmentent avec le niveau d'activité**.

1 Qui a les plus gros besoins nutritionnels ? Classe les personnes de 1 à 3.

a. .... b. .... c. ....

2 Écris le nom en face de sa définition.

sédentaire – carence – kilocalorie – nutrition

a. Unité de mesure de l'énergie fournie par l'alimentation : ....

b. Qui ne pratique pas une activité physique et sportive régulière : ....

c. Insuffisance d'éléments indispensables à la nutrition : ....

d. Transformation et utilisation des aliments dans l'organisme : ....

3 Réponds par vrai ou faux.

a. Les besoins nutritionnels augmentent jusqu'à l'âge adulte. ☐ Vrai ☐ Faux

b. L'énergie apportée par l'alimentation s'exprime en kilomètres. ☐ Vrai ☐ Faux

c. Les personnes âgées ont moins de besoins nutritionnels que les personnes de 30 à 50 ans. ☐ Vrai ☐ Faux

d. La sédentarité est le contraire de l'activité physique. ☐ Vrai ☐ Faux

4 Observe le tableau du Savoir faire et réponds aux questions.

a. À quel âge les besoins nutritionnels sont-ils les plus importants ? ....

b. Quelle catégorie consomme le plus de kilocalories ? ....

c. À quel âge a-t-on besoin de moins de calories ? ....

d. Quand les besoins nutritionnels diminuent-ils ? ....

....

5 Bilan
Complète le tableau en t'aidant du Savoir faire.

	Niveau d'activité	Besoins nutritionnels journaliers	Apports alimentaires
Jean, 35 ans, court 1 heure par jour, fait 4 heures de tennis le week-end, absorbe 2 400 kcal/jour.	....	....	☐ insuffisants ☐ suffisants ☐ trop élevés
Caroline,18 ans, consomme 2 150 kcal/jour, se rend à l'université à pied, va à la piscine pendant les vacances.	....	....	☐ insuffisants ☐ suffisants ☐ trop élevés
Pierre,10 ans, joue aux jeux vidéo après l'école située en face de chez lui. Il absorbe 2 000 kcal/jour.	....	....	☐ insuffisants ☐ suffisants ☐ trop élevés

SCIENCES

5 Les mouvements de la Terre

LE COIN DES PARENTS
L'observation du ciel à l'œil nu semble montrer que le Soleil tourne autour de la Terre. Rappelez à votre enfant que cette fausse représentation est celle que les hommes ont longtemps eue avant les découvertes de Copernic, puis de Galilée.

Livret parents → Corrigés p. 23

Je démarre !

Barre les propositions fausses.

a. Le Soleil tourne autour de la Terre. ✗
b. La Terre tourne autour du Soleil. ✓
c. Le Soleil est une planète. ✗
d. Le Soleil est une étoile. ✓

La rotation de la Terre sur elle-même

- La Terre tourne sur elle-même suivant l'**axe incliné** des pôles (son axe de rotation) et dans le **sens inverse** des aiguilles d'une montre.
- Elle effectue un tour complet en **24 heures**. Le Soleil éclaire donc une partie différente de notre planète suivant l'heure de la journée.

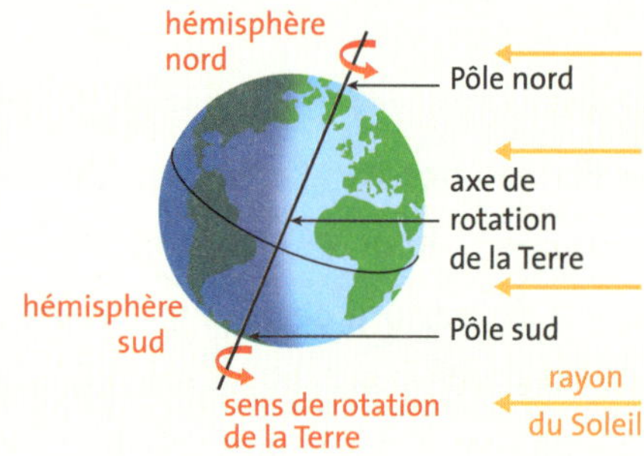

- C'est cette **rotation** qui entraîne l'**alternance du jour et de la nuit**.

La révolution de la Terre autour du Soleil

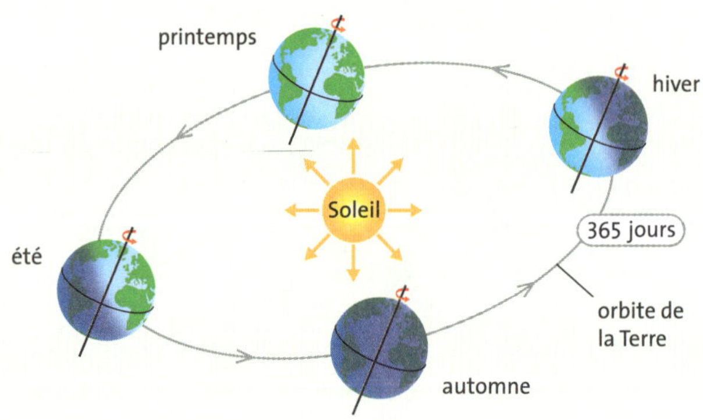

- La Terre tourne aussi autour du Soleil et effectue un tour complet, une **révolution**, en une année (environ 365 jours). Elle garde toujours la même inclinaison.
- Chaque point de la Terre est donc éclairé plus ou moins longtemps et plus ou moins intensément au fil de l'année. C'est ce qui explique les **saisons**. Dans l'hémisphère nord, en été, les jours sont plus longs, en hiver ils sont plus courts.

Interpréter la position du Soleil dans le ciel

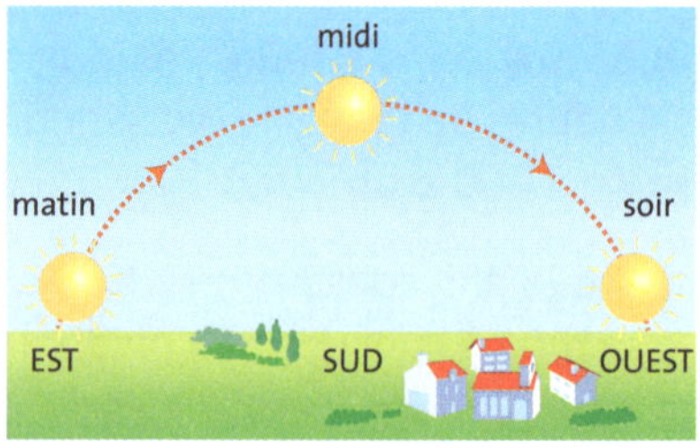

1 **Décris** la position du Soleil.

Le matin, le Soleil apparaît à l'est, à midi, il est au sud, le soir, il disparaît à l'ouest.

2 **Utilise** les connaissances du Savoir.

La Terre effectue une rotation complète sur elle-même en 24 heures.

3 **Conclus**

Le Soleil semble se déplacer dans le ciel au cours de la journée : c'est une perception visuelle. En réalité, c'est la rotation de la Terre qui provoque cette impression.

1 ★ Écris sous le dessin à quel moment de la journée il correspond : matin, midi, soir.

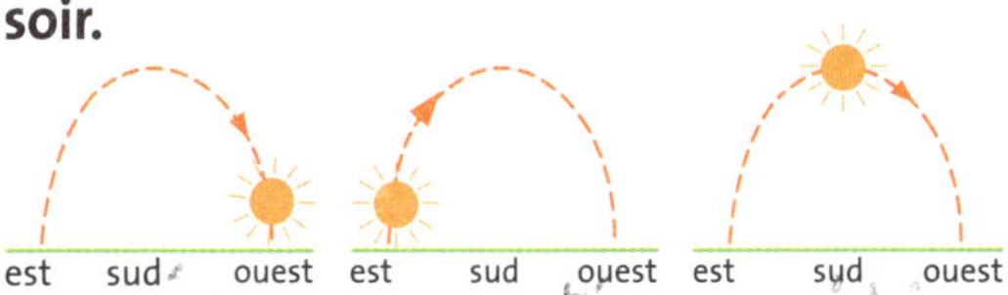

a. soir b. matin c. midi

2 ★★ Complète les phrases.

rotation – révolution – l'est – l'ouest

a. Le Soleil se couche à l'ouest.

b. Le Soleil se lève à l'est.

c. Le mouvement de la Terre sur elle-même est une rotation.

d. Le mouvement de la Terre autour du Soleil est une revolution.

3 ★★★ Réponds par vrai ou faux.

a. Les jours et les nuits dépendent de l'exposition de la Terre au Soleil. ☐ Vrai ☐ Faux

b. C'est la révolution de la Terre qui explique l'alternance du jour et de la nuit. ☐ Vrai ☐ Faux

c. La Terre effectue un tour complet sur elle-même en une année. ☐ Vrai ☐ Faux

d. La Terre est plus proche du Soleil à midi. ☐ Vrai ☐ Faux

4 ★★★ Réponds aux consignes.

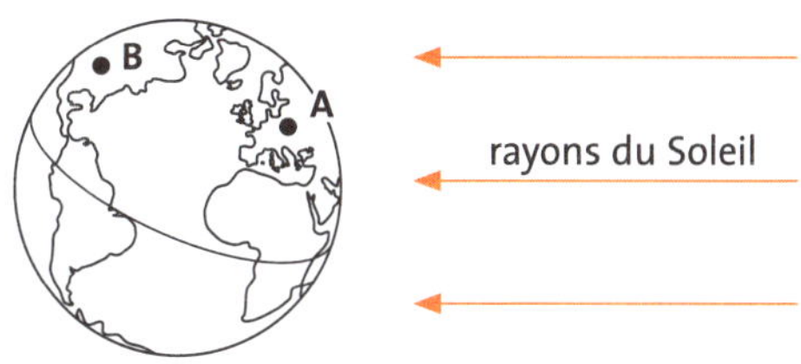

a. Trace l'axe des pôles.

b. Indique par une flèche le sens de rotation de la Terre.

c. Colorie la partie de la Terre où il fait nuit.

d. Indique quelle ville est dans l'obscurité : A ou B ? ....

5 ★★★ Cite une planète de notre système solaire dont la révolution dure plus longtemps que celle de la Terre ? (Aide-toi d'une encyclopédie ou d'Internet.)

....

6 Bilan Complète le texte en t'aidant du Savoir et du Savoir faire.

a. La Terre effectue deux types de mouvements : la .... autour du Soleil et la .... sur elle-même.

b. L'alternance entre le jour et la nuit s'effectue en .... heures tandis que l'alternance des .... est réalisée sur une année.

c. La rotation de la .... donne l'impression que le .... se déplace dans le ciel.

d. À ...., le Soleil se trouve au sud.

SCIENCES

6 Les phénomènes naturels et les risques

LE COIN DES PARENTS
À l'école, votre enfant participe à des exercices d'évacuation incendie et de mise en sécurité pour faire face aux risques technologiques, naturels et d'intrusion. Demandez-lui de vous en parler.

Livret parents → **Corrigés** p. 23

Je démarre !

Coche le risque qui n'existe qu'en bord de mer.
- Un tsunami
- Une tempête
- Un ouragan
- Une inondation

Les phénomènes géologiques

Les séismes

Ce sont des **ébranlements** (secousses) du sol dus à une rupture des roches en profondeur. Un **tsunami** est une grande vague dévastatrice déclenchée par un séisme en mer.

Les éruptions volcaniques

Ce sont des **explosions** et des **émissions de gaz, laves, cendres et roches** issues des volcans.

Les phénomènes météorologiques et climatiques

Les inondations

Elles se produisent quand **la terre est submergée par l'eau**. Elles dépendent de l'importance et de la violence des pluies et aussi de la nature des sols et de la végétation.

Les ouragans

Ces **violentes tempêtes** accompagnées de pluies et de vents violents sont aussi appelées **cyclones** ou **typhons**, selon leur localisation.

La sécheresse

C'est une longue période de **temps sec, sans pluie**.

La canicule

C'est une longue période de grande **chaleur**.

Lire et comprendre une affiche de prévention canicule

1. **Comprends l'importance de l'iconographie.** La bouteille d'eau occupe le centre de l'affiche car elle représente le conseil principal à suivre.
2. **Trie**, parmi les six réflexes, ceux qui concernent les adultes (ne pas boire d'alcool, prendre des nouvelles de ses proches, maintenir sa maison au frais) et ceux que tu peux appliquer (mouiller son corps et se ventiler, manger en quantité suffisante, éviter les efforts physiques).
3. **Retiens** par cœur le numéro d'urgence : le 15.

1 Relie chaque phénomène à ses caractéristiques.

des explosions •	• ouragan •	• des émissions de gaz
une submersion des terres •	• inondation •	• des tsunamis
des secousses •	• séisme •	• des vents violents
des pluies violentes •	• éruption volcanique •	• des ruptures de roches

2 Écris le nom du phénomène naturel sous la photo.

a. ....

b. ....

c. ....

d. ....

3 Barre les actions à éviter en cas de canicule.

a. Participer à une course d'endurance.

b. Aller dans un magasin climatisé.

c. Se promener en ville à midi.

d. Manger moins que d'habitude.

e. Fermer les volets dans la journée.

4 Souligne les actions préventives à réaliser avant la survenue du phénomène naturel et entoure les réflexes à adopter pendant la catastrophe.

a. Apprendre les gestes adaptés. – b. Construire loin des zones à risque. – c. Rester à l'abri. – d. Écouter la radio. – e. Surveiller les volcans, les mouvements du sol et la météo. – f. Couper le gaz et l'électricité.

5 Cite le nom de deux volcans situés en France. (Aide-toi d'une encyclopédie ou d'Internet.)

....

....

6 Bilan Réponds aux questions.

a. Quel phénomène naturel est évoqué sur cette affiche ? ....

....

b. Quels sont les conseils que tu peux suivre à ton âge ? ....

....

c. Quels numéros d'urgence dois-tu retenir ?

....

Je m'évalue

SCIENCES

7 L'évolution d'un objet technique : la roue

LE COIN DES PARENTS

Expliquez à votre enfant que l'étude de la roue lui permet de comprendre l'évolution historique d'un objet simple et pourtant indispensable à l'apparition ou l'évolution de nombreux autres objets technologiques.

Livret parents → **Corrigés** p. 24

Je démarre !

Entoure l'objet qui a le plus de roues.

la bicyclette • le tricycle • le patin à glace • le monocycle • le skate

Les étapes de l'évolution de la roue

- L'invention de la roue date d'il y a environ **5 000 ans** chez les Sumériens. Les premières **roues** sont **pleines**, en pierre ou en bois.
- Pour **protéger** la roue de l'usure, l'homme ajoute des **protections en fer** (cerclage et clous).
- Pour **alléger** le poids des roues, l'homme invente la **roue à rayons** vers 2000 avant J.-C.
- Pour **améliorer** le confort des véhicules, il ajoute une **bande de caoutchouc**, puis un **pneu**.

Identifier les fonctions d'usage de la roue

La roue est un objet circulaire qui tourne autour d'un **axe**. Elle sert à **transmettre** un **mouvement circulaire** afin de :

– **transporter** ;
roues des véhicules, roue à aubes des moulins

– **guider** ;
volant, barre de bateau

– **entraîner** ;
poulie, roue dentée, essoreuse à salade, horloge mécanique

– **divertir**.
grande roue, roue de loterie, roue pour hamster

Une roue à aubes

Une poulie

1 ★ Numérote les roues dans l'ordre chronologique.

a. ....

b. ....

c. ....

2 ★ Écris la fonction de chaque objet circulaire : entraîner, divertir, transporter, guider.

a. ....

b. ....

c. ....

d. ....

3 ★★ Complète le texte avec les mots suivants : un axe – protections – une horloge mécanique – circulaire – guider – rayons.

a. Une roue comprend un support .... et ....

b. La roue a été améliorée par l'ajout de .... et de ....

c. La barre d'un bateau est une roue qui sert à ....

d. Dans ...., la roue a une fonction d'entraînement.

4 ★★★ Que signifie l'expression « sur les chapeaux de roues » ? (Aide-toi d'une encyclopédie ou d'Internet.)

....

5 Bilan Complète la carte mentale.

La roue

→ Date d'apparition : ....

→ Quatre fonctions d'usage :
....
....
....
....

→ Trois exemples de roue pour entraîner :
....
....
....
....

SCIENCES

8 Les sources d'énergie et leur exploitation

LE COIN DES PARENTS
Pour illustrer ces notions complexes, vous pouvez utiliser les animations réalisées pour les enfants sur les sites Internet des grands opérateurs de l'énergie (EDF et CEA).

Livret parents → **Corrigés** p. 24

Je démarre !

Barre le phénomène naturel que l'homme ne transforme pas encore en électricité.

a. Le vent
b. Les marées
c. La foudre
d. Le rayonnement solaire
e. La chaleur de la Terre

Les énergies fossiles

Ce sont des **matières premières extraites du sous-sol** de notre planète. Elles s'épuisent au fur et à mesure de leur exploitation par l'homme.

charbon, pétrole, gaz naturel, certains minerais comme l'uranium

Les énergies renouvelables

Elles proviennent de **phénomènes naturels**. Elles n'épuisent pas les ressources de la planète.

force du vent et de l'eau, chaleur du Soleil et de la Terre

Leur exploitation

L'homme transforme ces énergies principalement pour produire de l'électricité dans des usines appelées **centrales** :

– les **centrales hydrauliques** transforment la **force de l'eau** des fleuves, des marées ou des courants marins en courant électrique ;

– les **centrales nucléaires** utilisent la chaleur dégagée par la fission (cassure) d'atomes d'uranium pour produire de l'électricité ;

– les **centrales solaires** produisent de l'électricité en recueillant l'énergie du Soleil dans des **capteurs photovoltaïques** (panneaux solaires) ;

– les **centrales éoliennes** transforment la force du vent en électricité.

Comprendre le fonctionnement d'une centrale éolienne

1. La **force du vent** fait tourner les pales.
2. Les **pales** tournent en entraînant le **rotor**.
3. L'énergie fournie par le rotor est transformée en courant électrique par l'**alternateur**.
4. Le **transformateur** augmente la tension du courant électrique.
5. L'électricité est transportée sur le **réseau électrique** jusqu'aux usagers.

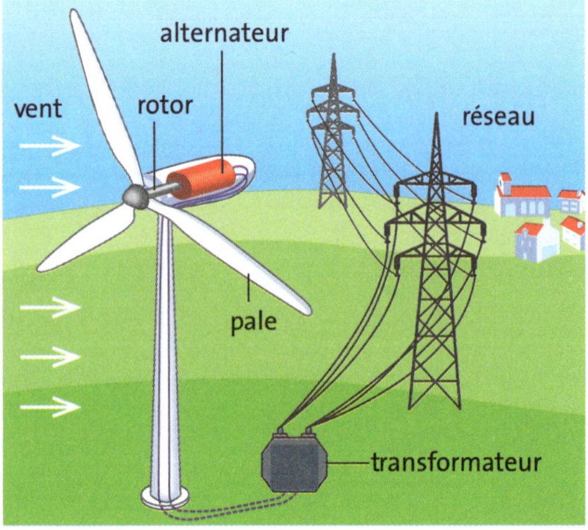

1 Écris le nom de chaque centrale.

a. .... b. .... c. .... d. ....

2 Relie chaque ressource à l'énergie qu'elle produit.

a. Le vent •
b. L'uranium •
c. L'eau •
d. Le rayonnement solaire •

• l'énergie solaire
• l'énergie hydraulique
• l'énergie nucléaire
• l'énergie éolienne

3 Entoure les énergies renouvelables.

Le charbon – Le vent – La force de l'eau – Le pétrole – Le gaz naturel – La chaleur de la Terre

4 Numérote dans l'ordre chronologique les étapes pour produire de l'énergie éolienne.

a. La tension électrique augmente grâce au transformateur. ......

b. Le réseau électrique achemine l'électricité. ......

c. Les pales de l'éolienne et le rotor se mettent en mouvement par la force du vent. ......

d. L'alternateur transforme l'énergie du vent en courant électrique. ......

5 Quelle est la principale source d'énergie utilisée en France pour produire de l'électricité ? (Aide-toi d'une encyclopédie ou d'Internet.)

....

....

....

Tu vas réussir !

6 Bilan — Complète les phrases avec les mots suivants.

limitées – Les éoliennes – l'uranium – illimitées – La force de l'eau – des panneaux photovoltaïques

a. .... utilisent la force du vent.

b. .... est une source d'énergie renouvelable.

c. L'énergie nucléaire utilise de ....

d. L'énergie solaire est captée par ....

e. Les réserves d'énergie fossile sont ....

f. Les énergies renouvelables sont ....

Anglais

ANGLAIS

1 Les pays anglophones English-speaking countries

LE COIN DES PARENTS
Pour aller plus loin avec votre enfant, vous pouvez chercher les noms des pays européens en anglais, ceux des pays que vous avez visités ou que vous souhaiteriez voir.

Livret parents → **Corrigés** p. 24

Savoir

Les principaux pays anglophones

Les pays anglophones sont les pays où l'on parle anglais.

Je démarre !

Entoure les pays où l'anglais est la langue principale.

La France • L'Allemagne • L'Angleterre • L'Italie • La Chine • Les États-Unis • La Russie • L'Irlande

Savoir faire

Demander où l'on vit, où l'on va et par quel moyen on y va

• Pour demander où l'on vit, on pose les questions suivantes : **Where do you live?** *(Où habites-tu ?)* – **Where does she live?** *(Où habite-t-elle ?)* – **Where does he live?** *(Où habite-t-il ?)*

Pour répondre, il faut dire : **I live in...** *(J'habite à/en...)* – **She lives in...** *(Elle habite à/en...)* – **He lives in...** *(Il habite à/en...)*

• Pour savoir où l'on va, il faut demander : **Where are you going to?** *(Où vas-tu ?)* – **Where is she going to?** *(Où va-t-elle ?)* – **Where is he going to?** *(Où va-t-il ?)*

Pour répondre, il faut dire : **I'm / I am going to...** *(Je vais à...)* – **She's / She is going to...** *(Elle va à...)* – **He's / He is going to...** *(Il va à...)*

• Pour préciser le moyen de transport, on ajoute à la fin de la phrase : **by car** *(en voiture)*, **by train** *(en train)*, **by plane** *(en avion)*, **by bus** *(en bus)*, **by bike** *(à vélo)*

1 ★ Relie les noms des pays à leur traduction en anglais.

a. L'Inde • • Great Britain

b. Le Royaume-Uni • • Ireland

c. L'Afrique du Sud • • India

d. L'Irlande • • South Africa

2 ★ Réécris les phrases en espaçant les mots aux bons endroits.

a. IliveinFrance. ....

b. YouliveinCanada. ....

c. ShelivesinIndia. ....

3 ★ Dessine à côté de chaque phrase le moyen de transport de chaque enfant.

a. Jack is going to Spain by car.

b. Christina is going to India by plane.

c. Rick is going to Germany by bus.

4 ★★ Remets les lettres dans le bon ordre pour trouver le nom des pays.

a. AAACDN _ _ _ _ _ _

b. ENCAFR _ _ _ _ _ _

c. NWE-DLEAANZ _ _ _ - _ _ _ _ _ _ _

5 ★★ Relie les questions et les réponses.

a. Where do you live ? • • He lives in Dublin, in Ireland.

b. Where are you going to ? • • She is going to Roma, in Italy.

c. Where is Mary going to ? • • I live in Los Angeles, in the USA.

d. Where does Henry live? • • I'm going to Nice, in France.

6 ★★★ Complète le texte en t'aidant de l'exemple.

Where does Luke live? He lives in New-York, in the USA.

a. Where .... Susan .... ? She .... in Sydney, ... Australia.

b. Where do .... ? I .... in Paris, in ....

c. .... does Brendan .... ? .... lives .... London, in ....

7 Bilan

Écris, à côté de chaque phrase, le numéro du personnage correspondant.

1.

2.

3.

4.

a. John lives in Hawaii, in the United-States. 2

b. Aaron is going to Perth, in Australia, by bus. 4

c. Sani is going to New-Dehli, in India, by plane. 1

d. Elsabe lives in Kimberley, in South Africa. 3

ANGLAIS

2 Les sports et loisirs Sports and hobbies

LE COIN DES PARENTS

Pour aider votre enfant à mémoriser les verbes, vous pouvez les mimer avec lui. Chacun votre tour, faites deviner une action.
Vous devrez donner la réponse en anglais !

Livret parents → **Corrigés** p. 24

Savoir

Je démarre !

Décode les messages secrets pour découvrir des loisirs en anglais.

Code : A = 1, B = 2, C = 3, etc.

19-9-14-7-9-14-7 : ....

20-5-14-14-9-19 : ....

3-15-15-11-9-14-7 : ....

Savoir faire

• Demander à quelqu'un ce qu'il aime faire

• Quand on veut savoir ce qu'une personne aime faire, on lui pose les questions suivantes :
Do you like verbe+ing? *(Aimes-tu ?)*, Do you like <u>paint</u>**ing**? – **Does she like verbe+ing ?** *(Aime-t-elle ?)*, Does she like <u>read</u>**ing**? – **Does he like verbe+ing?** *(Aime-t-il ?)*, Does he like <u>read</u>**ing**?

• Deux réponses sont possibles. Oui : **Yes, I do** ou **Yes, she does** ou **Yes, he does**.

Non : **No, I don't** ou **No, she doesn't** ou **No, he doesn't**.

Remarque On peut parfois remplacer **like** par **love** pour parler de ce que l'on adore.

• Dire ce que j'aime, ce que je n'aime pas et ce que je déteste faire

• Pour expliquer ce que l'on aime faire, on dit : **I like verbe+ing** *(J'aime…)* – **She likes verbe+ing** *(Elle aime…)* – **He likes verbe+ing** *(Il aime…)*

• Pour dire ce que l'on n'aime pas faire : **I don't like verbe+ing** *(Je n'aime pas…)* – **She doesn't like verbe+ing** *(Elle n'aime pas…)* – **He doesn't like verbe+ing** *(Il n'aime pas…)*

• Pour dire ce que l'on déteste faire : **I hate verbe+ing** *(Je déteste…)* – **She hates verbe+ing** *(Elle déteste…)* – **He hates verbe+ing** *(Il déteste…)*

1 ★ **Relie les loisirs aux photos correspondantes.**

a. Running

b. Playing tennis

c. Watching TV

d. Reading

1.

2.

3.

4.

2 ★ **Colorie le cœur quand les personnages aiment les activités.**

a. Brenda likes singing. ♡

b. Matthiew doesn't like sailing. ♡

c. Anna likes playing videogames. ♡

d. Tom likes drawing. ♡

e. Andrew hates sailing. ♡

f. Sara doesn't like playing cricket. ♡

3 ★ **Remets les mots dans le bon ordre pour construire des phrases correctes.**

a. hates / She / sailing. ....

....

b. videogames. / He / playing / likes ....

....

c. like / football. / I / playing / don't ....

....

4 ★★ **Recopie les mots dans les bonnes phrases :** brother – surfing – cleaning – playing – like – horse – Norah – watching.

Hi! My name is .... I live in London. I .... drawing. I don't like .... TV but I like .... on the internet. I like .... basketball with my .... Tony. He hates cooking and .... He likes running and .... riding.

5 ★★★ **Fais des phrases comme dans l'exemple.**

Jane likes drawing. ♥ 

a. Tim doesn't dancing ✗ 

....

b. Harry .... ✗ 

listening to ....

c. I .... ♥ 

....

d. Betty .... ♥ 

....

6 **Bilan** **Retrouve et barre les mots de la liste dans la grille.**

FOOTBALL – JUDO – PAINTING – CYCLING – CRICKET – COOKING – SINGING – GYMNASTICS

C	F	M	G	J	U	D	O	K	L	B	D	U
Y	O	H	T	S	B	E	M	W	G	A	I	T
C	O	Z	G	Y	M	N	A	S	T	I	C	S
L	T	R	M	Z	O	F	J	O	O	S	K	F
I	B	S	I	N	G	I	N	G	V	J	K	W
N	A	O	G	C	O	O	K	I	N	G	A	U
G	L	Q	W	R	P	A	I	N	T	I	N	G
Q	L	H	N	K	C	J	H	G	J	F	I	Z
U	C	R	I	C	K	E	T	V	W	V	E	C

3 Quelle heure est-il ? What time is it?

LE COIN DES PARENTS
Pour aider votre enfant à mémoriser l'heure, n'hésitez pas à lui demander ou à la lui donner en anglais.

Livret parents → **Corrigés** p. 24

Savoir

Je démarre !

Écris les nombres en chiffres.

- eleven : ....
- twenty : ....
- fifty-five : ....
- twelve : ....
- forty-seven : ....

À l'heure ou en retard ?

On peut être : late *(en retard)*, early *(en avance)*, on time *(à l'heure)*, just in time *(juste à l'heure)*, in a hurry *(pressé)*.

Savoir faire

Lire l'heure sur un cadran numérique

On lit le chiffre de l'heure puis celui des minutes. On ajoute am pour le matin et pm pour l'après-midi. It's three ten am. *(Il est 3 h 10 du matin.)*

It's four thirty-five pm. *(Il est 4 h 35 de l'après-midi ou 16 h 35.)*

Lire l'heure sur un cadran analogique

On coupe le cadran en deux parties :

- Pour donner l'heure exacte, on dit o'clock. It's five o'clock. *(Il est 5 heures.)*
- Pour dire la demi-heure, on dit half past...

It's half past three. *(Il est 3 heures et demi.)*

- Pour la suite, on commence par dire les minutes puis l'heure :

– dans la partie de droite du cadran, on dit les minutes, puis vient le mot past et enfin l'heure ;

It's ten past two. *(Il est 2 h 10.)*

– dans la partie gauche du cadran, on dit les minutes qui restent avant l'heure suivante, puis vient le mot to et enfin l'heure à venir. It's twenty to seven. *(Il est 7 heures moins vingt.)*

Remarque Comme pour l'heure numérique, on utilise am pour le matin et pm pour l'après-midi.

1 ★ Relie les montres qui affichent les mêmes heures.

• a. • b. • c.

• 1. • 2. • 3.

2 ★ Suis le chemin du Lapin Blanc et recopie les mots dans la bulle.

I'm ....

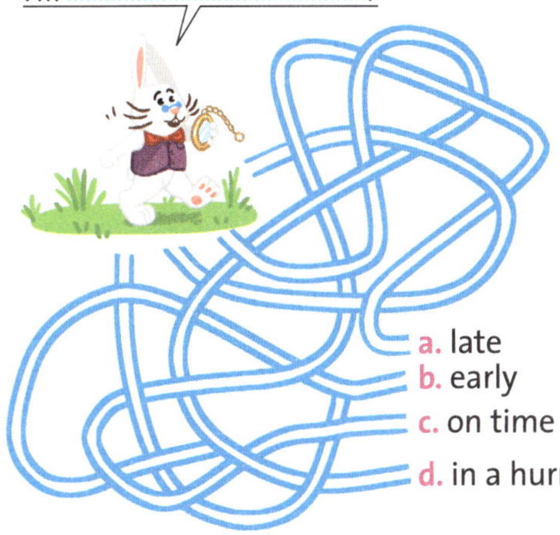

a. late
b. early
c. on time
d. in a hurry

3 ★★ Entoure le lapin qui lit bien l'heure.

a. It's half past five.
b. It's twenty to five.
c. It's five forty.

4 ★★★ Écris l'heure à laquelle arrive chaque personnage.

a. It's ....
....

b. It's ....
....

c. It's ....
....

5 Bilan
Écris en lettres l'heure de chaque horloge.

a. .... b. .... c. ....

d. .... e. .... f. ....

Français
Maths
Hist.-Géo. EMC
Sciences et technologie
Anglais
mon cahier spécial Dictées

Je m'évalue ☐ ☐ ☐

mon cahier spécial Dictées

Utilise ces pages pour écrire tes dictées.

RONZZZ RON ZZZ RON Z...

Crédits photographiques

p. 9 hg © kobps2 / Shutterstock ; hd © Mega Pixel / Shutterstock ; b © Gemenacom / Shutterstock ; **P. 17** Claude Monet – Femme à l'ombrelle Madame Monet et son fils, 1875, Courtesy National Gallery of Art, Washington ; **P. 18** © Menno Schaefer / Shutterstock ; **P. 21** © Ondrej Prosicky Shutterstock (chacal) ; © Production Perig / Shutterstock (vitraux) ; © Pavel L Photo and Video / Shutterstock (bal) ; © Dudarev Mikhail / Shutterstoc (corail) ; © Jaren Jai Wicklund / Shutterstock (récital) ; © PaoloBruschi / Shutterstock (carnaval) ; **P. 23** © Denis Tabler / Shutterstock ; **P. 25** © irin-k Shutterstock ; **P. 26** © Zerbor / Shutterstock ; **P. 28** © Sunny studio / Shutterstock ; **P. 31** BIS / © Archives Larbor ; **P. 32** © rck_953 / Shutterstock **P. 33** © Lamax / Shutterstock ; **P. 34** © pedalist / Shutterstock ; **P. 36** © Microgen / Shutterstock ; **P. 37** © Teri Virbickis / Shutterstock ; **P. 38** © Ksenii Vorobeva / Shutterstock ; **P. 39** © Ionescu Emil / Shutterstock ; **P. 40** © Kaderov Andrii / Shutterstock ; **P. 41** © mosaïque, IIIe siècle, musée d Bardo, Tunis – BIS / © Archives Larbor ; **P. 42** h © apple2499 / Shutterstock ; b © ziggy_mars / Shutterstock ; **P. 50** © Monkey Business Images Shutterstock ; **P. 52** © fullempty / Shutterstock ; **P. 54** © lapas77 / Shutterstock ; **P. 56** © Lukas Gojda / Shutterstock ; **P. 57** © JIANG HONGYAN Shutterstock ; **P. 59** © Bulin / Shutterstock ; **P. 72** © Tim UR / Shutterstock ; **P. 76** © MirasWonderland / Shutterstock ; **P. 84** © D.R.**P. 86** © Elen Schweitzer / shutterstock ; **P. 102** de haut en bas © xpixel / Shutterstock ; © Sergio Sergo / Shutterstock ; © fixer00 / Shutterstock ; © Luminis Shutterstock ; **P. 108** © robuart / Shutterstock ; © VikiVector / Shutterstock ; **P. 109** © irin-k / Shutterstock ; © Tony Stock / Shutterstock ; © Chones Shutterstock ; © Gjermund / Shutterstock ; © Kiev.Victor / Shutterstock ; **P. 110** © Oomi / Shutterstock ; © Golden Vector / Shutterstock **P. 111** © MIKHAIL GRACHIKOV / Shutterstock (dominos) ; **P. 112** h © the_same_space / Shutterstock ; b © asbesto_cemento / Shutterstock **P. 118** © Elena Elisseeva / Shutterstock ; **P. 119** BIS / Ph. Coll. Archives Larbor ; BIS / Ph. Coll. Archives Larbor ; BIS / Ph. Coll. Archives Larbor ; BIS Ph. Hubert Josse © Archives Larbor ; © RMN-Grand Palais (musée du Louvre) / Gérard Blot ; BIS / Ph. © Archives Nathan ; **P. 120** BIS / Ph. Miche Didier © Archives Bordas ; BIS / Ph. J.M. Labat © Archives Larbor ; BIS / Ph. © Archives Larbor ; BIS / Ph. Luc Joubert © Archives Larbor ; **P. 121** BIS / Ph. J.M Labat © Archives Larbor ; BIS / Ph. Luc Joubert © Archives Larbor ; BIS / Ph. J.M. Labat © Archives Larbor ; © Juan Aunion / Shutterstock ; **P. 122** © Elen Elisseeva / Shutterstock ; **P. 123** de haut en bas © Main_sail / istock / Getty Images Plus ; © Only Fabrizio / Shutterstock ; © BaanTaksinStudio Shutterstock ; BIS / Ph. Luc Joubert © Archives Larbor ; **P. 125** BIS / Ph. Coll. Archives Larbor ; BIS / Ph. Coll. Archives Nathan ; BIS / Ph. Coll Archive Nathan ; **P. 127** BIS / Ph. Hubert Josse © Archives Larbor ; BIS / Ph. Coll. Archives Larbor ; BIS / Ph. Coll. Archives Larbor ; **P. 129** BIS / © Archives Larbor **P. 130** © RMN-Grand Palais (musée du Louvre) / Gérard Blot ; **P. 132** BIS / Ph. Jeanbor © Archives Larbor ; **P. 133** BIS / Ph. Hubert Josse © Archives Larbor BIS / Ph. Ryman et Cabannes / © Archives Nathan / Sejer ; BIS / Ph. Jeanbor © Archives Larbor ; BIS / © Archives Larbor ; **P. 136** BIS / Ph. © Archive Nathan ; **P. 137** © franz massard / Adobe Stock ; © Delphotostock / Adobe Stock ; © olemac / istock / Getty Images Plus ; © pixarno / Adobe Stock **P. 138** © mo_ttsk / Shutterstock ; **P. 139** © Antonio Gravante / Shutterstock ; **P. 140** h © Mike Mareen / Shutterstock ; © Eric Valenne geostory Shutterstock ; © sabath / Shutterstock ; b © Katarzyna Mazurowska / Shutterstock ; **P. 141** hg © Smallcreative / Shutterstock ; hd © mo_ttsk Shutterstock ; m © tichr / Shutterstock ; b © Sergej Onyshko / Shutterstock ; **P. 144** © mimpki / Shutterstock ; **P. 145** © Eo naya / Shutterstock ; © Gille Paire / Shutterstock ; © Frederic Maillard 49 / Shutterstock ; **P. 148** hg © spaxiax / Shutterstock ; hd © Dmitry Naumov / Shutterstock ; bg © dnd_ project / Shutterstock ; bd © Alraun / Shutterstock ; **P. 151** © Maceofoto / Shutterstock ; © akepong srichaichana / Shutterstock ; © Tim UR Shutterstock ; © Maks Narodenko / Shutterstock ; © Roman Samokhin / Shutterstock ; **P. 152** © Romrodphoto / Shutterstock ; Détail de l'affich « Apprends à porter secours » © UGSEL ; **P. 153** © Viktorija Reuta / Shutterstock ; © ekler / Shutterstock ; © bojanpaunovic / Shutterstock ; © Vital Petrushenko / Shutterstock ; **P. 154** hg © Valentin Valkov / Shutterstock ; hd © Delpixel / Shutterstock ; b © andersphoto / Shutterstock ; affich « Une convention pour tous » © UNICEF ; **P. 155** hg © Antonio Gravante / Shutterstock ; hd © Monkey Business Images / Shutterstock ; bg © Luck Team Studio / Shutterstock ; bd © Jane Kelly / Shutterstock ; **P. 156** © Kiev.Victor / Shutterstock ; **P. 158** h © Sergey Mironov / Shutterstock b © Sergey Novikov / Shutterstock ; **P. 159** g © Andrew Angelov / Shutterstock ; d © makalex69 / Shutterstock ; **P. 160** © Mny-Jhee / Shutterstock **P. 161** © irin-k / Shutterstock ; **P. 162** © photka / Shutterstock ; © photomak / Shutterstock (papier) ; © mexrix / Shutterstock (compost) **P. 163** hg © Mike_O / Shutterstock ; hd © I Can't Fly / Shutterstock ; bg © domnitsky / Shutterstock ; bd © irin-k / Shutterstock ; schéma : © Voronin76 Shutterstock (bouteille) ; © one photo / Shutterstock (poubelle) ; © Menzl Guenter / Shutterstock (compression) ; © Extarz / Shutterstoc (broyage) ; © Pixel B / Shutterstock (fabrication de bouteilles) ; **P. 166** © irin-k / Shutterstock ; **P. 167** h © Alexander Sviridov / Shutterstock m © smereka / Shutterstock ; b © Russ Heinl / Shutterstock ; **P. 169** © Margarita Borodina / Shutterstock ; © MilanMarkovic78 / Shutterstock ; © Ljupc Smokovski / Shutterstock ; **P. 172** © IgorZh/ Shutterstock ; affiche « Canicule, fortes chaleurs », D. R. ; **P. 173** hg © Ungar-Biewer / Shutterstock hd © Thomas Dutour / Shutterstock ; bg © FotoKina / Shutterstock ; bd © fboudrias / Shutterstock ; affiche « Pluie-Inondation » Vigicrues © D. R. **P. 174** h © singh_lens / Shutterstock ; m © inavanhateren / Shutterstock ; b © jayk67 / Shutterstock ; **P. 175** © krsmanovic / Shutterstock ; © Baloncici Shutterstock ; © Oleksandr Grechin / Shutterstock ; © rickyd / Shutterstock ; © titov dmitriy / Shutterstock ; © Kiev.Victor / Shutterstock ; © Ale Valent / Shutterstock ; **P. 177** © Mny-Jhee / Shutterstock ; © Marko Kukic/ Shutterstock ; © Pack-Shot / Shutterstock ; © Carole Castelli Shutterstock ; **P. 183** © Africa Studio / Shutterstock (lecture) ; © Stefan Holm / Shutterstock (course à pied) ; © gorillaimages / Shutterstoc (tennis) ; © Concept Photo / Shutterstock (télévision).

Messages de porte : poney © Alexey Bannykh ; Terre © Sylverarts ; garçon qui dit © cirodelia ; dent © Carla Nichiata ; pile de livres © EvgeniyBobrov smiley rouge © Beboy ; smileys jaunes © ink drop ; chat noir © world of vector ; fille qui rêve © Mrs. Opossum ; enfants à vélo © MatoomMi amis © robuart.

Création maquette : Josiane Sayaphoum
Création couverture : Cécile Gallou
Mise en pages : Fabienne Hélou
Édition : Laura Dherbecourt, Catherine Zelvelder

N° projet : 10269870 – Dépôt légal : janvier 2020
Imprimé en France par Pollina en janvier 2021 - 13130

MIXTE
Papier issu de sources responsables
FSC® C022030

Bordas est un éditeur qui s'engage pou la préservation de l'environnement e utilise du papier issu de forêts gérées d manière responsable et d'autres source contrôlées.

Les 11 verbes à connaître

Être

	Présent	Imparfait	Passé composé	Futur
e/j’	suis	étais	ai été	serai
u	es	étais	as été	seras
/elle	est	était	a été	sera
ious	sommes	étions	avons été	serons
ous	êtes	étiez	avez été	serez
s/elles	sont	étaient	ont été	seront

Avoir

Présent	Imparfait	Passé composé	Futur
ai	avais	ai eu	aurai
as	avais	as eu	auras
a	avait	a eu	aura
avons	avions	avons eu	aurons
avez	aviez	avez eu	aurez
ont	avaient	ont eu	auront

Parler

	Présent	Imparfait	Passé composé	Futur
e/j’	parle	parlais	ai parlé	parlerai
u	parles	parlais	as parlé	parleras
/elle	parle	parlait	ai parlé	parlera
ious	parlons	parlions	avons parlé	parlerons
ous	parlez	parliez	avez parlé	parlerez
s/elles	parlent	parlaient	ont parlé	parleront

Faire

Présent	Imparfait	Passé composé	Futur
fais	faisais	ai fait	ferai
fais	faisais	as fait	feras
fait	faisait	a fait	fera
faisons	faisions	avons fait	ferons
faites	faisiez	avez fait	ferez
font	faisaient	ont fait	feront

Aller

	Présent	Imparfait	Passé composé	Futur
e/j’	vais	allais	suis allé(e)	irai
u	vas	allais	es allé(e)	iras
/elle	va	allait	est allé(e)	ira
ious	allons	allions	sommes allé(e)s	irons
ous	allez	alliez	êtes allé(e)s	irez
s/elles	vont	allaient	sont allé(e)s	iront

Dire

Présent	Imparfait	Passé composé	Futur
dis	disais	ai dit	dirai
dis	disais	as dit	diras
dit	disait	a dit	dira
disons	disions	avons dit	dirons
dites	disiez	avez dit	direz
disent	disaient	ont dit	diront

Venir

	Présent	Imparfait	Passé composé	Futur
e/j’	viens	venais	suis venu(e)	viendrai
u	viens	venais	es venu(e)	viendras
/elle	vient	venait	est venu(e)	viendra
ious	venons	venions	sommes venu(e)s	viendrons
ous	venez	veniez	êtes venu(e)s	viendrez
s/elles	viennent	venaient	sont venu(e)s	viendront

Pouvoir

Présent	Imparfait	Passé composé	Futur
peux	pouvais	ai pu	pourrai
peux	pouvais	as pu	pourras
peut	pouvait	a pu	pourra
pouvons	pouvions	avons pu	pourrons
pouvez	pouviez	avez pu	pourrez
peuvent	pouvaient	ont pu	pourront

Voir

	Présent	Imparfait	Passé composé	Futur
e/j’	vois	voyais	ai vu	verrai
u	vois	voyais	as vu	verras
/elle	voit	voyait	a vu	verra
ious	voyons	voyions	avons vu	verrons
ous	voyez	voyiez	avez vu	verrez
ls/elles	voient	voyaient	ont vu	verront

Vouloir

Présent	Imparfait	Passé composé	Futur
veux	voulais	ai voulu	voudrai
veux	voulais	as voulu	voudras
veut	voulait	a voulu	voudra
voulons	voulions	avons voulu	voudrons
voulez	vouliez	avez voulu	voudrez
veulent	voulaient	ont voulu	voudront

Prendre

	Présent	Imparfait	Passé composé	Futur
je/j’	prends	prenais	ai pris	prendrai
tu	prends	prenais	as pris	prendras
l/elle	prend	prenait	a pris	prendra
ious	prenons	prenions	avons pris	prendrons
ous	prenez	preniez	avez pris	prendrez
ls/elles	prennent	prenaient	ont pris	prendront

Arts, architecture

LA PRÉHISTOIRE

-700

- **4000 avant J.-C. :** début de l'agriculture

les grottes de Lascaux : peintures rupestres

la taille du silex

une hutte gauloise

L'ANTIQUITÉ

476

- **52 avant J.-C. :** Jules César bat Vercingétorix à Alésia
- **52 à 44 avant J.-C. :** Jules César devient le maître de Rome

premières traces d'écriture

la faucille

la charrue gauloise

le pont du Gard

LE MOYEN ÂGE

1492

- **476 :** chute de l'Empire romain d'Occident
- **800 :** Charlemagne est sacré empereur

un croisé sur son cheval

le moulin à eau

la bombarde

Notre-Dame de Paris

le château fort

- **1450 :** la press à imprimer de Gutenberg
- **1492 :** Christophe Colo découvre l'Améri

La Joconde de Léonard de Vinci

la lunette de Galilée

Le château d'Azay-le-Rideau